从零开始读懂
投资理财学

投资有方,理财有道。
你不理财,财不理你。

乔布云 ◎ 编著

全新修订
第二版

立信会计出版社
LIXIN ACCOUNTING PUBLISHING HOUSE

图书在版编目（CIP）数据

从零开始读懂投资理财学 / 乔布云编著. -- 上海：立信会计出版社, 2019.11

（去梯言）

ISBN 978-7-5429-5978-2

Ⅰ.①从… Ⅱ.①乔… Ⅲ.①投资—基本知识 Ⅳ.①F830.59

中国版本图书馆CIP数据核字（2019）第212326号

策划编辑　蔡伟莉
责任编辑　彭秋龙
封面设计　久品轩

从零开始读懂投资理财学

出版发行	立信会计出版社			
地　　址	上海市中山西路2230号	邮政编码	200235	
电　　话	（021）64411389	传　真	（021）64411325	
网　　址	www.lixinaph.com	电子邮箱	lxaph@sh163.net	
网上书店	www.shlx.net	电　话	（021）64411071	
经　　销	各地新华书店			
印　　刷	北京彩虹伟业印刷有限公司			
开　　本	720毫米×1000毫米	1/16		
印　　张	20	插　页	1	
字　　数	285千字			
版　　次	2019年11月第1版			
印　　次	2019年11月第1次			
书　　号	ISBN 978-7-5429-5978-2/F			
定　　价	39.80元			

如有印订差错，请与本社联系调换

前言

"不懂投资又怎样？我们父母以前不都是这样过来的吗？"

"哎呀，钱够用就好，吃多少穿多少自有天定，犯不着折腾。"

"钱这玩意儿，想花就花！大不了老了之后，回老家种田去，照样活得开心！"

……

虽然时代在变化，可抱有这种想法的人，还真是不少。大概是被"投资"这个词的专业性和琐碎性唬住了吧，很多人宁愿选择坐在电视机前喋喋不休地抱怨着"物价飞涨，钱不够花"，也不愿意抽出一点时间，去研究"让钱生钱"的方法。

是啊，烦心的事已经够多了，既然"我们的日子为什么这么难"已经成一本畅销书的名字，那人们绝对有理由不再瞎折腾，让自己添堵。可是，朋友啊，就在你一方面努力工作、节俭生活，另一方面随遇而安、混沌度日的同时，你的财富已经在不知不觉中溜走了——原本可以买一套一居室的钱，现在只能买一个卫生间；原本每月薪水尚有盈余，现在快不够偿还信用卡上的欠债。

俗话说："人挣钱，累死人；钱挣钱，乐死人。"要想解决这类问题，唯一的途径就是转变思维。勇敢面对必须让钱"生仔"的"任务"，学习科学的投资方法，并及时付诸行动。

投资是一门大学问。在投资过程中，财富是一串有弹性的货币化数字符号，可以极速暴涨，也可以瞬间消失。收益的大小不仅取决于大环境，更取决于对投资工具的选择和投资技巧的运用。投资不是专业人士的专利，只要你掌握了一定的技巧和方法，就可以在投资世界里游刃有余。

事实上，每个人都希望能通过投资到达财富的天堂。但是，我们应该明白，投资不是一时冲动，不是投机取巧，也不是凭借运气，而是一项需要恒心、智慧和毅力的活动，是每个人通过学习和实践才能掌握的一门学问，一门艺术。所以，人们很有必要下功夫钻研投资学，掌握其精髓。

知识改变命运，信念成就未来。本书延续了2014年第一版讲究实用性和趣味性的原则，对投资工具的介绍全面细致，讲授道理深入浅出，通俗易懂；推荐的方法科学实用，切实可行；内容贴近生活，紧跟近年投资领域的最新发展，满足不同层次、不同类型读者的投资理财需求。

相信通过阅读本书，你一定能轻松掌握有关投资理财的知识和技巧，从而尽快踏上财富的积累与增值之路。

目 录

知识储备篇　投资理财最需要知道的热门常识

第1章　入门课：投资理财要懂的金融术语
理财：小钱，越理越多 002
五花八门的理财产品 003
从哪里能购买到理财产品 005
投资：让钱生出更多的钱 005
盘点形形色色的投资品种 007
投资理财账户：你的专属理财身份证 008
税收：投资不可回避的话题 009
避税：税务规划做得好，投资没烦恼 010
合理避税：让投资收益最大化 011
投资回报率：我到底赚了多少钱 013

第2章　强化课：投资理财需要明白的观念
"富口袋"来自"富脑袋" 015
安稳守财的时代一去不复返 016
只知道攒钱会越来越穷 018
有钱不置半年闲 020
戒贪，财富不是天上馅饼 021
别跟风，不做盲目的"群羊" 023
树立正确的理财观 024
养成良好的投资习惯 026
投资有风险，理财要谨慎 028

第3章　进阶课：钱生钱的投资学原理
二八定律：20%的人赚80%人的钱 030
杠杆原理：小资金博取大收益 031
不可预测性：投资市场变幻莫测 032
波浪理论：股市患了"打摆子"病 033
安全边际：赔钱的概率越小越安全 035

洼地效应：黄金区域就是聚宝盆 036
时间价值原理：今天的 1 元 ≠ 明天的 1 元 037
复利原理：投资时间就是投资金钱 038

第4章 提高班：投资须读懂宏观经济

经济环境：大环境决定小投资 041
利率：调节投资活动的杠杆 043
汇率：风吹草动牵动投资者的心 046
失业率：和投资的关系大吗 049
货币供应量：折射投资市场的行情 051
GDP：投资的风向标 053
CPI：通货膨胀的预警器 055
PPI：国家经济的体温计 058
泡沫经济：虚假繁荣背后的泡沫 060
经济危机：能否带来投资良机 062

财务筹划篇　规划领先一小步，财富跑赢一大步

第5章 审查表：你现在的资产有多少

家底：你有多少闲钱可以投资 066
你的财务是否陷入"亚健康" 068
财富亚健康成为中国百姓常态 070
走近财富亚健康五大人群 071
财富规划：如何使你的财富保持健康 074

第6章 计划课：要有自己的理财目标

简明易行的理财规划四部曲 076
一生的理财规划：人生六阶段理财课 078
如何制订投资财务计划 080
设定理财目标 081
把收入的 10% 存下来进行投资 084
投资四原则：这样投资最靠谱 085
理财要考虑的其他问题 087
富有一生的家庭理财计划 089

第7章 家务课：掌握家庭财务管理策略

家有三本账，穷家也好当 091
钱程无忧：如何规避家庭财务风险 093
家庭理财一定要避免的五大误区 094
家庭理财五要素：让家产保值增值 096

目 录

低收入家庭：稳扎稳打好投资 097
中等收入家庭：以风险换取收益 098
高收入家庭：分散投资，规避风险 098
丁克家庭：稳健投资，完善风险保障 101
"421"家庭：积极理财养老扶幼 104

工具操作篇 巧用投资利器，广开生财渠道

第8章 储蓄理财：懒人理财，永不落伍
储蓄：把钱存入银行 108
你知道这些储蓄窍门吗 109
储蓄存款利息的计算方法 111
避免和减少存款本金损失的技巧 114
外币储蓄怎样做更划算 116
理财消费，信用卡是个好帮手 118
把握储蓄理财中的注意事项 122

第9章 保险理财：转移风险，双利投资
保险：人生的保护伞 124
保险类别：认清保险再购买 125
人生各个阶段的保险规划 128
如何进行家庭保单自我诊断 130
揭开分红保险的分红奥秘 131
做好长期投资准备买保险 134
买保险时要注意抓住细节 135
买保险的六要六不要 136
保险理赔的六大注意事项 138

第10章 股票投资：从入门到精通
股票：投资的热门话题 140
选择市场性优异的股票 141
选择有潜力的低价股 142
新上市的股票要特别关注 143
选择强势产业的股票 143
分散投资组合：东方不亮西方亮 144
分析炒作题材，不被假消息忽悠空格 145

第11章 基金投资：适合的就是最好的
基金：专家帮你理财 148
买基金需掌握六点评估法则 149

买基金就选"三好"基金 ………………………………………………150
　　怎样判断基金的赚钱能力 ………………………………………………151
　　如何掌握基金投资的方法 ………………………………………………153
　　基金定投：给投资者一颗定心丸 ………………………………………156
　　如何投资共同基金 ………………………………………………………157
　　基金投资的四个价值点 …………………………………………………158
　　基金投资勿忘风险 ………………………………………………………159

第12章　房地产投资：买房还是租房

　　房地产：高投资高产出 …………………………………………………161
　　你了解房价的真实面目吗 ………………………………………………162
　　住房投资的六种模式 ……………………………………………………163
　　选房要会"望、闻、问、切" …………………………………………164
　　哪些房子更有升值潜力 …………………………………………………166
　　投资房地产，精品才抗跌 ………………………………………………168
　　中国楼市泡沫不会破灭 …………………………………………………169
　　高房价之下，聪明人的购房思路 ………………………………………169
　　"期房"买卖隐患大 ……………………………………………………170
　　巧用"住房公积金" ……………………………………………………172
　　租房一族的理财妙招 ……………………………………………………175

第13章　债券投资：风险较小，回报稳定

　　债券：保守的投资 ………………………………………………………178
　　三个关键词帮你选择债券 ………………………………………………179
　　如何进行债券交易 ………………………………………………………181
　　怎样计算债券收益 ………………………………………………………183
　　债券投资时机的选择 ……………………………………………………184
　　投资债券要讲策略 ………………………………………………………185
　　债券基金肯定不会赔钱吗 ………………………………………………187
　　五步全面防御债券投资风险 ……………………………………………188

第14章　外汇投资：眼疾手快，用钱赚钱

　　外汇：新的理财捷径 ……………………………………………………191
　　外汇交易知多少 …………………………………………………………192
　　获得合法外汇的12种渠道 ………………………………………………194
　　外汇买卖操作技巧 ………………………………………………………195
　　个人外汇买卖指南 ………………………………………………………197
　　如何打理外汇资产 ………………………………………………………199
　　初学"外汇宝"须掌握三要点 …………………………………………201
　　外汇投资要规避的五大误区 ……………………………………………203

第15章　黄金投资：天然货币，永不贬值

黄金投资：最安全的投资 206
七种典型的黄金投资方式 207
如何预测黄金价格的走势 209
在哪里购买实物黄金更安全可靠 211
新手"炒金"注意事项 212
黄金投资忌快进快出 214
把握大方向，踩准买卖节拍 215
投资实物黄金的三项重要提示 216

第16章　收藏投资：爱好赚钱，两不相误

收藏：高雅的投资 218
新手要知道的收藏品投资程序 219
珠宝投资：收益新宠 220
邮票投资：方寸之间天地宽 221
钱币投资：成为"有钱人家" 222
古玩投资：在玩赏中获取财富 223
字画投资：高品质的艺术享受 225
收藏投资误区及应对策略 228

实战演习篇　长袖善舞赚大钱，我的财富我做主

第17章　职场小白理财经：上班赚钱下班理财

投资工作＝投资财富＝投资人生 232
掌握职场赢得高薪的技巧 233
职场小白理财五部曲 235
适合上班族的理财法则 236
"月光族"的理财计划 239
女人，发现你的理财优势 241
"全职妈妈"的生财之道 242
不同年龄女性的理财方案 244
新婚夫妇的七个理财方略 246
婚后夫妻的十大理财法则 249

第18章　兼职赚钱，鱼与熊掌可兼得

兼职：职场财路的第二来源 251
上班工作下班兼职，鱼与熊掌兼得 252
22个兼职项目，总有一款适合你 253
14种适合在家做的网络兼职工作 258

兼职工作要遵循三要三不要 261

第19章　全民消费时代的省钱之道

量入为出，有计划地花钱 263
小钱不可小瞧 264
家庭开源节流十法则 265
不打车不血拼，不下馆子不剩饭 266
谨慎购买流行商品 267
谨慎购买打折商品 267
避免冲动性购买 269
用手机打电话省钱有窍门 270
如何降低私车开销 271
节日消费省钱的小窍门 274
节日花钱无怨无悔 275
假日消费让银行卡"唱主角" 276
出外旅游如何省钱 277
网购省钱秘籍大搜罗 279
上网省钱妙招 282

第20章　理财新玩法，网络世界理财全攻略

网络银行时代已经来临 283
个人网上银行有哪些业务功能 284
网上支付是怎么实现的 285
手机与一卡通结合出新的管钱办法 287
P2P：借贷的网上交易 288
独具特色的淘宝理财 289
巧用支付宝理财 289
余额宝：每天都有收益 291
财付通：购物让腾讯来支付 291
微信理财通：安全简单又高效 292
微信零钱通：将零钱给微信打理 294

第21章　投资永远在路上，潇潇洒洒做一回老板

创业，你准备好了吗 296
创业前要解决的七个问题 298
创业风险管理四要点 300
成功创业14条军规 301
小本创业投资指南 302
开间特色小店挣大钱 304
一铺养三代的商铺投资 305
一点万金——网上开店 308

知识储备篇
投资理财最需要知道的热门常识

第1章
入门课：投资理财要懂的金融术语

理财：小钱，越理越多

理财指的是对财产进行管理，以实现财产的保值、增值为目的。理财分为公司理财、机构理财、个人和家庭理财等。人类的生存、生活及其他活动离不开物质基础，与理财密切相关。

"理财"往往与"投资理财"并用，因为"理财"中有"投资"，"投资"中有"理财"。所谓的理财也不仅仅是把财往外投，被投资也是一种理财。不懂得被投资也就不懂得怎么更好投资。

理财并不是要等到有钱了才开始理财，其实不论你是购物还是到银行存款、购买保险，都是在理财。理财是一门高深的学问，太节省的人要学会花钱，太浪费的人要学会省钱。简单来说，理财包括以下内容：

（1）证券投资。每个人总有一些储蓄，这些储蓄或许是留在手里以备不时之需的"活钱"。如果将这些钱全部存到银行，收益是比较低的，因此可以拿出一部分进行风险虽高但收益也高的证券投资。

（2）不动产投资。如果你还没有房子，那么你就需要计划怎么解决住的问题。租房子划算还是买房子划算？抑或是先租后买，或者先买后出租？如果你已经拥有了第一套住房，你还可以考虑再购买房子以保值增值，那么你应把资产的多大比例投资到不动产上呢？

（3）子女教育。子女教育的支出是越来越多家庭面临的大项支出，因此，你必须早做打算。按照你的承受能力，子女要接受什么水平的教育？需要多少支出？在现有的支出约束下，怎样才能受到更好的教育？

（4）保险。从经济学角度看，保险是对客观存在的未来风险进行转移，把不确定损失转化为确定成本——保险费。保险是由保险公司把大家组织起来，每个人缴纳保费，形成规模很大的保险基金，集中承担每个人可能发生的意外伤害损失。对于个人而言，保险就是在平时付出一点保费，以期在发生风险的时候获得足够补偿，不致遭受重大冲击。

五花八门的理财产品

理财产品是由商业银行和正规金融机构自行设计并发行的产品，将募集到的资金根据产品合同约定投入相关金融市场及购买相关金融产品，获取投资收益后，根据合同约定分配给投资人的一类理财产品。

根据不同的标准，理财产品可分为不同的类型：

1. 根据币种划分

一般银行理财产品分为人民币理财产品、外币理财产品和双币理财产品。比如，外币理财产品只能用美元、港币等外币购买，人民币理财产品只能用人民币购买，而双币理财产品则同时涉及人民币和外币。

2. 根据收益方式划分

根据收益方式，理财产品可分为保证收益理财产品和非保证收益理财产品。

保证收益理财产品的收益是固定的，到期后就可以获得协议中规定的收益，反之为非保证型理财产品。

非保证型理财产品又分为保本浮动收益理财产品和非保本浮动收益理财产品。保本浮动收益理财产品是指银行按照约定向客户保证本金支付，本金以外的投资风险由客户承担，并依据实际投资收益情况确定客户实际收益的理财产品，反之就是非保本浮动收益理财产品。

一般银行的保本浮动收益理财产品的风险仅次于储蓄风险，是追求稳定收益的稳健型客户的最佳选择。在股市不景气，楼市、车市观望的情况下，银行个人存款账户的"闲钱"正开始增多。

个人存放在活期存款账户的"闲钱"在保证存款流动性的同时，会尽量获取可能的高于银行存款的收益率，一些短期理财产品就成为这些资金的追逐对象。银行以及基金公司在理财市场上推出了不少针对短期、流动性强的新型金融产品，这些金融产品对留有流动性的个人而言就是不错的选择。

除了七天存款通知、货币市场基金、中短债基金等创新品种以外，人民币理财和外币理财也出现了理财周期越来越短的趋势。而从各银行以及基金公司的宣传来看，似乎它们都是在保证本金安全，保证流动性的前提下，实现较高的收益，是集平稳和灵活于一身的短期投资工具。

3. 根据银行和投资人两者之间的法律关系不同划分

（1）固定收益类理财产品。商业银行按照约定条件向投资者承诺支付固定收益，银行承担由此产生的投资风险。

（2）非保本浮动收益理财产品。商业银行根据约定条件和理财业务的实际投资收益情况向投资者支付收益，并不保证投资者本金安全的理财计划。

（3）保本浮动收益理财产品。商业银行按照约定条件向投资者保证本金支付，本金以外的风险由投资者承担，并根据实际收益情况确定投资者实际收益的理财计划。

（4）商业银行承销的理财产品。商业银行代其他机构销售的产品，商业银行只收取固定的承销费用，不对产品的风险负责。

另外，按照投资方式与方向的不同，新股申购类产品、银信合作品、QDII产品、结构型产品等，也是人们经常听到的理财产品。

在银行理财产品的市场上，各家银行都十分注重对自身产品品牌的宣传，如中国工商银行的"稳得利"、中国光大银行的"阳光理财"、中国民生银行的"非凡理财"、招商银行的"招银进宝"等，在市场上都有一定的品牌知名度。

第1章 入门课：投资理财要懂的金融术语

从哪里能购买到理财产品

了解了什么是理财产品，那么从哪里购买理财产品呢？人们一般可以通过商业银行或非银行金融机构进行购买。

传统渠道包括：银行、保险公司、证券公司、期货公司和基金公司。

新兴渠道包括：第三方理财机构和综合理财服务机构。

国内能够为客户提供理财服务的机构主要有银行、证券公司和投资公司。

1. 银行理财

我国商业银行提供的理财产品分为保本固定收益产品、保本浮动收益产品和非保本浮动收益产品三类。

2. 证券公司理财

证券公司理财一般包括股票、基金、商品期货、股指期货、外汇期货等。个人或机构投资者可以按照不同需求及投资偏好选择不同的理财工具。

3. 保险理财

保险理财更加倾向长期性，着重解决较长时间后的教育规划和养老规划，同时解决意外、医疗等保障问题。

4. 投资公司理财

投资公司理财一般包括信托基金、黄金投资、玉石、珠宝、钻石、第三方理财等。它需要的起步资金较多，适合高端理财人士。

5. 电子商务理财

在21世纪，投资者除了能在线下的网点进行理财以外，还可以利用互联网上的金融搜索引擎搜索理财产品，在对风险收益进行多方对比之后再投资。

投资：让钱生出更多的钱

投资是指特定经济主体为了在未来可预见的时期内获得收益或使资金增

值，在一定时期内向一定领域投放足够数额的资金或实物的货币等价物的经济行为。投资可分为实物投资、资本投资和证券投资等。前者是以货币投入企业，通过生产经营活动取得一定利润，后者是以货币购买企业发行的股票和公司债券，间接参与企业的利润分配。

在西方发达资本主义国家，投资通常是指为获取利润而将资本投放于企业的行为，主要是通过购买国内外企业发行的股票和公司债券来实现。所以，在西方发达资本主义国家，投资一般是指间接投资，主要介绍如何计算股票和债券的收益、怎样评估风险和如何进行风险定价，帮助投资者选择获利最高的投资机会。

而在我国，投资既包括直接或间接的股票、债券投资，也包括购置和建造固定资产、购买和储备流动资产的经济活动，有时也包括购置和建造固定资产、购买和储备流动资产（包括有价证券）的经济活动。这些都必须运用资金，而运用上述资金的过程是一种经济活动。因此，投资一词具有双重含义，既用来指特定的经济活动，又用来指特种资金。

简而言之，投资可以定义为：经济主体为获得经济效益而垫付货币或其他资源用于某项事业的经济活动。从定义中可以看出，一项投资活动至少包括投资主体和货币或其他经济资源等投资客体两个方面。

投资可分为企业投资和个人投资。这里所讲的投资主要是针对个人而言。

个人投资是指城乡个人作为一级投资主体所进行的投资。个人投资主要依靠家庭的积蓄，或者通过银行信贷、民间信用渠道来筹集。在商品经济不发达的情况下，一些个人投资活动在很大程度上还依靠自身劳动的投入和请帮工等非货币化形式直接进行。个人投资作为国家投资和集体投资的补充，日益发挥着重要作用。

投资这个名词在金融和经济方面有多个相关的意义。它涉及财产的累积，以求在未来得到收益。从金融学角度来讲，相较于投机而言，投资的时间段更长一些，更趋向是为了在未来一段时间内获得某种比较持续稳定的现金流收益，是未来收益的累积。

盘点形形色色的投资品种

2012年以来,随着国家一系列财经政策的逐步实施到位,这为投资市场开辟了更为广阔的发展空间,个人投资可谓五花八门,归纳起来主要有以下几类。

1. 炒股

今后资金供求形势相对乐观,这对于资金推动型的中国股市无疑是打了一剂强心针。中国证监会对上市公司的业绩计算、融资额等提出了更加严格的要求,加强了对股市的调控,这将给投资者带来好的机会。但股市的最大特点就是不确定性,机会与风险并存,投资者应继续保持谨慎态度,看准时机再进行投资。

2. 基金

自1997年首批封闭式基金成功发行至今,基金一直受到国内个人投资者的推崇。目前,基金已经成为众多投资者关注的重点之一。

3. 债券

债券一直受到投资者的青睐。银监会已将次级定期债务计入附属资本,以增补商业银行的资本构成,这为债券市场的再度火爆,起了推动的作用。

4. 外汇

美元汇率的波动,使越来越多的人通过个人外汇买卖,获得了不菲的收益,也使汇市一度异常火爆。

5. 炒黄金

炒黄金一直是个人理财市场的热点,受到投资者们的关注和青睐。特别是近年国际黄金价格上涨,大大推动了黄金投资量的提升,炒金业务成为投资理财的重要选择。

6. 房产投资

投资有增值潜力的期房有可能为自己带来理想的收益。但期房的投资风险较高,投资者需要对开发商的实力以及楼盘的前景有较为准确的判断。

7. 信托

信托投资门槛较高，适合比较有钱的人。

8. 收藏

收藏也是有一定的收益的，不过可能时间长，收益也不能保证。

投资有风险，理财需谨慎。没有一个人能够肯定自己的投资是成功的。投资者应根据自己的实力和判断，选择合适的投资项目。

投资理财账户：你的专属理财身份证

投资者要进行投资理财，需先开立相应的投资理财账户。为防范投资者陷入投资理财误区，造成财产、精神上的损失，投资者在开立储蓄、保险、股票、债券、外汇、期货、黄金等投资理财账户时，应到符合国家监管要求的正规金融机构办理。

我国金融机构主要分为银行、保险和证券三大部分，但从投资理财途径看，证券公司能为投资者提供较多的投资理财途径及申请更多类别的投资理财账户。而部分理财工具（如债券）也可通过多种渠道（银行或证券公司）开立投资理财账户。

一般而言，银行通过开立投资理财账户，可以办理储蓄类产品和银行理财产品以及基金类产品，大型银行还可通过银行系统购买国债。银行网点分布较广，通过银行渠道开立的投资理财账户可到银行柜台办理。

保险公司通过开立投资理财账户，可以购买寿险、财产险等投资理财产品。

证券公司通过申请开立投资理财账户，可以运用股票（包括A股、B股、H股等）、债券（包括国债、企业债、公司债等）、期货（包括金融期货，如股指期货、外汇期货等，商品期货如黄金期货、农产品期货等）等一系列的投资理财工具进行投资理财。证券账户的开立可到各证券公司营业部办理，但需要在交易日内办理。部分证券公司可通过各省份网站进行网络预约,通过预约的开户时间则相应较为灵活,可支持周六、周日开户。

税收:投资不可回避的话题

税收是国家凭借政治权力或公共权力对社会产品进行分配的形式。税收是满足社会公共需要的分配形式,税收具有无偿性、强制性和固定性。对于投资者而言,如果有投资行为的发生,就要缴纳相应的税金。所以,学习投资就要了解中国的税收制度和相关的税务知识。

中国的税种现在按大的分类,主要有流转税、所得税、资源税、财产税、行为税和其他税。

作为个人投资者,在进行投资前必然会对不同的投资方式进行比较,选择最佳方式进行投资。目前,个人可以选择的投资方式主要有两种:证券投资和实业投资。

证券投资涉及的税收知识并不多,如股票投资现在只缴纳印花税,其他税收暂时免征。一般而言,个人可选择的实业投资方式有:作为个体工商户从事生产经营,从事承包承租业务,成立个人独资企业,组建合伙企业,设立私营企业。在对这些投资方式进行比较时,如果其他因素相同,投资者应承担的税收尤其是所得税,便成为决定是否投资的关键。

投资理财在要国家政策法规的前提下进行,冒着巨大风险偷税、漏税并不是明智之举;到处钻法律漏洞的"避税高手"也终究会受到法律制裁。明智的投资人士,会考虑如何利用相关税收政策,合理减轻压力,合法地规避税收监管,留足资金,赚取更多利润。

避税：税务规划做得好，投资没烦恼

说起避税，很多人都认为这是违法犯罪的事情。守法的老百姓怎么能去做这种事情呢？其实看待这个问题，也要一分为二。避税简单来说就是通过一定方式减少税收支付。减少税收支付的手段有多种多样，例如，偷税、漏税、避税、节税等。偷税、漏税当然是违法的。

避税也有不同的类型。比如，有政府提倡的，有政府不鼓励的，还有政府正在研究对策制定新法律、法规制止的。这里主要讲的是前两种，毕竟后一种不是长远之计。政府所提倡的避税，也可以称之为"合理避税"。合理避税是指符合政府税收立法意图，以合法的方式比较决策，避重就轻，减少其纳税义务的行为。判断避税是否合法的依据就在于，政府是否承认纳税人有权对自己的纳税义务、纳税地点进行选择。通过以上分析，人们就知道了合法避税就是税收筹划。

说起避税，很多人容易将它与节税、逃税混为一谈。其实三者是有区别的。节税其实就是"合理避税"，是政府所鼓励和提倡的。逃税是指纳税人故意不遵守税法规定，不履行纳税义务的行为。广义上，逃税还包括纳税人因疏忽或过失没有履行税法规定的纳税义务的行为。

避税和逃税，两者有明显区别：

（1）适用的法律不同。避税适用涉外经济活动有关的法律、法规；逃税仅适用国内的税法规范。

（2）适用的对象不同。避税针对外商投资、独资、合作等企业及个人；逃税仅为国内的公民、法人和其他组织。

（3）各自行为方式不同。避税是纳税义务人利用税法的漏洞、不完善，通过对经营及财务活动的人的安排，以达到规避或减轻纳税的目的；逃税则是从事生产、经营活动的纳税人，纳税到期前，有转移、隐匿其应纳税的商品、货物、其他财产及收入的行为，达到逃避纳税义务的目的。一般情况下不构成犯罪，严重的构成偷税罪，手段情节突出的可构成抗税罪。

第1章 入门课：投资理财要懂的金融术语

通过以上分析，我们可以看出，虽然它们都与税有关，也都是减少纳税额度，但是避税、节税和逃税是互不相同的三个概念。

依法纳税是每个公民应尽的义务，但在履行义务的同时，人们不妨通过税务筹划，合理合法地有效避税，避免缴纳"冤枉税"。

合理避税：让投资收益最大化

在谈到避税的概念时，最后一句话一般是"……少缴纳税款，以达到避税的目的"。毫无疑问，避税的主要目的肯定是少缴税款，让自身收益最大化。

那么，如何做到合理避税，让自己收益最大化呢？下面为大家介绍几种合理的个人所得税避税方法，有些是适合个人的方法，有些是需要公司配合的方法，我们分别来看一下。

1. 合理选择可以避税的个人理财产品

随着金融市场的发展，市场上的理财产品越来越多，其中有很多理财产品不仅收益比储蓄高，而且不用纳税。例如，投资基金、购买国债、买保险、教育储蓄等，这些理财产品无疑给工薪阶层提供了更多的选择。但是，投资有风险，理财须谨慎。个人在选择这些理财产品时，不仅要考虑收益性和风险性，还要考虑其中的避税可能性，从而达到减轻税负的目的。

2. 利用暂时免征税收优惠避税

个人投资者买卖股票或基金获得的差价收入，按照现行税收规定均暂不征收个人所得税，这是目前对个人财产转让所得中较少的几种暂免征收个人所得税的项目之一。纳税人可以选择适合自己的股票或基金进行买卖，通过低买高卖获得差价收入，间接实现避税。但许多纳税人不是专业金融人员，须谨慎行事。

3. 利用捐赠进行税前抵减

《中华人民共和国个人所得税实施条例》规定：个人将其所得通过中国

境内的社会团体、国家机关向教育和其他社会公益事业以及遭受严重自然灾害地区、贫困地区的捐赠，捐赠额未超过纳税人申报的应纳税所得额30%的部分，可以从其应纳税所得额中扣除。这就是说，个人在捐赠时，必须在捐赠方式、捐赠款投向、捐赠额度上同时符合法规规定，才能使这部分捐赠款免缴个人所得税。

4. 利用年终奖实现避税

税法规定，实行年薪制和绩效工资的单位，个人取得年终兑现的年薪和绩效工资按纳税人取得的全年一次性奖金，单独作为一个月工资、薪金所得计算纳税。但雇员取得除全年一次性奖金以外的其他各种名目奖金，如半年奖、季度奖、加班奖、先进奖、考勤奖等，一律与当月工资、薪金收入合并，按税法规定缴纳个人所得税。

需要注意的是，在一个纳税年度内，对每一个纳税人而言，该计税办法只允许采用一次。所以，这就需要纳税人能够接受"牺牲一部分半年奖、季度奖、加班奖、先进奖、考勤奖"的代价，要求单位发放年终奖金，实现避税。

工资个人所得税的计算公式：

应纳税额＝（工资薪金所得－"五险一金"－扣除数）×适用税率－速算扣除数。

5. 企业提高职工公共福利支出

企业可以采用非货币支付的办法提高职工公共福利支出，例如，免费为职工提供宿舍（公寓）；免费提供交通便利；提供职工免费用餐，等等。企业替员工个人支付这些支出，并可以把这些支出作为费用减少企业所得税应纳税所得额。个人在实际工资水平未下降的情况下，减少了部分应由个人负担的税款，可谓企业个人共同受益。

6. 巧用公积金避税

根据有关规定，工薪阶层个人每月所缴纳的住房公积金是从税前扣除的，即按标准缴纳的住房公积金是不用纳税的。同时，职工又是可以缴纳补充公积金的。所以，巧用公积金避税是合理可行的。需要注意的是，纳税人要在所在单位开立个人补充公积金账户；纳税人每月缴纳的补充公积金虽然可以避税，但不能随便支取，固化了个人资产。

7. 利用通信费、差旅费等发票避税

税法规定，凡是以现金形式发放通信补贴、交通费补贴、误餐补贴的，视为工资薪金所得，计入计税基础，计算缴纳个人所得税。凡是根据经济业务发生实质，并取得合法发票实报实销的，属于企业正常经营费用，不需缴纳个人所得税。所以，纳税人在报销通信费、交通费、差旅费、误餐费时，应以实际、合法、有效的发票据实列支实报实销，以免误认为补贴性质，可以达到避税效果。

8. 利用税收优惠政策

税收优惠政策，比较通用的说法叫作税式支出或税收支出，是政府为了扶持某些特定地区、行业、企业和业务的发展，或者对某些具有实际困难的纳税人给予照顾，给予某些特定纳税人以特殊的税收政策。税收优惠的形式有：税收豁免、免征额、起征点、税收扣除、优惠退税、加速折旧、优惠税率、盈亏相抵、税收饶让、延期纳税等。

投资回报率：我到底赚了多少钱

在预估和计算投资回报的时候，应该用百分比计算还是用实际金额计算，哪一种方式更能反映资金的使用效果？

不同投资需要的本金数额不同，投资股票的本金要求大于投资邮票，投资房地产的本金要求远远大于投资股票。在预估报酬的时候，通常有两种计算方式：一种是报酬额，是以绝对数额表示的金额；另一种是回报率，是用相对值表示的比率，即报酬数额/本金数额。这两种方式评估出来的结果是不同的，有时甚至截然相反。

我们来看个例子。假如有两个投资方案，甲方案投资1万元，1年后预计可获得1 000元，回报率是10%；乙方案投资5万元，1年后预计可获得2 000元，回报率为4%。假定两者的投资风险没有差别，你会选择哪一个方案呢？

　　从绝对额来看，乙方案优于甲方案（2 000＞1 000）；从相对值来看，甲方案优于乙方案（10%＞4%）。我们的建议是，如果两个方案是相互排斥的，即选择了此就不能选择彼，两者只能取其一的话，就应选择乙方案，因为在计算报酬的时候，早已把资金成本考虑了进去。如果两个方案是独立的，即选择了此并不排斥彼的话，就应优先选择甲方案，因为甲方案的回报率高于乙方案。

　　换句话来说，如果你的资金充裕，那么可以优先选择回报率高的投资。如果你的资金只够投资一种资产，那么选择绝对额高的投资更能充分发挥资金的增值作用。当然，我们事先已假定风险是一样的，计算报酬时是以净值而不是以总值计算。

第2章
强化课：投资理财需要明白的观念

"富口袋"来自"富脑袋"

人们所熟知的成功者，无不是勤于思考的智者，他们平时就经常训练发现机会的能力，因而脑子里总能源源不断地迸出各种好点子。美国一位久负盛名的金融业巨头，每当做出重大决策之前，总会闭目养神休息5分钟，在半放松状态下进行思考，以激发自身的深度思考力和高度应变力。他解释说："每当闭上眼睛，我便能取用更高智能的活水源头。"

美国堪萨斯州的盖伊博士，一生发明200多项商业专利，为其带来数千万美元的财富。盖伊博士是一位出色的商业天才，尤其是训练思考力和创造力的法子，更是独树一帜。每当思考问题时，盖伊博士总会走进一间被他称为"个人沟通室"的房间。房间是隔音和避光的，里面有一张小桌子和一张沙发，桌子上放着一支笔、一叠书写纸和一个可控台灯。当盖伊博士需要思考时，他就会走进房间，关掉台灯，放松地坐在沙发上集中精力思考。一旦头脑突然"灵光乍现"，盖伊博士会迅速打开台灯，将灵感源源不绝地记录在纸上。直到思路中断以后，他才重新审视所写的内容。实际上，这就是盖伊博士"头脑风暴"的主要手段。他依靠自己的思考力，为许多大公司和组织想出了一个个"价值连城的好点子"，获得了巨额回报。

思考力决定思维方式，思维方式决定创富行为。思维方式大多以个人积累的经验为主导，经由灵感激发而产生好点子。盖伊博士就是根据已掌握的前提条件，清除心中已有的思绪，等待潜意识整理分析，迸发出"灵光一闪"的念头，然后保存并整理。伟大的发明家爱迪生就是根据类似的方法，制造出白炽灯、留声机等多种具有创造价值的商业发明。孩子应该多采用类似方法，慢慢进行思考力和思维方式的训练，为激发商机创造可能。思考越多，脑子越好使。多经历这种"头脑风暴"的洗礼，你对财富的敏感度就会逐步增强，迸发好点子的可能性也就越来越大。

在竞争压力如此之大的商业环境下，穷人仅靠勤奋和吃苦就一定能成功吗？未必！勤奋和吃苦固然重要，但是"1%的创造力"往往是决定财富多少的关键。这主要取决于你积累了多少知识和经验，是否勤于动脑，是否有足够的思考力和正确的思维方式。

财富规律告诉我们：新思路才能带来新财路。那么，如何能快速更新思路呢？四个字：不断思考。财富源于头脑：脑袋空空，口袋空空；脑袋转转，口袋满满。人与人之间最大的差别是脖子以上的部分，一提到赚钱就只想到开公司、搞店铺，这显然是不对的。实际上，发财的机会远不止那么几条路，关键看你怎么去想，怎么去琢磨。思路决定出路，观念决定贫富，要富口袋先富脑袋。改变贫穷现状，改变你的思维，让自己的脑袋先富起来！

安稳守财的时代一去不复返

从前有一位守财奴，他熬了很多年，终于从年迈的兄长手中接下了兴旺的家业。由于雇工众多，每天消耗的口粮让守财奴心疼不已。于是没过多久，他就一意孤行地关闭了所有的铺子，遣散了所有的雇工，把家产全部变卖了，换成了一团既不用吃也无需喝的大金块，埋在一个隐秘之处。这块金子是守财奴的心头肉，令他朝思暮想，忧心不已。几乎每隔一天，他都会趁着夜深人静的时候，悄悄地把金子挖出来，审视、把玩一番。就这样过了几

第2章 强化课：投资理财需要明白的观念

年，后来，有人留意到了他的行踪，猜出了内中隐情，趁他不备把金子挖走了。守财奴再去时，发现那个地方已经空空如也，于是拉扯着头发，号啕大哭。有一个过路人见到了痛不欲生的守财奴，问明了缘由后，竟笑了一笑，对他说："朋友，别灰心丧气，其实你并没有拥有原先的那块金子。不如拿块石头，权当金子埋入土中，这么做也能弥补你的损失，因为据我所知，你有金子时，也从没用过。"

这个故事告诉我们：一切财物如不使用，就等于没有。从投资的角度来说，如果你的钱不能为你创造价值，就等于被埋没的"石头"。

一般来说，增加财富只有两种途径：要么是努力工作赚钱，存到银行，增加账面存款；要么就是投资，让钱生钱。我们发现，在当今时代，单纯靠赚钱攒钱的第一种途径，很难实现生活无忧、经济自由的目标。

也许你会说："投资、理财，说起来容易做起来难，既麻烦又有风险。其实不懂得投资又怎样，以前我们的父母都这样过来了，难道我不可以像老一辈一样吗？"甚至有人会说："钱够用就好了，大不了老了之后，我回老家种田去，照样可以活得很快活！"

然而，现实是这样的吗？

虽然每个人都有选择生活方式的自由，但大环境的变化，迫使你不得不睁开双眼，面对这样的事实：安稳守财的时代已经过去了！今天的你，随时可能遭遇通货膨胀、金融危机、失业、破产等各种不可预测的状况。无论何时，一旦你手头一无所有，流落街头就不是什么奇怪的事情了。

从整个大环境来说，近年来，全球经济形势堪忧。自2008年秋以后，金融危机冲击全球经济，世界经济一直处于颠簸之中，油价上涨惊心动魄，通货膨胀的压力骤然加大。后来，世界经济在政策刺激等短期因素的作用下开始走出衰退，缓慢复苏，但经济复苏路径和复苏前景仍面临着宽松政策调整、通胀预期、大宗商品价格上涨、贸易保护主义、失业率上升、美元贬值预期加深等不确定因素。世界经济放缓，势必会给中国经济带来影响。例如，贸易保护主义引发的外需下降是未来中国经济的主要下拉动力，它既影响中国的出口贸易，也给就业带来更大压力。

更严峻的事实是，目前我国60岁以上的老年人口已从1.2亿增长到1.49亿，占总人口的11.03%，几乎占全球老年人口的五分之一。随着我国经济的发展，人口老龄化给中国的经济、社会、政治、文化等多方面的发展带来了深刻影响。解决庞大的老年群体的养老、医疗、社会服务等方面需求的压力也越来越大，养老问题越来越成为社会的一项负担。一般来说，我国法定退休年龄为男60岁，女55岁，以平均寿命统计，这些人员至少还有20年以上的退休生活。虽然社会养老保险一般是城乡老年人在养老保障上的首选，但社会的力量毕竟有限，急剧增长的老龄化压力已使政府的负担越来越重，"养"和"医"的问题也已经越来越迫切，大部分老年人也越来越不愿意选择依靠子女养老。

如何才能摆脱单一的依靠社会保险来为老年生活买单的状况呢？这一切都需要你提前准备好满满的荷包。财务专家们发现，最好的方法是，无论你本人是在劳动还是在休息，你的钱都在一刻不停地为你而工作。只有这样，危机来临时，你才得以从容应对。

只知道攒钱会越来越穷

大多数人赚取的人生第一桶金往往是靠打工实现的，所以在投资的时候，用钱会非常谨慎。

很多人会有这样的观念：现在自己的资金太少了，先攒两年吧，等储蓄多了再拿出来投资。等过两年后才发现，物价上涨，这点钱还是不够投资的，于是再攒两年吧。攒来攒去，发现即使一辈子也攒不到投资用的钱，于是就不再攒钱，而是找地方消费去了。

没有一个富翁是靠攒钱发家的。建立理财观念的第一步，就是要意识到挣钱和攒钱的区别。在物价上涨或货币贬值的时候，攒钱往往会使人变得越来越穷。富人则往往会在该省钱的时候省，该花钱的时候花，绝不含糊。

第2章　强化课：投资理财需要明白的观念

当然，同样多的钱该如何花，方式不同，最终产生的结果会很不一样。会花钱，钱能给你带来几倍、几十倍甚至几百倍的收入；不会花钱，钱花了以后不但没有任何收益，甚至还会赔钱。富人往往会研究如何将钱花得有价值。

犹太巨富比尔·萨尔诺夫小时候生活在贫民窟里。他家里有6个小孩，全家依靠做小职员的父亲一个人的收入维持生计，生活极为困难。父亲挣的每分钱都让全家人省了又省，没有一项多余的开支。全家人就这样勉强度日。在比尔15岁的时候，他的父亲对他说："小比尔，你已经长大了，要靠自己来养活自己了。"

比尔听了父亲的话，外出打工，然后用挣到的钱经商。这也是犹太人的优良传统。3年后，比尔改变了全家人的贫穷状况；5年之后，他们全家搬离了贫民窟；7年后，他们在寸土寸金的纽约市中心买下一套房子。

日本的趋势专家大前研一在其著作《M型社会》中提出惊人的观察结论：攒钱可能会让你越来越穷，你必须要学会让钱生钱，这才是赚钱之道。他表示，"新经济"浪潮改变了经济社会结构，代表富裕与安定的中产阶级，目前正在快速消失，其中大部分向下沦为中、下阶级，导致各国人口的生活方式，从倒U型转变为M型社会。

回想过去在倒U型社会中，理财等于存钱。人们习惯手头一有闲钱，就往邮局或银行定存账户里头放，有时候连利率是多少都不太关心。但在M型社会，储蓄虽然是积累资本的第一步骤，不过只会存钱的"守财奴"，很快就会被打入中、下阶级，因为通货膨胀侵蚀获利的速度比利率上涨的速度快得多，把钱存进银行，只会越来愈少！

M型社会的理财，应该是通过资产配置的风险控管效果，将资金分配在不同的工具中，以求最具效益的获利率，达成各阶段生涯规划。简单地说，随着可利用的金融工具愈来愈多，如基金、股票、债券，可选择的市场越来越广，如欧、美、日新兴市场与中国股市。我们为何总是守着利率高不过CPI的定期存款，而不去追求相对更高更稳定的报酬率呢？

有钱不置半年闲

一切财物如不使用，就等于没有。从理财角度上说，如果你的钱不能为你创造价值，就等于被埋没的"石头"。

增加财富有两种途径：一种是努力工作赚钱，存到银行，增加账面存款；另一种就是理财。在经济快速发展的阶段，单纯依靠攒钱，难以实现增加财富的目的。

2010年第一季度，剔除季节因素后，居民通货膨胀预期继续上涨，未来物价预期指数为65.6%。受此影响，居民当期物价满意指数降至25.9%，比上季再降2.3个百分点；其中认为目前物价"高，难以接受"的居民占比为51.0%，是1999年有调查以来的最高值。

尽管城镇居民的人均收入有了一定的增长，但是看上去比较高的增长幅度，却没能够获得更高的经济收益。尤其是城市中的上班族，时常感叹自己的薪水增长总是赶不上物价的上涨。

有学者说："积累和消费是一对永远不会改变的关系。如果没有高于消费的积累，你的生活质量将不可避免地下降。一个人的收入增长速度要跟得上消费者物价指数的增长，否则你的消费水平就会有风险。"所以，普通人面对物价上涨短期内无法减缓的压力时，除了勤俭节约外，还需要形成投资理财的习惯，以多挣钱来减轻压力。

很多人理财的目的不是发财，所以往往选择把钱存入银行，将钱闲置起来，认为这样做既没有太大的风险，每年回收的利息也会带来一定的回报。不过到年底他们兴冲冲地去查询存款额度的时候，发现存款不是多了，而是少了。

这是因为，通货膨胀的速度往往会抵消甚至使银行的存款利率成为负值。比如，银行存款1年期的利率为2.25%，扣除20%的利息税，实际存款利率只有1.80%。如果以CPI为3%计算，老百姓的1年期存款实际利率是负值。这就意味着1万元存进银行，1年后就只有9 790元，有210元"蒸发"了！

财富闲置就等于零，并且还要付一定的"折旧费"。最好的方法就是必

第2章 强化课：投资理财需要明白的观念

须让钱动起来。高财商的人往往不会把钱存进银行，他们会把钱投资到不同的地方，以获得最有效的收益。

当下，社会不断发展，每个人都被身边各种各样的压力所包围。财产不一定能给我们带来真正意义上的幸福，但它确实能给予我们一定的安全感。如今，已经不是你不理财、财不理你的时候，而是你不理财，财富缩水，它自然就离你而去。学会理财首先要做的不是赚钱，而是跑赢通货膨胀。

根据中央银行消息，2017年上半年，我国通货膨胀率为3.7%。据统计，2017年我国年通货膨胀率保持在6%~8%。全国食品价格上涨幅度为9.7%，非食品商品为7.7%，而有偿服务业的价格上涨为4.8%。专家预测，2017年年底，年通货膨胀率将减少至6.4%。也就是说，你的理财收益必须超过6.4%，你的财富才不会缩水。

如果你存银行10 000元，银行定期存款利率为1.35%，一年本息共计10 135元。如果物价维持8%左右的上涨幅度，那么今天你10 000元就能买到的商品，一年后需要10 800元，亏损665元。一年前的10 000元只相当于一年后的9 335元。

戒贪，财富不是天上馅饼

在投资理财过程中，贪婪是大忌，一旦被贪念占据了上风，就很难把握住自己的投资方向和投资额，很容易成为投资浪潮中的牺牲品。

在投资领域，有人赚钱了，有人赔钱了，同样的投资但是结果往往截然不同。著名的投资大师巴菲特就是"能赚钱"的典型，而他能赚钱的原因，也在于他的投资理念。他能够长期坚持，不因市场诱惑而改变。巴菲特的投资理念是"投资要有耐心等待，只有等'市场先生'犯错误，股票被严重低估时才买进"。巴菲特言行一致，中石油H股股价在1.20港元附近时，投资者因恐惧而大量抛售中石油股票，巴菲特大量买进。因为股价仍然被低估，巴菲特一股未卖。

巴菲特卖出中石油股票，一是因为其纯利（加上每年分红）已经高达10倍；二是从国际视野看，中石油H股股票也不便宜。而巴菲特的投资策略是牛市高潮中退出，越涨越卖出。

值得一提的是，巴菲特的"长期投资理念"是有条件的，即所持股票估值处于被低估状态，否则也需要"见好就收"。他提示给我们最主要的启示或许就在于，留一段上涨的空间给别人赚，千万不要太贪婪。而他备受投资者推崇的另一个原因在于他有"人不入地狱，让与我；人争上天堂，送给你"的投资胸怀。

贪婪和恐惧要不得的原因主要在于，投资者学习巴菲特的操作方法而又缺乏坚持估值标准的耐心等待，缺乏坚定拒绝诱惑而不改变买进、卖出的原则。有人在投资时，投资理念"三心二意"，左右摇摆，再加上其因追随市场而贪婪，又因追随市场而恐惧，以致丢失了"投资原则"。

李嘉诚曾告诫人们，当生意更上一层楼的时候，绝不可有贪心，更不能贪得无厌。投资不能过于贪心，否则将由"1%的贪婪毁了99%的努力"。有一位老年朋友，退休后闲暇无事，总想着如何发大财。看到一些人买彩票中了大奖，他便跃跃欲试。如果是小打小闹，碰碰运气倒也罢了，而他却把全部积蓄拿出来买彩票，以为投入越多，中奖的概率就越大。有人劝他不要冒这样的风险，他哪里听得进去。每期开奖前他都忐忑不安，精神高度紧张，得知自己未中奖便陷入烦恼和焦虑之中。这样几年下来，20多万元的投资全部打了水漂，老婆孩子都埋怨他财迷心窍。他的情绪坏到了极点，甚至连跳河上吊的念头都有。多亏大家相劝，钱财都是身外之物，生不带来死不带去，况且他每月还有退休金，生活不会有大问题。这样，他的情绪才慢慢稳定下来。

这位老年朋友的教训就在于"不知足"，贪财欲望过高。老子在《道德经》一书中说："祸莫大于不知足。"孔子在《论语》中提出，人的一生要有"三戒"，其中第三戒是"及其老也，血气既衰，戒之在得"。"得"就是贪得。

贪婪是投资理财的大忌，财富不是上天的馅饼。不要把投机错当成投资。有些要靠运气才能赚钱的行当最好不要轻易涉足，在还没有把握一项投

第2章 强化课：投资理财需要明白的观念

资的真实情况时不要轻易把钱投入。投资者在投资的时候，一定保持理智的头脑，不要觉得一个产品稳赚不赔，就全部投入。这样会让你承担的风险变得很大，已经超出了你能够承受的范围。投资者不要被一时的利益冲昏了头脑，不要为了获得再多一点的利益错过了最好的卖出时机。

别跟风，不做盲目的"群羊"

羊群是一种很散乱的组织，平时在一起也是盲目地左冲右撞。一旦有一只头羊动起来，其他的羊也会一哄而上，全然不顾前面可能有狼或者不远处有更好的草。在现实生活中，我们也经常不经意地受到"羊群效应"的影响。

经济学里经常用"羊群效应"来描述经济个体的从众跟风心理。因此，"羊群效应"就是比喻人都有一种从众心理。从众心理很容易导致盲从，而盲从往往会陷入骗局或遭遇失败。

或许很多人会对此嗤之以鼻，人类的智慧当然远远高于这些平常动物了。但事实是在日常生活中，"羊群效应"也很容易出现在我们自己身上。最常见的一个例子就是，在投资时，很多投资者很难排除外界的干扰，往往别人投资什么，自己就跟风而上。而在结伴消费时，同伴的消费行为也会对自己的消费产生心理和行为上的影响。

随大流是很多人的习惯，你看人家都这样了，咱也学人家吧。这样的观点永远也发不了财。像投资基金，若是2005年或2006年上半年在大多数人不看好的前提下投入的话，2006年年底就可现实1万元变2万元，2万元变4万元。2006年年底大家都看基金赚钱，都买入，恐怕再有100%的回报是不可能了。

可见，在不了解投资内情的情况下，不要盲目地跟风。我们一定要找人少的那条路走，大家都"扎堆"去的地方未必是好地方。投资也不能跟风盲动，一定要找到适合自己的投资方式。

股市是"羊群效应"的多发地。股市的财富效应，让许多人觉得遍地是黄金，关键就是你的眼光和信息准不准。于是，"宁可犯错，也不能错过"成为许多散户共有的心理。他们一是推崇身边的投资高手，二是盲目迷信各种来源的小道消息。

但事实上对于处在信息不对称和市场劣势的散户来说，要想成功地连续跑赢机构和大盘并不简单。很多在公开场合经常吹嘘自己的投资如何成功的人，往往挑选的是自己一部分成功投资的"亮点"在大家面前炫耀。有的人都有过一些成功投资的经历，但是对于自己投资失败或是不足的经历，他们很少向朋友和同事们透露。

因此，如果当你遇到这样的投资高手，切勿因为他们的只言片语就觉得别人总是比自己赚得多，赚钱比自己快，影响了自己的正常心态。

而现在坊间流行的小道消息也同样值得投资者戒备。随着网络的普及，"消息"正以我们不曾觉察的速度影响着我们的投资决策。由于2007年以来入市的多是一些没有实际操作经验的新股民，他们最喜欢的就是从各种网站的股票、基金论坛上捕风捉影，有的人甚至愿意花上不菲的价格购买"机密信息"。结果就是很多人陷入了炒股只炒"代码和简称"的误区，一不知道上市公司的主营业务，二不了解上市公司的财务状况，只是凭借一些似有似无的小道消息就敢投下自己数十万元的资金。他们不怕犯错，只担心错过了赚钱的好时机。对于这种小道消息带来的"羊群效应"，投资者还是远而避之为好。

理财必须要克服自己的从众心理，不能盲目跟风。不仅在投资时要克服从众心理，在日常消费中也要克服这样的"小毛病"，让自己的理财能力体现在生活中的各个方面。

树立正确的理财观

我国理财市场的健康发展，一方面需要金融机构不断提高金融服务水平，开发出更多更好的理财产品，培养出更多高素质、复合型金融人才；另一方面也需要加强对投资者的理财教育，培养投资者的理财意识。在对投资者的理财教育中，树立正确的理财观念是其中非常重要的一项。

什么是正确的理财观念？

（1）理财是一个长期过程，需要时间和耐心。

（2）家庭不是企业，资产的安全性应放在第一位，盈利性放在第二位。

（3）树立风险意识，投资是有风险的。低风险的投资品种，如银行存款、国债等，难以产生高回报；高风险的投资品种，如股票、实业投资，有产生高回报的可能，但也能导致巨额亏损。

（4）要保证良好的资产流动性。投资者要保持富余的支付能力，不要将资金链绷得太紧。

（5）保险是重要的保障手段之一。保险是家庭资产的重要组成部分，一份保险也是一份对家人的关爱。

（6）要根据自己的实际情况及风险承受能力选择理财品种，不要随波逐流。

（7）不要过度消费，尤其是贷款消费，如房贷、汽车贷款等。贷款是刚性的。投资者应尽量减少家庭的债务负担。

（8）股票是一种较好的长期投资工具。它是使家庭资产大幅增值的最有效的投资方式之一。但如果投资操作不当，会导致巨额亏损，造成家庭财务危机。因此，一定不能用借来的钱炒股票。

（9）要将生活保障（现金、债券、住房、汽车、保险、教育）与投资增值（股票、实业、不动产）合理分开。投资增值是一种长期行为，目的是使生活质量提高。投资者不要因为投资而降低目前的生活质量。投资资金应该是正常生活消费以外的资金，用这样的闲钱投资，投资人才能保持良好的心态。

（10）要学习理财知识，能与专业理财人员交流。投资者要有一定的分辨能力，因为钱是自己的。

（11）可以委托理财，但要慎选受托人。

（12）要编制家庭财务报表。家庭财务报表包括资产负债表和现金流量表。投资者应做到收支有数，心中有底。

（13）要制定量化的、合理的理财目标。针对理财目标配置资产，投资者应做到有的放矢。

（14）抵制过高投资回报率的诱惑。任何投资回报率过高的项目都是值得怀疑的。

（15）投资一个项目。投资者应先考虑风险，再考虑收益。不能合理控制风险，收益无从谈起。

养成良好的投资习惯

《富爸爸穷爸爸》一书中的富爸爸没有进过名牌大学，他只上到了八年级，可是他这一辈子却很成功，也一直都很努力。最后富爸爸成了夏威夷最富有的人之一。他那数以千万计的遗产不仅留给自己的孩子，也留给了教堂、慈善机构等。

富爸爸不仅会赚钱，在性格方面也是非常坚毅，因此对他人有着很大的影响力。从富爸爸身上，人们不只看到了金钱，还看到了有钱人的思想。富爸爸带给人们的还有深思、激励和鼓舞。

穷爸爸虽然获得了名牌大学学位，却不了解金钱的运行规律，不能让钱为自己所用。其实说到底，穷与富就是由一个人的观念所决定的，但容易受周围环境的影响。

所有的有钱人都有一个共同的观念：用钱去投资，而不是抱着钱睡大觉。

正确投资是一种好习惯，养成这样习惯的人，命运也许会从此改变。而那些拥有了财富就止步的人，将会重新回到生活的原点。

一个人如果不养成正确投资的好习惯，让钱在银行睡大觉，就是在跟金钱过不去，就是在变相削减自己的财富。有很多人辛劳一生，到头来却还是穷人，就因为这些人不会把钱变成资本。

可以这样说，穷人都不是投资家，大多数穷人都只是纯粹的消费者。要

第2章 强化课：投资理财需要明白的观念

想不再做穷人，就不但要努力挣钱，用心花钱，还要养成良好的投资习惯，主动猎取回报率能超过通货膨胀率的投资机会。这样才能真正保证自己的钱财不缩水，才能逐渐接近自己的财富目标，才能过上更好的生活。

不过想投资，首先还得会投资。同样是一套房产，购买者可以自己住，也可以出租，还可以转手卖出。同是一套房产，购买者的不同处理方法可以改变这套房产的价值。

同样是花钱，有时可能是投资，有时又可能是消费，关键就要看花钱是为了以后不断挣钱，还是单纯为了花钱。

假如你花钱购买了一套房子，目的是让房租流入自己的口袋，那购买这套房子就是投资；如果购买这套房子，只是为了改善自己的居住条件，那它就变成了你的消费。

有钱人总会想尽一切办法把自己的钱变成资产；而穷人却总会心甘情愿地享受消费的乐趣。究其根本，无非就是思维观念的不同。没钱人低头劳动，有钱人抬头找市场；没钱人用心挣钱，有钱人用心投资；没钱人空手串亲戚，有钱人慷慨交朋友；没钱人伸手领工资，有钱人考虑发工资；没钱人等待被选择，有钱人认真选择别人；没钱人学手艺，有钱人学管理；没钱人听奇闻，有钱人创奇迹。

有的人说，我没有钱怎么投资？多年之后，他很可能还是穷人；有的人说，我很穷，所以我必须投资，几年后他可能成为有钱人。

现实中不少人因为没有钱，所以什么都肯做。现实中还有很多人由于没有钱，因此什么都不肯改变，只能贫困一生。成功的投资者都是具有积极向上的心态和持之以恒精神的人。富有与贫穷，会受到自己人生观念的影响。

贫穷本身并不可怕，可怕的是习惯贫穷蔑视投资的思想。长期的贫穷会消磨人的斗志，封闭人的思想，使人变得麻木而迟钝。思想上对贫穷的退让，会引起行动上对改造贫穷的失败，最终会一生与贫穷相伴。

只有那些不向贫穷低头的人才会得到财富的垂青，才能成为真正的有钱人。

投资有风险，理财要谨慎

目前市场上理财产品种类繁多，对于非专业投资者而言，往往只注意到预期收益率的高低，而忽视了产品中蕴藏的风险因素。但是收益率和风险是不可分开的。一般而言，收益越高，风险越大，两者呈正比例关系。只不过要发现产品中的风险点，需要投资者熟悉相关金融知识，而这往往是大众投资者所欠缺的。

很多金融机构在介绍投资产品的时候，也往往将风险因素隐藏起来，总是把收益描绘得很美好。其实理财的一个重要作用就是在既定的收益水平下尽量降低风险，或者在相同风险程度下尽量提高收益率。因此，认清理财产品的风险性，按照自身可接受的风险水平进行合理选择是做好理财的关键因素之一。

第一类：低风险的理财产品。

银行存款和国债由于有银行信用和国家信用作保证，具有最低的风险性，同时收益率也较低。投资者保持一定比例的银行存款主要目的是保持资金适度的流动性，满足生活日常需要和等待时机购买高收益的理财产品。

第二类：较低风险的理财产品。

它主要是指各种货币市场基金或偏债型基金。这些产品投资于同业拆借市场和债券市场，而这两类市场本身就具有低风险和低收益率的特征，再加上由基金经理进行的专业化、分散性投资，使其风险进一步降低。

第三类：中等风险的理财产品。

信托类理财产品是由信托公司面向投资者募集资金，提供专家理财、独立管理，并由投资者自担风险的理财产品。投资这类产品的投资者要注意分析募集资金的投向，还款来源是否可靠，担保措施是否充分，信托公司自身的信誉等因素。

外汇结构性存款作为金融工程的创新产品，通常有几个金融产品的组合，如外汇存款附加期权的组合。这类产品通常有一个收益率区间，投资者要承担收益率变动的风险。

偏股型基金是由基金公司募集资金，按照既定的投资策略投向股市，以期获得较高收益率的一类产品。由于股市本身具有高风险性质，因此这类产品风险也相对较高，本金也有遭受损失的可能。

第四类：高风险的理财产品。

股票、期权、黄金、艺术品等投资项目，由于市场本身的高风险特征，投资者需要依靠专业的理论知识、丰富的投资经验和敏锐的判断分析能力，才能在这类市场上取得成功。

投资者可从两方面分析自身可承受的风险水平。

（1）风险承受能力。投资者可根据年龄、就业状况、收入水平及稳定性、家庭负担、资产状况、投资经验与知识估算出自身风险承受能力。

（2）风险承受态度，即风险偏好。投资者可以按照自身对本金损失可容忍的损失幅度及其他心理测验估算出来。

总之，投资者在进行理财前应先评估自身的可承受风险水平，并深入了解准备投资的产品。对于不熟悉的产品，投资者可向相关领域专业人士进行咨询，避免片面追求理财的高收益率。

第3章
进阶课：钱生钱的投资学原理

二八定律：20%的人赚80%人的钱

二八定律是19世纪末20世纪初意大利经济学家帕累托提出的。他认为，在任何一组东西中，最重要的只占其中一小部分，约占20%，其余的约占80%，尽管这部分是多数，却是次要的，因此又称二八定律。

二八定律得到了广泛的认证，一个企业80%的利润来自20%的项目；20%的人掌握了世界上80%的财富；20%的人身上集中了人类80%的智慧……在理财投资领域这个定律也有其价值，在股市上就有这样的有趣现象。

股市中有80%的投资者只想着怎么赚钱，仅有20%的投资者考虑到赔钱时的应变策略。但结果是只有那20%的投资者能长期盈利，而80%的投资者却常常赔钱。

20%赚钱的人掌握了市场中80%正确的有价值信息，而80%赔钱的人因为各种原因没有用心收集资讯，只是通过股评或电视掌握20%的信息。

当80%的人看好后市时，股市已接近短期头部；当80%的人看空后市时，股市已接近短期底部。只有20%的人可以做到铲底逃顶，80%的人是在股价处于半山腰时买卖的。

有80%的投资利润来自20%的投资个股，其余20%的投资利润来自80%的投资个股。投资收益有80%来自交易数的20%，其余交易数的80%只能带来20%的利润。所以，投资者需要用80%的资金和精力，专注于其中最关键的20%的投资个股和20%的交易。

股市中20%的人占有80%的主流资金，80%的散户占有20%资金。所以，投资者只有把握住主流资金的动向，才能稳定获利。

成功的投资者用80%的时间学习研究，用20%的时间实际操作。失败的投资者用80%的时间实盘操作，用20%的时间后悔。

二八定律启发我们：在投资理财中并不是投入越多越有效，要考虑投资成本，减少费用，以最少的投入获得最高的收益，这是投资理财的上上策。

杠杆原理：小资金博取大收益

杠杆是物理学中的术语之一，利用一根杠杆和一个支点，就能用很小的力量撬起很重的物体。古希腊科学家阿基米德有这样一句流传千古的名言："给我一个支点，我就能撬起地球！"这是对杠杆原理最精彩的描述。杠杆原理也充分应用于投资中，主要是指利用很少的资金获得很高的收益。

从某种程度上来说，杠杆原理的使用可以增加你的购买力，使你掌握自己的潜在资产。它的机制远比你想象的要普通。比如，当你进行抵押贷款时，你实际上是在运用杠杆原理来支付你无法用现金兑付的某种东西。而当你偿付了抵押贷款后，你就可以在资产买卖中获取利润。

你也可以将杠杆原理运用到股票投资的保证金交易中。在这个场合中，你可以用自己的钱加上从股票经纪人那里借来的钱来购买股票。如果股票上涨，你可以卖出而获取利润，然后将借的钱和借款利息归还，剩余的钱就归你了。

虽然在投资中运用杠杆原理会增加你的收益，但也会给你带来巨大的风险。

一旦拖欠贷款，即便你以前一直有规律地支付贷款，贷方也会因这次欠款收回你的房屋。杠杆性要求你抵押一定价值的物品来把握你的财务合伙人投入资金数量的风险。如果你卖出的资产总额不足以偿还借贷，那么你仍然应该向贷方支付剩余的款项。

俗话说，凡事有一利就有一弊，甘蔗没有两头甜，杠杆也不例外。我们在使用杠杆之前有一个更重要的核心须要把握住：那就是成功与失败的概率有多大。要是赚钱的概率比较大，就可以用很大的杠杆，因为这样赚钱快。如果失败的概率比较大，那根本不能做，做了容易失败，而且会赔得很惨。

在投资市场上，人们都有以小博大的欲望，希望用很少的钱赚更多的钱。然而天下没有免费的午餐，使用杠杆也是以巨大的风险为代价，这就要求投资者不仅要看到收益，更要看到风险，合理正确地使用杠杆，使其最大限度地为己所用。

不可预测性：投资市场变幻莫测

投资市场的不可预测性是指证券市场是一个复杂的动态系统，证券市场内部因素相互作用的复杂性以及影响它的许多外部因素的难处理性，使其运行规律难以被理解。然而在具体的投资过程中，很多人最喜欢做的事却是去预测，或者是让别人去预测。这是投资者对市场缺乏了解的表现。其实，从来没有人能正确预测出无论是大盘还是个股的具体点位或价位，最多也就是根据当时的走势判断趋势如何。市场会以它自己的方式来证明大多数的预测都是错误的。

那些著名的投资大师，他们更多的是关注股票本身以及大的趋势，很少花心思去预测股市的短期变化。例如，有股神之称的沃伦·巴菲特和美国成功的基金经理彼得·林奇就告诫投资者：永远不要预测股市。巴菲特说过："我从来没有见过能够预测市场走势的人。"没有人能预测股市的短期走势，更不可能预测到具体的点位。即使有一次预测对了，那也是运气，是偶然现象，而不会是常态。

其实，只要我们仔细想想，就知道那些所谓的预测的不可靠性。如果股市和经济预测专家能够连续预测成功的话，他们早就成了大富翁，还用得着到处奔波搞预测吗？

波浪理论：股市患了"打摆子"病

在投资市场上，股票的价格不可能一直上涨，也不可能一直下跌，而是围绕股票的内在价值不断上下波动。

英国著名经济学家休谟指出："一切东西的价格取决于商品与货币之间的比例，任何一方的重大变化都能引起同样的结果——价格的起伏。"休谟还进一步说："商品增加，价钱就便宜；货币增加，商品就涨价。反之，商品减少或货币减少，也都是有相反的倾向。"其实，股票也是一种商品，也受这种规律的制约。当某一特定的股票入场，交易的股票数量增加，而参与交易的资金不变时，交易的价格就会下跌；反之，当参与交易的资金增加，而交易的股票数量不变时，交易的价格就会上涨。

关于股票波动特性的研究，最著名的当属艾略特的波浪理论。投资大师艾略特认为，不管是股票还是商品价格的波动，都与大自然的潮汐、波浪一样，一浪跟着一浪，周而复始，具有相当程度的规律性，展现出周期循环的特点，任何波动均有迹可循。因此，投资者可以根据这些规律性的波动预测价格未来的走势，从而确定自己的买卖策略。

波浪理论的四个基本特点：

（1）股价指数的上升和下跌将会交替进行。

（2）推动浪和调整浪是价格波动两个最基本形态。而推动浪（即与大市走向一致的波浪）可以再分割成5个小浪，一般用第1浪、第2浪、第3浪、第4浪、第5浪来表示，调整浪也可以划分成3个小浪，通常用a浪、b浪、c浪表示。

（3）在上述8个波浪（5上3落）完成后，一个循环即告完成，走势将进入下一个8波浪循环。

（4）时间的长短不会改变波浪的形态，因为市场仍会依照其基本形态发展。波浪可以拉长，也可以缩短，但其基本形态永恒不变。

总之，波浪理论可以用一句话来概括，即"8浪循环"。8个浪各有不同的表现和特性。

第1浪：几乎半数以上的第1浪是属于营造底部形态的第一部分，另外半数的第1浪出现在长期盘整完成之后。

第2浪：这一浪是下跌浪。

第3浪：这一浪往往是涨势最大、最有爆发力的上升浪，经常出现"延长波浪"的现象。

第4浪：这一浪是行情大幅劲升后的调整浪，经常出现"倾斜三角形"的走势。

第5浪：这一浪的涨势通常小于第3浪，且经常出现失败的情况。

a浪：在a浪中，市场投资人士大多数认为上升行情尚未逆转，此时仅为一个暂时的回档现象，有时出现平势调整或者"之"字形态运行。

b浪：b浪的表现经常是成交量不大，一般而言是多头的逃命线。然而由于是一段上升行情，投资者很容易会误以为这是另一波段的涨势。此时，股市形成"多头陷阱"，许多投资者在此惨遭套牢。

c浪：c浪是一段破坏力较强的下跌浪，跌势较为强劲，跌幅大，持续的时间较长久，而且出现全面性下跌。

波浪理论是一套主观性很强的分析工具。不同的分析者对浪的识别和判断会不同，对浪的划分也很难准确界定，这就对投资者的判断力要求非常高。一般来说，波浪理论不能运用于个股的选择上，只用以分析大盘或平均指数，并由此发现较理想的买卖时机。波浪理论的运用也非常灵活，投资者不能生搬硬套。

安全边际：赔钱的概率越小越安全

价值投资有两个最基本的概念，就是"安全边际"和"成长性"。其中，安全边际是比较难把握的。这也很正常，因为如果人们学会了确定安全边际，短期虽然难免损失，但长期来看，应该是不赔钱的。这样好的法宝，当然不容易掌握。

那么，什么是安全边际？为什么要有安全边际这个概念呢？

安全边际顾名思义就是股价安全的界限。这个概念是由证券分析之父本杰明·格雷厄姆提出来的。作为价值投资的核心概念，安全边际在整个价值投资领域中处于至高无上的地位。它的定义非常简单而朴素：内在价值与价格的差额。换一种更通俗的说法就是，价值与价格相比被低估的程度或幅度。格雷厄姆认为，值得买入的偏离幅度必须使买入是安全的。最佳的买点是即使不上涨，买入后也不会出现亏损。格雷厄姆把具有买入后即使不涨也不会亏损的买入价格与价值的偏差称为安全边际。格雷厄姆给出的是一个原则，这个原则的核心是即使不挣钱也不能赔钱。同时安全边际越大越好，安全边际越大，获利空间就会越大。

安全边际不保证能避免损失，但能保证获利的机会比损失的机会更多。巴菲特指出："我们的股票投资策略持续有效的前提是，我们可以用具有吸引力的价格买到有吸引力的股票。对于投资者来说，买入一家优秀公司的股票时支付过高的价格，将抵消这家绩优企业未来10年所创造的价值。"这就是说，忽视安全边际，即使买入优秀企业的股票，也会因买价过高而难以盈利。

对于投资者来说，不能忽视安全边际。但什么样的情况下股票达到安全边际，股价就安全了呢？10倍市盈率是不是就安全呢？或者低于净资产值就安全呢？未必是。如果事情这么简单，那么人人都赚钱了，股市也就成了提款机。

洼地效应：黄金区域就是聚宝盆

在社会经济发展过程中，人们把"水往低处流"这种自然现象引申为一个新的经济概念——"洼地效应"。资本的趋利性，决定了资金一定会流向更具竞争优势的领域和更具赚钱效应的"洼地"。

从经济学理论上讲，"洼地效应"就是利用比较优势，创造理想的经济和社会人文环境，使之对各类生产要素具有更强的吸引力，从而形成独特竞争优势，吸引外来资源向本地区汇聚、流动，弥补本地资源结构上的缺陷，促进本地区经济和社会的快速发展。简单地说，洼地效应是指一个区域与其他区域相比，环境质量更好，投资更安全、高效，对各类生产要素具有更强的吸引力，从而形成独特的竞争优势。

洼地顾名思义是中间低四周高的自然地形。对于"洼地效应"最直观的解释是，当房地产围合一个湖泊中心发展时，便形成了自湖心向四周土地递减的级差地租，大致出现"近贵远贱"的圈层分布，这其实就围合出湖心的价值洼地。一旦因某种特殊原因填湖开发，那么，湖心洼地的地价和房价就会突然井喷，创下区域地产的最大价值，甚至引发周边地产的价值飙升，即产生了洼地效应。当然在房地产实际开发中，所谓的洼地不一定就是湖心区，也可能是市政中心、城市广场或历史建筑区等对于区域价值有提升作用的区域。

"洼地效应"是近年比较流行的词，在经济学的财经分析中我们常会看到。比如，中国市场的巨大投资潜力和发展空间，吸引了越来越多的国际投资者的目光，使外资投入持续增加，这样就可以说中国在全球经济中产生了洼地效应。洼地效应也可以形容江浙一带对人才的吸引，说江浙一带民间资本的持续发展产生了洼地效应。

对于投资者来说，"洼地效应"的概念好理解，但如何才能在投资市场中找到真正的"洼地"，获得巨大的收益呢？

第一，如果发现有做实体产业，每股业绩高达1元以上，而且其产业方向和经营业绩基本能处于长期稳定的状态,在经济危机中不但没遭受重创,还能迅速翻身挺过来的公司股票,那么它就属于"洼地"的投资目标。

第二,长期被冷落,但关乎国计民生的股票。比如,属于人民大众最重要的吃饭问题的粮食和农业概念股,是可以而且必须持续发展的永恒产业,如果其业绩和发展预期良好,而且没有被爆炒过,则属于价值洼地,非常具有投资价值。

第三,关注那些属于国家规划扶持发展,真正做到生产与科研结合,有能力、有规模和有实力做新能源产业的公司股票,它们必然在不远的将来会影响后续人类的生产、生活方式,无论起始阶段多么迷茫,或是股价已被炒得很高,只要是符合全球人类革新方向的,就还值得长远投资布局,不过投资者得有耐心。

时间价值原理:今天的1元≠明天的1元

对于每个想学习投资或是对投资感兴趣的人来说,他们首先需要接触的概念就是资金的时间价值原理。这个原理的意义就在于告诉人们,今天的1元钱不等于明天的1元钱。比如,若银行的存款利率为10%,将今天的1元钱存入银行,1年以后会是1.10元。可见,经过1年的时间,这1元钱产生了0.10元的增值。也就是说,今天的1元钱和1年后的1.10元钱等值。

时间价值的计算公式如下:

时间价值=政府债券利率-通货膨胀率

影响资金时间价值的因素包括:

(1)资金的使用时间。在单位时间的资金增值率一定的条件下,资金使用时间越长,则资金的时间价值越大;使用时间越短,则资金的时间价值越小。

(2)资金数量的大小。在其他条件不变的情况下,资金数量越大,资金的时间价值越大；反之，资金的时间价值则越小。

（3）资金投入和回收的特点。在总投资一定的情况下，前期投入的资金越多，资金的负效益越大；反之，后期投入的资金越多，资金的负效益越小。而在资金回收额一定的情况下，离现在越近的时间回收的资金越多，资金的时间价值越大；反之，离现在越远的时间回收的资金越多，资金的时间价值越小。

（4）资金周转的速度。资金周转越快，在一定的时间内等量资金的时间价值越大；反之，资金的时间价值越小。

资金的时间价值是客观存在的。投资经营的一项基本原则就是充分利用资金的时间价值，并最大限度地获得其时间价值，这就要加速资金周转，早期回收资金，并不断进行高利润的投资活动。而积压资金或闲置资金，就是白白地损失资金的时间价值。

复利原理：投资时间就是投资金钱

所谓复利，也称利上加利，是指一笔存款或者投资获得回报之后，再连本带利进行新一轮投资的方法。复利是长期投资获利的最大秘密。据说，曾经有人问爱因斯坦："世界上最强大的力量是什么？"爱因斯坦的回答不是原子弹爆炸的威力，而是"复利"。

关于复利，有一个古老的故事：

从前，有一个非常爱下棋的国王，他棋艺高超，从未碰到过敌手。于是，他下了一道诏书，诏书中说，无论是谁，只要击败他，国王就会答应他任何一个要求。

一天，一个小伙子来到皇宫与国王下棋，并最终赢了国王。国王问这个小伙子要什么样的奖赏。小伙子说他只要一个小小的奖赏，就是在棋盘的第一个格子放上一粒麦子，在第二个格子放进前一个格子的两倍，依此类推，

第3章 进阶课：钱生钱的投资学原理

直到将棋盘每一个格子摆满。

国王觉得很容易，就答应满足小伙子的要求。但很快国王就发现，即使将国库里所有的粮食都给小伙子，也不够其要求的1%。尽管从表面上看，小伙子的起点十分低，从一粒麦子开始，但是经过很多次的乘积，就迅速变成庞大的数字。

复利看起来很简单，其计算公式是：

本利和＝本金×（1＋利率）^{n}

公式中的n为期数。很多投资者没有了解复利的价值，或者即使了解，也没耐心和毅力长期坚持下去，这是大多数投资者难以获得巨大成功的主要原因之一。如果你想让资金更快地增长，在投资中获得更高的回报，就必须对复利加以重视。

比如，1万元的本金，按年收益率10%计算，第一年年末可得到1.1万元，把这1.1万元继续按10%的收益投放，第二年年末是1.1×1.1＝1.21（万元），如此第三年年末是1.21×1.1＝1.331（万元），到第八年年末将达到2.14万元。

同理，如果你的年收益率为20%，那么3年半后，你的钱就翻了番。

听上去如此诱人，事实真是如此吗？

我们来检查一下这个"神奇"的公式。

一是关于本金。以一个1994年开始工作就开始投资的人——赵星为例，1994年，他第一个月的工资是300元，在当时算是中等水平。假定他从第一个月工资中拿出100元用于一个年收益率为10%的项目投资，到第11年即2005年年末，也就是100×（1+10%）^{11}≈285（元）。285元，在当时已经接近他的一个月工资。而这285元相对于他现在的工资来说仅仅是个零头。由此看来，想要让你的复利来得神奇，你的本金可不能是个小数目。对于大多数工薪阶层来说，复利公式中的本金即使以万元为单位，也只能在两位数上停住，最多不过几十万元。而当你有了几十万元的时候，你就该看看利率了。

二是关于利率。以上的计算，我们选用了10%这个数字。但凡是存过钱的人都知道，上哪里找10%的银行利率呢？正如经常炒股的人都知道，上哪里找没有风险的10%的投资产品呢？

三是关于期数。这个期数和你的利率相对应。利率按年利率算，期数就以年为单位，如10年、15年。如果利率按月利率计算，那期数的单位就是月了。

所谓"72法则"，就是以1%的复利来计息，经过72年以后，你的本金就会变成原来的两倍。这个公式好用的地方在于，它能以一推十。例如，利用5%的年报酬率的投资工具，经过14.4年（72÷5），本金就变成两倍；利用12%的投资工具，则要6年左右（72÷12），才能让1元钱变成2元钱。

综合来看，复利要让它成为我们心中可观的累积，需要具备三个条件：一是让你足够满意的本金。二是好的投资渠道。三是足够的耐心和精力。

由此可以看出，要让复利真正能为我们的钱财服务，首先要完成本金的积累，或者持续地对本金进行投入；其次要了解有限的投资渠道并在这些渠道中进行恰当的选择；最后要具备较强的选择能力，这是复利能否发挥神奇作用的分水岭。

第4章
提高班：投资须读懂宏观经济

经济环境：大环境决定小投资

　　成熟的投资者都非常关注宏观经济政策，因为宏观经济发展水平和状况对一国的股市有着重大影响力，而且波及范围广泛，作用机制也相对复杂。

　　股票市场是经济发展的产物，因而，一国股票市场的发展与该国经济发展紧密相关。一方面，投资对象要受宏观经济形势的影响；另一方面，证券业本身也直接受宏观经济因素的左右。

　　首先，一个国家和地区的社会经济能否持续稳定地增长是股价能否稳定上升的重要因素。这是因为，当一个国家或地区的经济运行态势良好，大多数企业的经营状况也会较好，股价上升的可能性也较大。

　　其次，宏观经济周期对股价的影响也很明显。许多研究发现，股价的变动常常领先于实际经济的繁荣或衰退，即经济高涨后期，股价会率先下跌；经济尚未全面复苏之际，股价先行上涨。所以，股价被称为经济周期变动的先导性指标。

　　再次，一个国家或地区的货币政策和财政政策对股价也会有影响。中央银行放松银根，增加货币供应，资金需要新的投资机会。一旦资金进入股市，将会引起股票需求的增加，立即促使股价上升。同样，积极的财政政策会扩大财政赤字，增加财政支出，刺激经济发展。另外，调节税率等财政政策会影响企业利润和股息。发行国债等也会改变证券市场的证券供应和资金需求,从而间接影响股价。

最后,市场利率、汇率变化和国际收支状况等都会给股票市场带来直接或者间接的影响。因此,在股票投资时,投资者绝对不能忽视宏观经济的基本面。

我们可以通过具体的经济指标来分析大的经济环境对个人投资的影响。

1. GDP的影响

理论上说,GDP是反映一国经济整体实力的宏观指标。当一国经济发展迅速,GDP增长较快时,预示着经济前景看好,人们对未来的预期改善,企业对未来发展充满信心。企业想扩大规模,增加投资,对资金的需求膨胀,因而股票市场趋向活跃。在股票市场均衡运行,而且其经济功能不存在严重扭曲的条件下,一般来说,股票价格随GDP同向而动,当GDP增加时,股票价格也随之上升;当GDP减少时,股票价格也随之下跌。因此,GDP对股票价格的影响是正向的。

2. 利率的影响

众所周知,利率是影响股市走势最为敏感的因素之一。根据古典经济理论,利率是货币的价格,是持有货币的机会成本,它取决于资本市场的资金供求。资金的供给来自储蓄,需求来自投资,而投资和储蓄都是利率的函数。利率下调,可以降低货币的持有成本,促进储蓄向投资转化,从而增加流通中的现金流和企业贴现率,导致股价上升。所以,利率提高,股市走低;反之,利率下降,股市走高。

3. 汇率的影响

汇率又称汇价,是一国货币兑换另一国货币的比率。作为一项重要的经济杠杆,汇率变动对一国股票市场的相互作用体现在多方面,主要有:进出口、物价和投资。汇率直接影响资本的国际流动。一个国家的汇率上升,意味着本币贬值,会促进出口、平抑进口,从而增加本国的现金流,提高国内公司的预期收益,会在一定程度上提升股票价格。因此,汇率对股票价格的影响是正向的。

4. 货币供给量的影响

货币供给量对股票市场价格的影响，可以通过预期效应、投资组合效应和股票内在价值增长效应来实现。以上三种效应一般来说都是正向的，即货币供给量增加，则股票价格上涨。因此，储蓄的增加在一定程度上意味着货币供给量的减少，而股票价格指数与货币供给量之间又存在正向变动关系，所以，储蓄对股票价格的影响是负向的。

5. 通货膨胀率的影响

一般来说，通货膨胀不仅直接影响人们当前决策，还会诱发他们对通货膨胀的预期。在通货膨胀时期，一方面，货币贬值所激发的通货膨胀预期促使居民用货币去交换商品以期保值，这些保值工具中也包括股票，从而扩大了对股票的需求；另一方面，通货膨胀发展到一定阶段后，政府往往会为抑制其发展而采用紧缩的财政和货币政策，促使利率上升。此时，企业为了筹措资金，发行股票是较好的选择，这使得股票市场的供给相应增加。此时，如果股票市场需求的增长大于供给的增长，则股票市场价格就与通货膨胀之间呈现正相关关系。否则，如果股票市场需求的增长小于供给的增长，则股票市场价格就与通货膨胀之间呈现负相关关系。因此，通货膨胀率对股票价格的影响不能确定。

利率：调节投资活动的杠杆

利率又称利息率，是指借贷期满所形成的利息额与所贷出的本金额的比率。利率的高低，决定着一定数量的借贷资本在一定时期内获得利息的多少。利率是经济学中的一个重要经济变量，也是最重要的货币政策工具之一，几乎所有的经济现象均与利率有着或多或少的联系。那么，利率的调整会对投资造成怎样的影响呢？

从宏观角度来看,利率对投资者行为的影响表现在投资规模、投资结构等方面。

其一,利率对投资规模产生影响。这主要是指利率作为投资的机会成本,对社会总投资的影响。在投资收益不变的条件下,利率上升导致投资成本增加,这必然使那些投资收益较低的投资者退出投资领域,从而使投资需求减少。相反,利率下跌则意味着投资成本下降,从而刺激投资,使社会总投资增加。正是因为利率具有这一作用,经济理论界与货币管理当局都把利率视为衡量经济运行状况的一个重要指标和调节经济运行的重要手段。

其二,利率对投资结构产生影响。投资结构主要是指用于国民经济各部门、各行业以及社会生产各个方面的投资比例关系。利率作为调节投资活动的杠杆,不但决定投资规模,而且影响投资结构。

通常而言,利率水平对投资结构的作用必须依赖于预期收益率与利率的对比关系。资金容易流向预期收益率高的投资活动,而预期收益率低于利率的投资,往往由于缺乏资金而无法进行。短期来看,利率的变动会引起投资结构的调整。利率越高,投资会越集中于期限短、收益高的项目。

从以上两点可以看出,利率的变化对投资会造成很大的影响。那么,对于个人投资者来说,如何根据利率的变化来调整自己的投资理财策略呢?

1. 加息时的投资理财策略

通常情况下,加息是中央银行在回收流动性,会对股票市场产生不利的影响。这时投资者要保持一定的警惕,因为市场顶部随时会出现,特别是连续加息后,要更加注意。

其实,在加息周期下,投资者的第一类选择是多关注收益可随利率浮动的产品。在这类产品中,首屈一指的就是货币市场基金。这类基金的配置重点可以是央票、同业存款利率等资产。投资这些基金能及时把握利率变化及通胀趋势,获取稳定收益,因此,具备防范通胀的作用。

投资者的第二类选择是本身并非随利率浮动的产品,但收益能够覆盖可能到来的通胀率。如信托产品,这类产品购入门槛较高,一般在100万元以

第4章 提高班：投资须读懂宏观经济

上，虽然在市场利率上升时该类产品不能跟随浮动，但它操作灵活，一般为1~2年期限，部分产品还可以通过转让形式变现。从历史数据来看，信托产品作为中长期投资的价值尤为明显，平均5年的复合收益率可以达到40%，基本覆盖了未来利率调升的空间。

除关注投资产品的种类外，投资者还应对产品的标的市场有所选择。一般来说，一国加息意味着挂钩该国币种的理财产品收益水平将有所提高，因此，投资者应考虑潜在的加息可能，灵活操作。在全球各国加息节奏和步调不一致的情况下，投资者应选择率先进入加息周期的货币。

2. 降息时的投资理财策略

在降息通道下，很多投资理财产品的收益都会受到影响，比如，新的储蓄存款、新发的国债等。但是，投资者只要能把握好以下几点，就能确保自己的资产不会在降息周期下出现太多的"缩水"。

第一，要尽早储蓄。通常情况下，中央银行降息的规定是："老存（贷）款老办法，新存（贷）款新办法。"其意思是自宣布正式降息当日起，不论是贷款还是存款，都要按新的基准利率标准执行；而降息日之前的存贷款，则按原来的利率执行。如果投资者能在降息之前存款，则会保证较高的收益。

第二，要尽早买银行理财产品。降息后，新发售的人民币理财产品、国债的收益率也会随之下调，因为这些产品在设计时都要参考当时的利率水平确定收益。利率下降，它们的收益也会相应下降。因此，对于偏好低风险产品的投资者，应尽早安排资金购买。

第三，要购买债券基金。降息对债券市场是一种利好，因为债券的利率是固定的，持有债券的人利息收入当然也是固定的。但是，随着降息，以后发行的债券利率就低于之前发行的债券，所以，以前的债券在市场上的售价就高于后来发行的债券。换句话说，减息导致债券价格上升。所以，在降息时投资者要购买债券基金。

利率作为重要的经济杠杆，对宏观经济运行与微观经济活动都有着极其重要的调节作用,从而也会对投资市场产生很大的影响。因此,投资者要根据利率的变化来调整自己的投资理财策略。

汇率:风吹草动牵动投资者的心

汇率就是以一国货币表示另一国货币的价格,或者说是两种货币折算时的比例。而汇率变化是指货币对外价值的上下波动,包括货币贬值和货币升值。汇率变化对投资的影响主要通过以下几个方面来体现。

第一个方面:汇率通过物价影响投资。

汇率变化会对物价产生影响。从进口消费品和原材料来看,汇率贬值会引起进口商品国内价格的上涨,使国内生产的消费品和原材料需求上升,这会刺激国内投资;反之,汇率升值,则会起到抑制进口商品物价的作用,使国内投资相对减少。从出口商品看,汇率贬值有利于扩大出口,使出口商品在国内市场的供给小于需求,从而抬高国内市场价格,也同样会刺激投资的增加;反之,汇率升值,则会使部分商品由出口转为内销,增加了国内市场供给,使商品价格降低,抑制了投资扩大。

第二个方面:汇率通过进出口影响投资。

一般情况下,汇率贬值,能起到促进出口,抑制进口的作用。其影响过程大体是:在一国货币对内购买力不变,而对外汇率贬值时,该国出口商品所得的外汇收入,按新汇率折算要比按原汇率折算获得更多的本国货币,出口商可以从汇率贬值中得到额外利润,出口需求增大,进而刺激投资的增加。对于进口来说,进口商品按新汇率所需支付的本国货币,要比按原汇率计算多,从而引起进口商品价格上涨,起到了抑制进口的作用。这样,国内需求必须通过国内投资来满足,这也从另一方面刺激了国内投资的增加。相反,一国汇率升值,则会增加进口,抑制出口,引起国内投资的减少。

但是,汇率变动对投资的影响程度还需考虑到进出口需求弹性,即商品价格变动对商品需求影响的程度。如果进出口需求对汇率和商品价格变动反应灵敏,即需求弹性大,那么,一国汇率贬值和相应降低出口商品价格,可以有效刺激出口数量;而进口商品国内价格上涨,可以有效抑制对进口商品的需求,减少进口数量,这样才会有利于国内投资的增加。如果进出口商品价格弹性较小,则汇率降低对进出口数量以及对投资的影响就较小。

第三个方面:汇率通过资本流动影响投资。

由于国际经济一体化的不断加深,一国的投资活动往往不能从国内储蓄得到满足,而必须依赖于国际资本的投入。汇率变动对长期资本的流动影响较小,因为长期资本流动主要以利润和风险为转移。但短期资本流动常常要受到汇率波动的影响。在汇率贬值条件下,本国投资者和外国投资者不愿持有以贬值国货币计价的各种金融资产,因而会发生资本外逃的现象。

同时,投资于汇率较高的国家的金融市场可能谋取更多的收益,因此,汇率贬值,会减少金融市场的投资;汇率升值,会增加对金融资产的投资。例如,2006—2007年中国的大牛市,其中一个重要的推动因素就是人民币升值,吸引大量的热钱流入中国的投资市场。

汇率能否充分发挥这些作用及其作用的大小,因各国的经济体制、市场条件和市场运行机制的不同而异。当然,对外开放程度也起重要作用。通常而言,一国的市场调节机制发育得越充分,与国际市场的联系越密切,汇率的作用就越能有效地发挥。

以上我们从宏观层面分析了汇率变化对投资的重要影响,下面我们具体从人民币升值的角度来论述投资者如何把握投资理财的机会。

从大的趋势来说,人民币升值将会持续很长的一段时间,由此决定了受益于人民币升值的板块将是持续的投资主题。这主要从两个方面来把握。

1. 人民币升值带来价值重估机会

人民币升值将对国内的资产形成价值重估,从各国在本币升值过程中的应对来看,受益最为突出的也正是国内的非贸易品部门。

那些拥有人民币资产的行业,如房地产业、园区开发、拥有地产资源的商业企业；金融业，主要包括银行、保险、证券等；资源类的煤炭、有色金属等行业，它们都将受益于人民币升值带来的资产重估。

在股市上，人民币升值带来的对国内资产的全面重估，其中自然也包括股票资产，因为人民币升值将推高这些以人民币计价的股票资产。另外，资产资源价格的上涨，其中最显而易见的就是，土地、房屋价格的不断上涨，使得行业的业绩同时也呈现高速增长态势，进一步强化了这些板块的投资价值。这一点从中国房价之前的持续上涨走势中就可以看出。对于投资者而言，这些板块具备升值的驱动、良好的业绩增长前景，应当成为升值主题下重点配置的对象。

2. 人民币升值推动产业升级

从另一个角度看，人民币升值可能会对贸易部门产生一定的负面影响，降低其竞争力。而贸易部门中影响比较大的行业主要是技术含量低、价格转嫁能力不强的行业，如纺织服装、轻工制造等行业。

人民币升值在给贸易部门带来压力的同时，可能也是促使产业进行升级，提高竞争力的外在动力。同时，人民币升值也会有利于改变国民经济增长过度依赖外需的局面，形成更为合理的产业结构。对于各个产业而言，通过技术创新，提升产品的国际竞争力是面对升值压力下的最佳出路，这将有助于实现产业的升级。

从这个角度长远地看，人民币升值可能会培育出一批具备国际竞争力的优质企业。目前来看，机械行业中工程机械、机床等细分行业已经或者正在形成这样的企业。

从长期投资的角度来看，投资这些企业，分享其在国际竞争中所获得的成就，将给投资者带来丰厚的收益。投资者可以重点关注如机械、钢铁、汽车、家电等行业中的龙头企业。

失业率：和投资的关系大吗

失业率是指一定时期内失业人口占全部劳动人口的比率。通过该指标可以判断一定时期内全部劳动人口的就业情况。一直以来，失业率被视为一个反映整体经济状况的重要指标，而该数据又是每个月最先发表的经济数据，所以，投资者都喜欢利用失业率指标，来对工业生产、个人收入甚至新房屋兴建等其他相关的指标进行预测。在投资的基本分析中，失业率指标被称为所有经济指标的"皇冠上的明珠"，是市场上最为敏感的月度经济指标。一般来说，失业率下降，代表国民经济整体健康发展；而失业率上升，则代表国民经济发展开始出现衰退。

对于大多数国家来说，失业率在4%左右为正常水平，但如果超过9%，则说明经济处于衰退态势。

失业通常分为三种类型：摩擦性失业、结构性失业和同期性失业。

1. 摩擦性失业

摩擦性失业是指在生产过程中难以避免的由于转换职业等原因而造成的短期、局部失业。这种失业是短期或者是过渡性的，一般由劳动力的供给方造成。举个例子，你的一个学金融的同学目前在一家银行上班，但是他对当前的工资福利待遇不太满意，觉得去证券公司待遇也许会更好。于是，他辞掉银行的工作去证券公司找工作。但是也许一开始工作并不是马上能找到，于是这段时间的失业就是摩擦性失业。

2. 结构性失业

结构性失业是指劳动力的供给和需求不匹配所造成的失业，其特点是既有失业又有职位的空缺，失业者或者没有合适的技能，或者居住地点不当，因此无法填补现有职位空缺。例如，现在中国一些大学生就业难问题便属于结构性失业。细观应届大学毕业生，其中有一部分并不是真的就业难，而是他们在择业时期望值过高，想留在大城市，进大公司，并且要优厚的薪水，否则宁愿失业。实际上，中国高学历人才在总量上是需求大于供给的。在许多偏远的、经济落后的贫困地区和一些小城镇，高学历人才非常紧缺。目前中国存在的高学历人才失业大多属于结构性失业。

3. 周期性失业

周期性失业是指经济周期中的衰退或萧条出现时，因为需求下降而造成的失业。这种失业是由整个经济的支出和产出下降造成的。在2008年爆发的金融危机中，中国的许多中小企业纷纷破产倒闭，造成大量工人失业，这样的失业就是周期性失业。

了解了失业的三种类型，我们就要分析失业率的重要性，以及失业率对于个人投资理财的重要影响。

失业率是所有宏观经济数据中最重要的指标。这一点从2008年金融危机爆发以来各个国家采取的措施就可以看出来。自从美国次贷危机演化为全球金融危机以来，世界各主要国家纷纷出台了规模庞大的经济刺激计划。虽然经济刺激计划的内容和方式方法有所区别，但有共同的一点是，将拯救就业作为中心任务。比如，在美国奥巴马经济刺激计划中，将确保创造400万个就业岗位看成经济刺激计划的"底线"，这也是美国推动大规模经济刺激的核心目标。欧盟采取了"大手笔"的经济刺激计划以防止实体经济的衰退对就业产生的不利影响。日本经济刺激计划的主要目标则是3年内为140万～200万人创造就业机会。

失业率指标对宏观经济和证券市场的影响也是显而易见的，几乎每一次失业率指标的公布，都会引发证券市场的波动。例如，美国劳工部公布了美国2009年6月份的失业率从5月份的9.4%攀升至9.5%，创下26年以来的最高水平。这份就业报告令市场担心此前对经济复苏前景的预期可能过于乐观，对经济状况尤为敏感的工业和原材料类股因此遭遇沉重打击。同时，国际原油期货合约跌破每桶67美元，能源类股领跌大盘。到纽约股市2009年7月2日收盘时，道琼斯30种工业股票平均价格指数比前一个交易日跌223.32点，收于8280.74点，跌幅为2.63%。标准普尔500种股票指数跌26.91点，收于896.42点，跌幅为2.91%。纳斯达克综合指数跌49.20点，收于1796.52点，跌幅为

2.67%。失业率指标作为宏观经济"晴雨表"的地位和作用可见一斑。

因此,投资者一定要密切关注失业率这个指标,并根据失业率的变动而调整自己的投资策略。

失业率低,也就是就业率高,居民生活稳定,消费、投资欲望强,有利于股市的上涨。过高的失业率不仅影响个人投资意愿,还会影响社会整体情绪,引发一系列社会问题,股市也会因此震荡走低。

货币供应量:折射投资市场的行情

货币供应量(也称货币存量)是指一个经济体中,在某一个时点流通中的货币总量。它主要包括机关团体、企事业单位和城乡居民所拥有的现金和金融机构的存款等各种金融资产。货币供应量的定义有狭义和广义之分。

M0是指流通中的现金,即在银行体系以外流通着的现金。这类货币与消费变动密切相关,最为活跃。

M1即狭义货币,实际上是指流通中的货币量加上商业银行的活期存款。这类货币具有很强的流动性,随时可以用来支付。

M2即广义货币,是指在M1的基础上再加上商业银行的定期存款和储蓄存款,一般来说,因为定期存款和储蓄存款都不能随时支付,所以流动性稍微差一些。

它们三者之间的关系可以用公式表示:

M0=流通中的现金

M1=M0+非金融性公司的活期存款

M2=M1+非金融性公司的定期存款+储蓄存款+其他存款

货币供应量是中央银行重要的货币政策操作目标,它的变化也反映了中央银行货币政策的变化,对企业生产经营、金融市场,尤其是证券市场的运行和居民个人的投资行为产生重大的影响。在日常生活中,M0数值高,证明老百姓手头宽裕。M1反映居民和企业资金松紧变化,是经济周期波动的先行指标,流动性仅次于M0。M2流动性偏弱,反映的是社会总需求的变化和未来通货膨胀的压力状况。通常所说的货币供应量,主要是指M2。货币投放的渠道有两类:一是外汇占款投放,二是通过银行信贷投放。这两类的投放增长越快,M2的增速越高。

我们一般可以通过M1和M2的增长率变化来揭示宏观经济运行状况。具体来说,货币供应量对股票等投资市场的影响,我们可以通过以下方面来论述。

1. M1同比增幅与股市涨跌关系

M1同比增幅与股市涨跌有比较明显的周期性规律。我们首先从M1的低点周期性进行考察:M1从1995年年末至2009年5月,有5次单月同比增幅跌到了10%左右,分别是:1996年1月的11.4%、1998年6月的8.7%、2002年1月的9.5%、2005年3月的9.9%和2009年1月的6.68%。巧合的是,5次中无一例外股市出现了大涨行情。5个时点的间隔也较为有趣,跨度分别是29个月、43个月、38个月和46个月。从M1的低点和股市低点之间这样的规律性判断,那么2008年10月的1664点就是熊市的最低点。

高点周期考察:M1自1995年年末至2009年5月,有4次同比增幅超过20%,同时股市都出现了向下的拐点,这4次分别是1997年1月的22.2%、2000年6月的23.7%、2003年6月的20.24%和2007年8月的22.8%。4个时间点的间隔分别是41个月、45个月和41个月,也非常有规律。

从近15年M1同比增长率走势可以看出,M1增速呈现3~4年的周期波动,并且周期的波峰与波谷都较为稳定。

2. M1与M2同比增幅之差与股市涨跌关系

1998年1月以来M1与M2同比增幅之差,可以看成是"流动性泛滥指标",与股市基本同向变动。

由于M2包括的是M1以及M1以外的定期存款和储蓄存款,因此,若M1增速快于M2增速,则表明定期存款活期化,大量资金转向交易活跃的M1,从而对股市的资金供给形成较为积极的影响。

（1）M1增幅>M2增幅，即M1-M2为正值时：股市多向好。

当M1增速比M2增速要高时，反映出个人或企业倾向把资金投放于股市、楼市，而企业也加大投资金额。这时因入市资金多了，自然有利于股市向上。

（2）M1大幅回落：股市多下跌。

当M1增速大幅落后于M2时，投资者须小心：这或是见顶的先兆。配合市况而言，当M1不断大幅回落，大市则有可能进入熊市。

比如，2007年8月份后M1增幅反复下挫，沪指于10月16日创下6124点的高位后急速下跌。

（3）M2增幅>M1增幅，即M1-M2为负值时：熊市多见底。

当M2不断上升，且其增幅大幅抛离M1时，熊市有机会见底，此时若配合M1增速重拾升轨，熊市便正式见底回升。

（4）M1回升：股市多回升。

2006年年初，M2的增幅逾19%，而M1的增幅只是逾10%。其后，M1的增速急速上升，反映出资金进入股市，A股也由2006年的1 000多点急涨至2007年年末的6 000点。

从21世纪前10年的历史看，每当M1比M2低时，尤其是两者差距超过5个点时，股市就会见底，一轮新的牛市将会拉开序幕。而当M1比M2高5个百分点时，牛市行情会结束，熊市会到来。

GDP：投资的风向标

GDP是国内生产总值（gross domestic product）的简称，是指在一定时期内（一个季度或一年），一个国家或地区的经济中所生产出的全部最终产品和劳务的价值。GDP不但是一个国家的经济表现，更可以反映一个国家的国力与财富，常被公认为衡量国家经济状况的最佳指标。

GDP的提出是为了衡量一个国家或地区的经济产出，或者说是生产能力。对于一个国家或地区而言，应该存在一个投入和产出的问题。到底一个国家或地区的生产能力有多强，或者说创造了多少社会财富，这个时候就需要一个统一的度量单位，以便国家与国家，地区与地区之间进行比较。而GDP就是这个统一的度量单位。也就是说，GDP是用来衡量国家或地区社会财富的尺子。

社会财富到底包括哪些呢？一般来说，工厂生产的产品，银行提供的服务，学校创造的价值……凡是人们通过自己的劳动所创造的产品，不管是有形的还是无形的，都是社会财富。把这些社会财富都加起来就是国内生产总值，即GDP，简单点表示就是，社会总财富=书籍+碟片+丝瓜+……+鞋子+衣服+床垫+美酒+香烟+……为了使这些毫不相干的产品相加，经济学中便出现了"价值"这个概念，即冬瓜多少钱，丝瓜多少钱，衣服多少钱……这样用统一的货币表示各种产品的价值，就可以算出社会总财富。我们经常看到或听到的GDP增长百分之多少，就是指社会总财富在前1年的基础上增长的幅度。

这里所指的社会总财富是没有民族和国籍之分的，也就是说，一个国家的领土范围之内，无论肤色，不管国内企业还是外国企业，只要是在这段时间所创造的价值都归入GDP内。例如，戴尔电脑公司在中国的分公司所获得利润就要计入中国的GDP，而不能计入美国的GDP；联想在美国的公司所获得利润就会计入美国的GDP，而不会计入中国的GDP。

当然，关于GDP这个概念，我们还有几个修饰词要把握好。一是时间概念，就是"一定时期（一个季度或一年）内生产的"，这说明GDP是个时间段的概念，不是某个时间点的概念。二是生产的概念，是指所有生产的产品价值，不包括销售的收入，否则就会重复计算。比方说生产了10台电视，就会有10台电视的社会财富的价值表示，并不会因为你没有销售出去，而只记部分的价值表示。三是"最终产品和劳务"，这是指最终为人们所消费和使用的物品，不包括中间产品，这样也是为了避免重复计算。四是"价值"，

第4章 提高班：投资须读懂宏观经济

是指这些最终产品和劳务都是要通过市场价格来统一计算的，不是某个厂家自己臆断的价值。

GDP概念产生于第二次世界大战之后，它逐渐被世界各国所采用。中国在1985年建立GDP核算制度，1992年之后逐步建立起一套新的国民经济核算体系，GDP成为核心指标。目前，这一指标已成为各级政府制订经济发展计划和战略目标的重要依据，并成为家喻户晓、世人关注的经济"晴雨表"。

而对于个人的投资理财而言，GDP的变化非常重要。也就是说，GDP的快速增长是股市上行的主要动力。经济增长一旦放缓，企业盈利能力减弱，股市自然也牛不起来。例如，2006—2007年，我国的GDP增速持续保持在100%以上，股市自然是大牛市；而2008—2009年，我国的GDP增速大幅放缓，2008年第一季度增长10.6%，第二季度增长10.1%，第三季度增长9.0%，到最后一个季度只有6.8%，而到了2009年的第一季度更是只有6.1%，所以这段时期股市低迷。

因此，在个人投资理财的过程中，要对国家GDP的变化保持足够的重视和敏感。如果投资者能顺应国家经济发展的大趋势，顺势而为，则会增加盈利的机会，减少亏损的概率。

CPI：通货膨胀的预警器

消费者物价指数（CPI）是对一个固定的消费品价格进行衡量，主要反映消费者支付商品和劳务的价格变化情况，也是一种度量通货膨胀水平的工具，以百分比变化为表达形式。通俗地说，现在我们吃的、喝的、用的一些物品，其中很多价格都在涨，但是到底涨了多少呢？这就需要一个统一的标尺来衡量，这个标尺就是CPI。

CPI作为一个固定的价格指数，不反映商品质量的改进或者下降，对于新产品也不加考虑，它所考量的只是与居民生活相关的一些商品及劳务价格。

当CPI升幅过大的时候，表明居民生活成本较之以前变高。如果你的收入没有增加，那么相对于社会环境来说，收入实际是降低了。举一个简单的例子：假如说上一年你得到100元没有花掉，而这一年CPI上升了6%，那么你现在用这100元其实只能买到相当于上一年94元就能买到的商品及劳务服务。

因此，CPI的大幅上涨，即最通俗的说法"涨价"，是不受欢迎的。如果CPI升幅过大，则通货膨胀会成为国民经济中的不稳定因素，中央银行就会有紧缩货币政策和财政政策的风险，继而导致经济前景不明朗。但是，如果CPI连续下降，则会导致通货紧缩。经济学者普遍认为，当CPI连跌两季，即表示已出现通货紧缩，也就是物价、工资、利率、粮食、能源等价格不能停顿地持续下跌，而且全部处于供过于求的状况。

下面，我们就通过CPI的变化，即通货膨胀和通货紧缩来分析其对个人投资理财的影响。

第一个方面：通货膨胀与投资。

通货膨胀对人们财富的侵蚀非常严重，因此，人们必须采取相应的投资策略，以降低通货膨胀带来的损失。

1. 通货膨胀时期要尽量避免投资的品种

（1）现金投资。这里所说的现金投资是指账户储蓄和各种期限的存款。但在通货膨胀时期，货币贬值，现金的实际购买力将随之下降。人们指望用这些投资的利率来弥补通货膨胀造成的损失是不现实的。

（2）债券。债券是政府或公司向公众借用的贷款，到期后必须要偿还，年收益率高于存款，比股票安全，但回报远远不及通货膨胀造成的损失。一般来说，在通货膨胀的情况下，中央银行会上调利率，债券的价格就会下跌。因此，投资者应减少债券投资，或者缩短债券投资期限。

（3）股票。人们常说"通胀无牛市"，所以，在通货膨胀的情况下就要尽量减少股票投资。在通货膨胀率高涨的情况下，只有少数股票才会表现出众，股市的整体回报率会表现欠佳，原材料成本的上升和通货膨胀会让公司的实际收益率降低，特别要避免的是受能源制约的相关行业。

2. 通货膨胀时期最佳的投资品种

（1）黄金、黄金期货和黄金股。当经济稳定增长的时候，各类理财产品收益会很好，黄金投资往往默默无闻。一旦遇到艰难时期，黄金就会挺身而出。它是能够与上涨的物价保持同步的最好投资。1970年黄金的价格为每盎司40美元（1盎司等于31克），1977—1981年的通货膨胀，使金价由每盎司100多美元涨到最高的700美元左右，之后渐渐回落到2001年的每盎司250美元左右，然后又稳健回升到每盎司973美元。而到2008年3月，金价突破了1 000美元。以前投资金条很不方便，如今有了黄金期货和一些针对黄金的理财产品，门槛也大大降低。另外，投资黄金现货和期货要比投资黄金开采公司的股票更有优势，这些公司受到能源价格上涨、开采运输和环保等方面的制约较大。

（2）石油、石油股和石油服务公司。这里说的石油股是指受益于石油价格上涨的勘测、开采的上游企业，如中海油。同样，石油服务类公司的收益也会随着石油生产公司的收益同步上升，这类公司需要投资者深度挖掘。

（3）替代能源。石油、煤炭等能源的大量消耗，以及其本身不能再生的特性，使得再生能源的开发显得非常迫切。因此，开发替代能源的公司一般都会受到政策和财政上的支持，如风能、水能、液化天然气等。这类公司的未来成长空间非常大，是投资的理想对象。但这类公司大多是我们不熟悉的，需要通过各方面的调研才行。

第二个方面：通货紧缩与投资。

通常而言，通货紧缩对投资的影响主要通过投资成本和投资收益的变化而发生作用。

1. 通货紧缩对投资成本的影响

在通货紧缩条件下，从全社会投资来看，投资倾向会随着通货紧缩加剧而有所减弱。其中，投资实际成本的上升起着更重要作用。名义利率的下降又使新发行的企业债券成本上升，通货紧缩对投资影响可以从投资倾向的变化进行分析。通货紧缩时的实际利率有所提高，社会投资实际成本随之增加。这种实际成本的增加还使投资项目处于劣势，因为相关投资项目未来重置成本趋于下降，这就使当期投资决策不合算。这一点对许多新开工项目所产生的制约较大，迫使其投资倾向下降。从投资方面来看，通货紧缩可以通过降低社会投资倾向，从而对经济稳定发展产生较大的影响。

2. 通货紧缩对投资收益的影响

通货紧缩可使投资预期收益下降。投资的预期收益主要由商品的未来市场性和价格趋势所决定，通货紧缩使远期市场供过于求的态势有所加剧，导致预期价格下降。在通货紧缩条件下，产品市场供过于求的矛盾比较突出，据此，理性的投资者的预期价格会进一步下降，公司的预期利润有所下降。因而投资者不仅会推迟新的投资项目实施，而且会努力缩减产量，以减少投资项目亏损。这样，公司税收有所降低，股票价格趋于下降。如此形成恶性循环，促使投资市场更加低迷。

PPI：国家经济的体温计

2007年PPI统计数字显示：工业品出厂价格上涨3.1%，其中生产资料价格上涨3.2%，生活资料价格上涨2.8%；原材料、燃料、动力购进价格上涨4.4%；农产品生产价格上涨18.5%。

这一年某地农民张某种了约2 000平方米的棉花，由于夏天雨灾，收成比上年下降了1/3。此前一年棉花价格的上涨让他笑逐颜开，但这一年棉价的下跌又让他有些失望。"今年的收成比去年减少了，化肥、人工等成本却比去年提高不少，如果价格再上不去，估计明年棉花的种植面积还会下降。"

在这个故事中，PPI跑赢CPI，说明生产者的成本增加速度明显超过了终端消费品的提价速度，这无疑会给企业经营带来巨大的压力。

虽然每月国家统计局都会发布PPI。不过，对于大多数人来说，PPI还是一个十分陌生的概念。PPI到底是什么？代表了什么呢？它与CPI又有什么关系呢？

第4章 提高班：投资须读懂宏观经济

PPI可以称得上是了解国家经济发展状况的"体温计"。通过PPI的变化，我们就能大体判断国家经济的运行状况，并可由此预判未来国家的宏观经济政策。

那么什么是PPI呢？PPI是生产者物价指数的英文缩写，它是站在生产者的角度来观察不同时期货物和服务商品价格水平变动的一种物价指数，反映了生产环节价格水平，也是制定有关经济政策和国民经济核算的重要依据。一般而言，商品的生产分为三个阶段：完成阶段，商品至此不再做任何加工手续；中间阶段，商品尚需做进一步的加工；原始阶段，商品尚未做任何的加工。

而在我国，PPI一般是指统计局公布的工业品出厂价格指数。目前我国PPI的调查产品有4 000多种，包括各种生产资料和生活资料，涉及调查种类186个。其中，能源原材料价格在PPI构成中占较大比重。通常情况下，PPI走高意味着企业出厂价格提高，因此会导致企业盈利增加。但如果下游价格传导不利或市场竞争激烈，走高的PPI则意味着众多竞争性领域的企业将面临越来越大的成本压力，从而影响企业盈利，整个经济运行的稳定性也将受到考验。

虽然PPI指数并不是直接度量消费者物价的指数，但它仍然非常重要。由于它包括生产阶段之初的半成品，因此可以用来对通货膨胀进行初期预测。理由很简单，企业成本上升时，通常会提高产品价格。一般而言，当生产者物价指数增幅很大而且持续加速上升时，该国央行相应的反应是采取加息对策，阻止通货膨胀快速上涨，则该国货币升值的可能性增大；反之亦然。

对于老百姓来说，PPI通常作为观察通货膨胀水平的重要指标。由于食品价格因季节变化较大，而能源价格也经常出现意外波动，为了能更清晰地反映出整体商品的价格变化情况，一般将食品和能源价格的变化剔除，从而形成核心生产者物价指数，进一步观察通货膨胀率变化趋势。

我们在报刊上常看到PPI与CPI被联系在一起，那么两者有什么关系呢？根据价格传导规律，PPI对CPI有一定的影响。PPI反映生产环节价格水平，CPI反映消费环节的价格水平。整体价格水平的波动一般首先出现在生产领域，然后通过产业链向下游产业扩散，最后波及消费品。

相对于PPI，CPI是一个滞后指标。但PPI对CPI有一定的传导作用，这种传导作用来自两个方面：一是生活资料出厂价格变化直接影响CPI的变化；二是生活资料出厂价格的变化，直接引起生产消费品的企业成本的变化，间接影响CPI变化。例如，石油价格上涨，会导致石化品涨价，石化品涨价导致化纤价格提高，进而导致纺织品和服装成本上升，从而推高消费品价格。因此，在多数情况下CPI和PPI走势方向是相同的。

但是，很多时候我们也会看到CPI与PPI并不统一甚至是相悖，这是因为CPI不仅包括消费品价格，还包括服务价格，CPI与PPI在统计口径上并非严格的对应关系。因此，CPI与PPI的变化出现不一致的情况是可能的。但是CPI与PPI如果持续处于背离状态，这不符合价格传导规律。价格传导出现断裂的主要原因在于，工业品市场处于买方市场以及政府对公共产品价格的人为控制。

总之，PPI上升即使对老百姓来说也不是好事，因为一旦生产者转移成本，终端消费品价格将上扬，继而会导致通货膨胀。如果生产者不转移成本，企业利润就会下降，经济有下行风险，这将直接影响到我们的经济生活。

泡沫经济：虚假繁荣背后的泡沫

经常听人说楼市泡沫、股市泡沫、经济泡沫，然而对于什么是泡沫，它是怎样产生的，大多数人却一知半解。

泡沫经济是指虚拟资本过度增长与相关交易持续膨胀日益脱离实物资本的增长和实业部门的成长，金融证券、地产价格飞涨，投机交易极为活跃的经济现象。

泡沫经济造成社会经济的虚假繁荣，最后泡沫破灭，导致社会震荡，甚至经济崩溃。

第4章 提高班：投资须读懂宏观经济

泡沫经济主要是针对虚拟资本过度增长而言的。所谓虚拟资本，是指以有价证券的形式存在，并能给持有者带来一定收入的资本，如企业股票或国家发行的债券等。虚拟资本有相当大的经济泡沫，虚拟资本的过度增长和相关交易持续膨胀，与实际资本脱离越来越远，形成泡沫经济。

泡沫经济寓于金融投机。正常情况下，资金的运动应当反映实体资本和实业部门的运动状况。只要金融存在，金融投机就必然存在。但如果金融投机交易过度膨胀，同实体资本和实业部门的成长脱离越来越远，便会造成社会经济的虚假繁荣，形成泡沫经济。

泡沫经济形成有两个重要原因。

第一，宏观环境宽松，有炒作的资金来源。

泡沫经济都是发生在国家对银根放得比较松、经济发展速度比较快的阶段，社会经济表面上呈现一片繁荣，给泡沫经济提供了炒作的资金来源。商品经济具有周期性增长特点，每当经过一轮经济萧条之后，政府为启动经济增长，常降低利息，放松银根，刺激投资和消费需求。一些手中持有资金的企业和个人首先想到的是把这些资金投到有保值增值潜力的项目上，这就是泡沫经济成长的社会基础。

第二，社会对泡沫经济的形成和发展缺乏约束机制。

从历次泡沫经济的发展过程看，截至目前，社会对泡沫经济的形成和发展过程缺乏一个有效的约束机制。对泡沫经济的形成和发展进行约束，关键是对促进经济泡沫成长的各种投机活动进行监督和控制，但目前社会还缺乏这种监控的手段。这种投机活动发生在投机当事人之间，是两两交易活动，没有一个中介机构能去监控它。作为投机过程中最关键的一步——货款支付活动，更没有一个监控机制。虽然货款支付活动一般要通过银行进行，但银行只是收付中介，根据客户指令付款，对付款的内容无力约束，加上银行的分散性，起不了监控投机活动的作用。政府是外在的，不可能置身于企业之间的交易活动之中。而且，政府还常常容易被投机交易所形成的经济繁荣假象一时迷惑，觉察不到背后隐藏的投机活动，直到问题积累到相当程度才会发现。

　　泡沫经济与经济泡沫既有区别，又有一定联系。经济泡沫是市场中普遍存在的一种经济现象。经济泡沫是指经济成长过程中出现的一些非实体经济因素，如金融证券、债券、地价和金融投机交易等，只要将其控制在适度的范围内，就会对活跃市场经济有利。只有当经济泡沫过多、过度膨胀，严重脱离实体资本和实业发展需要的时候，才会演变成虚假繁荣的泡沫经济。可见，泡沫经济是个贬义词，而经济泡沫则是个中性范畴。所以，不能把经济泡沫与泡沫经济简单地画等号，既要承认经济泡沫存在的客观必然性，又要防止经济泡沫过度膨胀演变成泡沫经济。

经济危机：能否带来投资良机

　　对于优秀的投资者来说，危机就是机会。每一次危机都有一批巨无霸型的企业或倒闭或衰败，雷曼兄弟和通用汽车就是现实的案例，但这些百年老店的陨落，恰恰给创业者的崛起带来了机遇。对于这一点，2008年联想控股总裁柳传志在参加第八届中国创业投资年度论坛时表示，中国也处于经济危机之中，但长远看来，实际上却给投资人带来了良好的投资机会。柳传志解释道："经济危机下，中国从经济和消费方面，会把拉动内需作为拉动国内GDP的基础，和出口联系紧密的大批企业要倒下去，但也会有很大的一批企业起来，这对创业的人和投资的人，都有很多更好的机会。"

　　唐骏也表示相同的观点："这可能是我们这代人所能经历的唯一的一次金融风暴，它可能会带来经济危机，但在危机发生之前，它对我们来说是一个机会，是最好的投资时机。我最近也经常在做企业的兼并、收购，因为我看到了机会，未来市场有太多的投资机会。"

　　其实，许多世界富豪都是抓住了危机所带来的机会，从而成就了自己的事业。人们耳熟能详的财富标杆人物巴菲特、李嘉诚的财富新起点都是在

第4章 提高班：投资须读懂宏观经济

20世纪70年代的危机时代起步的，如同巴菲特所言，买在"市场先生"害怕时，而不是"市场先生"大胆冒进时。2007年无疑是"市场先生"大胆冒进时，人们可以看到巴菲特、李嘉诚选择了撤退；而当经济危机肆虐，"市场先生"害怕时，那么创业者的机遇也在慢慢临近。

巴菲特在1973年危机时刻投资华盛顿邮报的典故广为人知，但是，人们并不熟知的是李嘉诚在同时期借助危机之机获得了事业的转折。在20世纪70年代初，当时的危机令人喘不过气来，其时香港地区的英资企业出现了迁册撤资的高潮，不少华商也紧随英资撤退步伐，大户撤离给当时李嘉诚这样的小户带来了逆风向上的机遇，李嘉诚反其道而行之，毅然"小虾米吞下大鲸鱼"，从汇丰银行手中买下了和记黄埔的股权，并且进一步增持股票，最终获得了经营权，现在李嘉诚已经被人誉为财富"超人"。但是在20世纪70年代的危机之前，无论是巴菲特还是李嘉诚，都仅是千万级的富人而已，并不为人所知。不仅仅是李嘉诚在20世纪70年代初的收购行动被人视作小虾米，巴菲特在1973年购买华盛顿邮报股票时也被人反复追问："巴菲特是谁"？可见，每一次危机都是诞生创业英雄的良机。

人们可能要问："巴菲特、李嘉诚是创业者，但是普通人可能终生依赖工薪为生，这危机只可能带来困难，哪有良机可言"？巴菲特在2008年10月16日投稿《纽约时报》，提醒投资者长期持有现金的风险，而且宣示加码股票投资。人们必须关注到，在2007年之前全球资金流动性泛滥、"市场先生"大胆冒进的两年，巴菲特始终在抛售股票囤积现金，至2008年上半年巴菲特累计囤积超过400亿美元现金。但是当金融风暴发生、"市场先生"害怕时，巴菲特已将2/3的现金变成了股票型资产。巴菲特的理由是："政府为缓解危机而实行的政策势必引发通胀，现金是注定会贬值的，这时投资才是最好的策略。"

对于普通投资者来说，最主要的投资品种就是股票和房地产。长线来看，人类的货币史，就是一部通货膨胀史，通货紧缩时间很短，通货膨胀占了绝大部分时间。2008年，中国资产价格的调整给普通投资者投资A股指数和购置自住房地产带来了极佳良机,使人们真正体会到"现在如果战略上漠视投资机遇,那么未来将会极度扼腕叹息"的含义。当时,首先,中国人民银行也已开启松动银根的降息周期,与巴菲特描述的美联储降息前景类似,投资者应该懂得在"市场先生"害怕时适时选购资产;其次,虽然A股看似经历了暴跌,但是"救市"行动已经开始,每次股指暴跌之际都会闪现汇金公司的护盘身影,而中央国资委主任李荣融更表示:"从目前情况看,增持是必需的。"这不仅隐含政府托市的信息,更透出2009年"大非"重头戏已被锁仓。实体经济撇除中央政府4万亿元刚性投资撬动之外,国家发改委透出"稳定股市、楼市、车市"的政策信息,全国人大在审议《国务院应对国际金融危机确保国民经济平稳较快发展情况的报告》时,有常委指出:"要克服当前我国经济面临的困难,保持经济平稳较快发展,必须着眼于保就业重民生,着力于扩大内需,而扩大内需关键是刺激消费,重点是救股市、房市,提振市场信心。"这些都可以成为危机时刻大胆出手投资的理由。果然,上证综指从2008年10月28日的1664点开始反弹上升,到2009年4月22日,冲上了2579点,涨了54%。那些在股指跌到1664点的最危机时刻积极行动的投资者,最终绝大多数获得了巨大的回报。

由此可见,所谓危机,可以理解为险境降临,也可以理解为险境中的机会。

诞生于日本明治时期的三菱公司,是世界上最伟大的企业之一。在160多年的发展历史中,它经历了七次大的经济危机,但至今屹立不倒。每一次危机到来,无数企业鬼哭狼嚎,三菱人却在欢呼,因为"我们的敌人死了"。

财务筹划篇
规划领先一小步，财富跑赢一大步

第5章
审查表：你现在的资产有多少

家底：你有多少闲钱可以投资

这个问题很多人都回答不清楚，大部分人知道银行卡里有多少存款，但对于存款里有多少钱可以用来投资却不甚明了。

用来投资的钱必须是你的闲钱，这笔闲钱你暂时或者很长一段时间都派不上用场。如果你动用了必需的生活费和应急的钱投资，结果自然不够美妙。当你急着用钱时，必然要撤出投资的钱，这样你不但赚不到投资收益，甚至还会赔进手续费。

只要不动用必需的生活费来投资，在生活上就不会出现财务危机，也不会在投资的过程中心生恐惧和焦虑。投资的过程是平和快乐的，享受投资收益的过程是愉快和幸福的。

要想弄清"家底"，建议你先编制一份资产负债表，也就是算算你到底有多少净资产。

在这张资产负债表中，资产项目大概包括现金、活期存款、基金、寿险现金价值、定期存款、股票、房地产和其他；负债则是信用卡未偿余额、短期消费贷款、汽车贷款和房屋贷款；还有就是净值。

当然，在编制资产负债表前，还要编写家庭每月收支损益表和年度资产总结表。

第5章 审查表：你现在的资产有多少

也就是说，计算净资产可以设计三张表，分别是每月收支损益表、年度资产总结表和资产负债表，见表5-1至表5-3。这三张表不但在计算净资产时能派上用场，在做理财规划时也能派上用场。

可以说，这三张表是理财中很有用的工具。我建议你把它们贴在自己的案头，每个月填写，这将能帮助你监控现金的流向。

表5-1 每月收支损益表

每月收入	每月支出
本人收入	房贷或房租
配偶收入	生活开销（衣、食、行、通信）
投资获利	娱乐
	医疗费
	子女教育
	赡养老人费
	其他支出
合计	合计
每月结余（收入-支出）	

表5-2 年度资产总结表

年度收入	年度支出
年终奖金或红利	支出
存款总额（本利总和）	支出总计
证券投资获利	
其他投资获利	
其他收入	
收入总计	
每年结余（收入-支出）	

表5-3 资产负债表

家庭资产	家庭负债
现金	房屋贷款
存款（本利总和）	汽车贷款
证券投资本金与获利	信用卡消费贷款
房地产（自用）	其他贷款

房地产（投资）	欠款
其他	其他
资产总计	负债总计
净值（资产-负债）	

例如，一个家庭的净资产为89.68万元，总资产是108万元，则该家庭的偿债比率为89.68÷108≈0.83，说明该家庭即使在经济不景气时，也有能力偿还所有债务。

一般偿债比率数值应该高于0.5为宜。如果太低，说明生活主要靠借债来维持；如果很高，接近1，说明还没有充分利用自己的借款能力。

同理，负债比率应低于0.5。而投资比率（投资资产/净资产）应保持在0.5以上，以保证家庭通过投资增加财富的能力。当然年轻家庭将该指标维持在0.2左右就可以了。

通过以上工作，你就能知道自己的"家底"，知道是否有余钱进行投资，以及如果投资，能投资多长时间。

你的财务是否陷入"亚健康"

招商银行发布的《2009年中国城市居民财富亚健康报告》提出了一个令人耳目一新的概念——"财富亚健康"。

财富亚健康是指财富状态介于健康与疾病之间的一种功能低下的状态。具体地说，它是指人们的财富虽然没有出现危机，还没有达到入不敷出或资不抵债的状态，但在理财手段和方法中已经有了危害因子或危险因素的存在。这些危害因子或危险因素，就像是埋伏在财富中的定时炸弹，随时可能因市场环境等因素而"点燃爆炸"；或像潜伏在财富中的毒瘤，缓慢地侵害着人们的财富价值。如不及时清除，可能会导致个人的财富危机。

第5章 审查表：你现在的资产有多少

财富亚健康的典型"症状"有以下几种。

1. 家庭保障不足

45.4%的人群保障资金占比低于家庭资产的10%；超过15%的家庭保障充裕，这部分基本为高收入人群，由于风险防范意识强或者出于保证退休后生活水平、做好遗产规划等考虑，因而增加了家庭保障资金的比重。

2. 收入来源形式单一，财务自由度过低

有70%接受调查的人群属于收入单一群体。这种亚健康状态是隐性的，该群体在工作稳定时不会有所影响，但是一旦发生特殊状况，收入中断，其个人和家庭都很可能会因没有资金来源而陷入困境。

3. 盈余状况不佳

33%的人节余比例低于10%，而消费比例高于60%的人占46%。调查数据显示，盈余状况不佳的主要为年轻人群（20～30岁），其他年龄层次则较少出现这种状况。

4. 资产流动性过低或过高

受访者中，资产流动性比率过大的约占38%；过于不足的占37.9%，而反映个人财富总体流动性的比率（流动资产/负债总额）也大体呈现同样分布。

5. 净投资资产与净资产比值不合理，投资目标不明确

受访者中，该比例处于合适值域的仅占34%，有43%的人群在该比例方面不足10%。该比例在50%左右为理想指标，过低很难达到资产增值目的，而该比例过高则容易带来过大风险。

6. 负债比率过高

接近30%的受访者家庭负债比率高于40%，高负债比率无疑会让他们的生活质量严重下降。更可怕的情况是，如果遭遇金融危机，有可能使其家庭收入减少，从而影响其还债能力，被加收罚息直至被银行冻结或收回抵押房地产。

财富亚健康成为中国百姓常态

　　林静是一个不折不扣的穷忙族。她在国内一家航空公司做空姐,基本工资加上加班费和奖金,每月都接近万元。这样的收入本可以让她过得很滋润。

　　由于职业需要,林静平时总是很注重打扮,每天都让自己保持良好精神面貌。在工作半年之后,她的胃口渐渐地变差,一旦错过了吃饭时间,胃就会隐隐作痛。为了不影响工作,她经常随身携带着药,感到胃不舒服就吃两片。

　　林静工作很累,有时还会忙着加班。一般像感冒之类的小病她都不请假,就是为了多攒点儿积蓄。化妆品、服装等方面在她的花销中占有很大比重。看着同事们穿的用的都是国际一流品牌,她自然也不能老土。于是她每月购买化妆品就得花掉一两千元,服饰装扮花掉三四千元,加上其他方面的开支,她每个月几乎都要到"弹尽粮绝"的地步。

　　财富亚健康状态在中国城市居民中普遍存在,甚至已经是大多数都市白领们的真实生活写照。就像故事中的林静一样,他们每天忙忙碌碌,收入却没有成比例增长。

　　虽然人们的理财意识正逐步增强,理财积极性在渐渐增长,但是整体财富管理水平还处于一个需要提升的状态。换言之,中国广大人群及其家庭的财富状况呈现了一种亚健康趋势。财富亚健康并不会影响到"患者"的日常生活,但会悄无声息地、逐渐地损害财富和生活质量,长期则会影响个人的生活水平。

　　多数情况下,财务状况产生问题主要是由理财不当引起的。

　　负债是造成财富亚健康的一个主要原因。贷款买车、贷款买房、无节制刷信用卡等借贷消费行为,导致个人或家庭负债过大。对一般个人或家庭来讲,负债30%是警戒线。负债超过30%就是财务亚健康,如果超过50%,就可能带来财务危机。

　　"房奴"族就是财富亚健康的主要群体之一。"房奴"贷款买房,本意是为了改善居住条件。可现实情况却是，在巨大的还款压力之下，造成的失业恐惧、社交恐惧等心理压力，长期下去必然会导致"精神紧张"以及身体亚健康。如果年轻人始终生活在这样的状况之下，那将会成为整个社会的问题。

走近财富亚健康五大人群

据统计，以下五大工薪族财富已陷入亚健康。

1. 传统存钱族：钱存银行最安全

存钱族是指赚钱就存银行，认为存钱就是安全理财，理财观念消极的人群。这类人群受传统思想禁锢，理财意识淡薄。

存钱族已经具备基本的理财观念——延迟消费，以备不时之需。如果仅仅是简单的重复存钱这一动作，不与存钱的目的相结合，不考虑通货膨胀和通货紧缩，那么存钱就是盲目的。存钱族可以尝试通过多了解其他投资品种以扩展投资渠道，通过丰富投资品种来聚积财富，抵御CPI上涨。当然人们也可采用不同形式的存钱方法，让存钱更灵活。

2. "疯狂"好高族：投资还是投机

好高族是指把理财等同于投资，追求高回报，不顾高风险的人群。这类人群投机心理比较重，容易为追求高回报而盲目投资。

好高族有一定的理财观念，但需要定期做理财体检，引导自己学会投资。随着股市的行情高涨，基金的分红喜人，"羊群效应"开始涌现，人们的投资热情越来越高。越来越多的人不再仅仅局限于把钱存进银行或者购买国债这些虽然风险低但是收益较少的投资理财品种，也开始把目光投向股市、基金、黄金等投资产品。

虽然他们对投资产品的敏感似乎还相对迟缓，但希望投资的热情高涨。与此不相适应的是缺少对投资产品的详细了解，在不了解的情况下投资，违背了我们经常提及的"知己知彼，百战百胜"的原则，其结果只能是失败。

如果有足够的时间，可对某一投资领域做深入研究；如果时间有限，可借助专业机构的专业人士帮助，以避免投资失败。当然理财方式是因人而异的，理财品种的组合也只是表面形式，问题的关键是要独立思考，寻找适合自己的理财方式。

3. 固执抵触族：我们不理财有什么错

抵触族是指本身获取信息渠道狭窄，又不信任银行专业理财师，缺乏理财知识和方法的人群。这类人群因性格原因比较固执。

对于抵触族，先要改变理财观念，合理搭配投资和消费，做好两者平衡，学习一些成功的理财经验和方法，避免盲目投资。抵触族手中有大量现金闲置，由于对投资知识知之甚少，甚至一窍不通，大都把每月大量的结余收入存入银行，从而手中备足了准备金，最终导致过多的资金闲置。这可能是流动性指标过剩或是投资能力差引起的。

建议抵触族无需存有大量的现金储备，最多在家里留存3~6个月的费用就足够了，其余的资金可以合理分配，用于购买保险、基金、股票、信托等金融理财产品，以获得更多的风险发生时的现金使用权，或通过组合投资，产生更多的投资收益。

良好的投资能力会为你最终实现财务自由奠定良好的基础。当然投资者也要根据不同家庭的具体经济状况，制定明确的理财目标，不要以赌博的心态投资，以免从一个极端走向另一个极端。

4. "大手"月光族：我们没钱怎么理财

月光族是指每月工资消费殆尽，毫无理财意识的人群。这类人群通常只图一时消费痛快，没有长远打算，财商较低。

消费支出过多是造成"月光"的缘由。月光族多为年轻人，造成他们"月光"的主要原因有两种：一是收入低，二是消费高。从调查数据来看，如果他们的消费比例控制在40%~60%，节余在20%~40%，将攒钱与享受生活兼顾会更好。这类人可以尝试开始记账，审视自己的消费习惯，抑制消费欲望。

对于月光族理财,第一步是养成储蓄的良好习惯。建议将每月工资按照一定比例强制进行定期储蓄、定投基金或购买股票,同时适当控制消费。建议将每月的费用分为基本生活开销、必要生活费用和额外生活费用三个项目,养成记账的好习惯。这样有助于理顺家庭的财务开支,减少不必要的开销,做到开源节流,以积累更多的资金用于资产增值。这类人群可选择零存整取储蓄,每月固定存额,一般5元起存,存期分1年、3年、5年,存款金额由储户自定,每月存入一次,到期支取本息;中途如有漏存,应在次月补齐,未补存者,到期支取时按实存金额和实际存期,以活期利率计算利息。这是一种强制存款的方法,每月固定存入相同金额的钱,养成一种"节流"的好习惯,可以严格地控制月光族的消费,养成良好的理财习惯。这类人群可采取日积月累、定期定额的投资方法,用时间和复利的力量来达到获得收益的目的。

5. "可怜"穷忙族:我们没空理财

穷忙族是指工作繁忙,有空赚钱,没空理财的人群。这类人群的"可怜"之处在于单一的收入方式。

穷忙族辛苦地整日工作。他们从早上一睁眼到晚上睡觉前都像陀螺一样不停地旋转,所有的时间只为赚钱,忽略了理财与其他。

能足额拿到每月的工资或酬劳,靠正常的固定收入养家糊口还不成问题,但是要面对那些额外的开支,如孩子升学、家人生病、旅游、外出、享受生活等,却只能量入为出,算计再三,甚至难以负担。

从理财的角度讲,他们的这种生活主要是由于收入构成过于单一。家庭收入过于单一,说明家庭面临一定的风险。假如这项单一收入中断,家庭会因为没有资金来源而陷入困境。这类人群应尝试通过各种途径获得兼职收入、租金收入等其他收入,以增加自己的家庭收入来源,增强抗风险能力,从而使收入多元化。他们也可利用各种理财工具积极投资,如办理基金智能定投等,使资产稳步增值。

财富规划：如何使你的财富保持健康

围绕健康理财，投资者可以从风险管理、子女教育、退休管理、财富管理四个方面来——认知，着手规划。

1. 风险管理

构建健康理财的第一步，就是做好风险管理。何为家庭/个人风险管理？简而言之，风险管理就是对目前家庭/个人的生活状况进行风险评估，找出能对家庭/个人未来生活、财务造成重大影响的隐患，利用风险管理工具进行有效的风险控制，以达到家庭/个人生活和财务的最终安全。

2. 子女教育

现在的父母往往期望尽可能给予孩子更好的教育，而非简单包办终身，正所谓"授之以鱼，不如授之以渔"。因此，为孩子准备一笔可观的教育金，也成为我们幸福理财的重要一环。由于教育理财具有特殊的难度，有必要通过合理的理财规划加以解决，因此，专家建议教育理财宜早不宜迟，宜宽不宜紧，根据家庭实际经济状况选择合适的理财产品。家长首先要明确孩子教育的目标，未来在哪里读大学，是否出国进修等，然后根据这些目标进行准备，确保教育基金专款专用。

3. 退休管理

未来退休生活的品质，很大程度上还取决于我们之前的准备。社保是其中的基础来源，但是，如果仅靠社保体系的退休金，那要做好这样的心理准备：退休前后的生活将发生巨大的变化。或者说，仅仅依靠社会保障系统来实现舒适的晚年生活是不够的。按目前的养老金提取比例，自己能够领到的退休金还有限。换句话说，很难继续维持退休前的生活水平。

健康理财自然包括对于退休金的规划。投资物业（在退休前结束还贷），用于出租，获取租金收入；选择稳健的投资工具，定期定投一笔资金，细水长流地积累养老基金……这些都是准备退休养老金的好方法。

4. 财富管理

财富管理建立在风险管理、子女教育金、退休养老金的基础之上，而且与之密不可分。我们先要明确财富管理的目标。我们都知道，货币只有在使用的时候，才能发挥它现实的价值。既然要进行财富管理，那意味着我有一笔闲钱是今天用不到的，但未来某一天，我或我的家人会用到。我们可以根据未来使用的目的、使用的时间，再结合自己的风险承受力，选择不同的投资工具，进行合理的配置。投资伴随着风险，对于个人投资者而言，要获得持续、稳定的投资回报，最好遵循"不要把所有的鸡蛋放在一个篮子里"的信条。这在资金量较大的时候格外有效。更为有效的投资策略是，可以通过判断当前的市场环境及其未来走向，适时对资产组合进行调整。在每个时期构建最优投资组合，以获取尽量高的投资回报率。

与进行资产配置后等待相比，应时而动的投资策略更为可取。但这也对投资者的能力提出了更高的要求，它与炒股的波段操作稍有类似。投资者要深思熟虑、谨慎地选择投资组合，以使风险最小化、收益最大化，并根据市场变化、新资产类别的产生以及全球前景来战略性或者战术性地调整组合中的资产。

第6章
计划课：要有自己的理财目标

简明易行的理财规划四部曲

每个人都希望过上更好的生活，而不仅仅是满足一生的基本生活需求而已。然而职业上的收入有限，因此，当财富积累到一定程度后，理财的重点在于资产的保值和增值，也就是有效地运用财富，产生投资收益，让自己和家人过上更好的生活。

收益率可以告诉我们，今天的1元钱，20年后可以变成数倍的钱。可是我们的现金流是流动的，我们在挣钱的同时也在花钱。如果手中的现金时多时少，甚至出现断流，我们肯定感觉不舒服，因此，保证持续、稳定的现金流是生活舒适的前提。我们不仅要通过投资赚到钱，更需要通过规划，用好和保护好手中的钱。

理财规划可以使现金发挥最大的效用，同时实现财富最大化的保值和增值。

在国外，很多人都请专门的理财规划师为自己做完善的理财规划。目前，国内也有很多理财规划师为个人提供理财规划服务。

如果你不想请理财规划师，自己做规划也是可行的，只要你愿意花点精神与心力，了解如何有计划、有步骤、持续地执行与修正。简单地说，理财规划的内容可以分四个步骤进行。

第6章 计划课：要有自己的理财目标

1. 设定理财目标

当然，每个人的情况不一样，但为了能更清楚地划分，理财目标一般分为长期、中期和短期。只要长期目标很确定，中、短期的安排就会很清楚，而且长期目标本身也要排好优先级，一一实现。

长期目标一般是指从现在开始，一直到退休或死亡前想达成的财务目标，因此时间都是5年以上。

比如，有些人会希望孩子接受大学教育，因此，必须积累足够的资金作为孩子的学费及生活费；有些人希望自己能在30岁前有资金而能另行创业，开创事业的第二春；有些人希望自己退休后能拥有一定的财富，不必向孩子索取生活费就能维持一定的生活水准；有些人希望能留给孩子一些固定或流动资产等。

这种目标可能会随个人或家庭阶段的不同而变化，因此，需要分期设定、定期修正。

2. 列出现有财务状况

除了拟定未来的目标，还要检查自己现有的财富，两者之间的差距要在这段时间内利用理财弥补赶上。

3. 诊断现有财务状况

将第二步骤搜集、整理好的资料，用理财的观点加以分析，找出自己的优势及弱势。例如，你是否在日常生活中不经意的支出太多；你的投资是否与阶段性的目标相符；你是否有将闲钱好好地规划。凡此种种，都应在这一步骤中弄清楚。

4. 为现有财务状况开处方

坐而言不如起而行。投资者好好将上述三个步骤做完后，接下来可要身体力行了，否则一切只是纸上谈兵，不会让你的财富增加。例如，你是否应该将套牢的股票认赔卖出，得到一笔资金，去做其他更有报酬率的投资，如购买基金或交给专家来帮你投资。或者，最近新添了一位家庭成员，在保险方面可能金额不够，须重新购买或增加保额。

通过以上四个步骤，相信你可以对自己的财务做好全盘规划。此外，如果你能时常浏览投资理财网站的理财信息，增进理财功力，再加上身体力行，那么你的财富能得到更有效的积累。

一生的理财规划：人生六阶段理财课

2017年，蒋同毕业于北京的一所知名高校。而后他顺利地进入了一家电信公司，负责技术方面的工作，每个月都有不菲的收入，而且享受很好的福利待遇。在电信公司工作了5年多，蒋同拥有了一群铁哥们，平时吃吃喝喝，有空就一块打牌、泡泡酒吧，或者开车出去兜风。

如今蒋同已经32岁了，女朋友、双方父母都催着结婚，买房自然成为头等大事。蒋同翻出自己的存折看看，才不过5万元。从去年开始，电信公司内部因上市而进行大幅度改革，员工的工资福利也没有之前那么多了。蒋同觉得自己基本上就是月光族了，拿什么去买房结婚。

有朋友建议蒋同："比起其他人，你的收入也不算少了，应该尝试着理财，适当节制消费，再把闲钱拿出来投资，总比存活期好。"蒋同说："要是我有几十万元，我也弄弄投资，兴许还能把房子问题解决了。就现在这点钱，投资也赚不了几个钱，懒得折腾它了。"

很多人都和蒋同一样，觉得自己不需要理财，理财是有钱人的事情。其实，这是对理财的误解。不管钱多钱少，人人都需要理财，而且理财是越早越好。越早进行理财规划，就能越早地开始合理安排收入和支出。结余的钱财也就能越早地被利用，让钱生钱，利用复利去创造更多的财富。

在我们身边，有许多人一辈子勤奋努力，辛辛苦苦地存钱，却又不知所为何来，既不知如何有效运用资金，也不敢过度消费享受；或有些人不看自己能力，把理财目标定得很高，在金钱游戏中打滚，失利后不是颓然收手，而是放弃从头开始的信心，落得后半辈子悔恨抑郁。

第6章 计划课：要有自己的理财目标

要圆一个美满的人生梦，除了要有一个好的人生规划外，也要懂得如何应对各个人生阶段的生活所需，而进行适当的财务计划及财务管理就显得更为必要了。因此，既然理财是一辈子的事，何不趁早认清人生各阶段的责任及需求，制订符合自己的理财规划呢？

许多理财专家都认为，一生的理财规划应趁早进行，以免年轻时任由"钱财放水流"，老来时才嗟叹空悲切。

1. 求学成长期

这一时期以求学、完成学业为阶段目标，此时应多充实有关投资理财方面的知识，若有零用钱的"收入"应妥善运用。此时也应逐渐建立起正确的消费观念，切勿"追赶时尚"，为虚荣所役。

2. 初入社会青年期

初入社会的第一份薪水是追求经济独立的基础，可开始实务理财操作，因为此时年轻，较有事业冲劲，是储备资金的好时机。可从开源节流、资金有效运用方面双管齐下，切勿冒进急躁。

3. 成家立业期

结婚是人生转型调适期，此时的理财目标因条件及需求不同而各异。若是双薪无小孩的"新婚族"，较有投资能力，可试着从事高获利性及低风险的组合投资，或购房或买车，或自行创业等。而一般有了小孩的家庭就得兼顾子女养育支出，理财也宜采取稳健及寻求高获利性的投资策略。

4. 子女成长中年期

此阶段的理财重点在于子女的教育储备金，因家庭成员增加，生活开销亦渐增。若有赡养父母的责任，则医疗费、保险费的负担亦须衡量。此时因工作经验丰富，收入相对增加，理财投资宜采取组合方式，贷款亦可在还款方式上弹性调节。

5. 空巢中老年期

这个阶段因子女多半已各自成家，教育费、生活费已然减少，此时的理财目标是包括医疗、保险项目的退休基金。因面临退休阶段，资金已积累到一定数目，投资可朝安全性高的保守路线逐渐靠拢。有固定收益的投资者尚可考虑为退休后的第二事业做准备。

6. 退休老年期

此时应是财务最为宽裕的时期，但休闲、保健费的负担较大，享受退休生活的同时，若有"收入第二春"，则理财更应采取"守势"，以"保本"为目的，不从事高风险的投资，以免影响身体健康及正常生活。退休期有不可规避的"善后"特性，因此，财产转移的计划应趁早拟订，评估究竟采取赠与还是遗产继承方式应符合需要来定。

上述六个人生阶段的理财目标并非人人可实践，但人生理财计划也绝不能流于"纸上作业"，毕竟有目标才有动力。若是毫无计划，只是凭一时的决定主宰理财生涯，则可能有"大起大落"的极端结果。财富是靠"积少成多""钱滚钱"逐渐积累的，平稳妥当的理财规划应及早拟订。这样才有助于逐步实现"聚财"的目标，为人生奠定安全、有保障、高品质的基础。

如何制订投资财务计划

在你确定投资之前，先要制订财务计划。通过制订财务计划，你可以清晰地知道有多少余钱可以用来投资，可以从总资产中分配多少资金用于投资。

制订财务计划对于有心人来说很简单，用以下五个步骤就能制订出一个完整的财务计划。

（1）计算出你的总资产数额。

（2）计算出你的支出数额和所需的应急储备费用。

（3）计算出你的净资产数额，即用总资产数额减去支出数额和应急储备费用就是你的净资产。如表6-1所示，你逐项填写出资产和负债，然后用资产减去负债，计算出家庭的净资产数额。如果家庭净资产数额是正值，说明财务状况良好；如果家庭净资产数额是负值，说明财务状况很不妙，你得好好

第6章 计划课:要有自己的理财目标

反省一下你的理财方式了。

表6-1 家庭资产损益表

家庭资产	家庭负债
现金	房屋贷款
存款(本利总和)	汽车贷款
证券投资本金与获利	信用卡消费贷款
房地产(自用)	其他贷款
房地产(投资)	欠款
其他	其他
资产总计	负债总计
净值(资产−负债)	

(4)设定你的投资收益目标和投资成本。什么是投资收益目标呢?就是你设定的投资收益率是多少。例如,有的保守投资者追求资产保值,希望投资收益率与通货膨胀率持平即可,有的激进投资者希望投资收益率为30%以上,有的稳健投资者希望投资收益率略高于通货膨胀率即可。什么是投资成本呢?就是你愿意动用净资产的百分之多少的钱用来投资。

(5)根据财务计划启动投资。

以上五个步骤从理论上说很容易,但在现实中做起来很难,因为烦琐的日常生活很容易让你忘记你的日常支出究竟占了收入的多少份额。更大的难度在于制订财务计划不是一朝一夕的事,它需要你每个月定期做,每个月计算出你的净资产,根据净资产随时调整你的投资计划。

投资贵在坚持,制订并履行财务计划也是贵在坚持。

设定理财目标

对于财富,人们不能仅停留在"想想"的层面。想要拥有更多的财富,想要过上更好的生活，对于具体的目标是什么，在什么时间实现这个目标，如何来实现这个目标，要形成一个计划。

第一步：设定目标，先从脚下开始。

"现实性"是制定理财目标首先要考虑的要素。无论什么样的目标，都要从自己现在的财务基础和能力出发。理财目标不宜制定得过高，脱离现实的目标只能增加自己的压力，目标也就不能发挥出它应有的作用。比如，一个刚刚参加工作的人，月收入不足3 000元，要想在1年内通过理财从而在北京拥有一套住房，这样的目标明显是心有余而力不足。可是对于一位拥有一些家产，年入十几万元的人来说，制定这样的目标就有实现的可能性。

"具体化"是对目标的第二个要求。每个人都会对自己的未来抱有一些期望，但要想真正实现这些愿望，一个简单的办法就是把自己的目标具体地描述出来。比如，很多人都有成为"有车族"这个目标，但是如果你把成为有车族这个目标具体地描述为"在2年之内，购置一辆15万元的家庭用车"，目的性就会更强。

第二步：设定目标，兼顾现在和将来。

有一位30岁的年轻妈妈抱怨说："理财好像就是考虑孩子上学的费用，怎么样去买一个大房子，如何过上幸福的养老生活，好像所有的钱都应该为这些目标去储蓄，去投资。时间长了觉得这样的生活有什么意思啊，还不如该花就花，该用就用。"

其实，设定理财目标的初衷在于保证人们在生命的各个阶段都可以过上有品质的生活。有长远的目标固然是对的，但是因此而牺牲了现在的生活就不可取了。这就好比运动员在进行长跑比赛时需要绕着运动场跑很多圈，教练员不仅会告诉运动员最终需要达到什么样的成绩水平，还会为运动员制定出不同进程中的途中成绩目标。理财有时候也类似于长跑，在长期目标中加入一些短期的理财目标，可以让你更加富有收获感，也减少了实现长期目标中的枯燥感。

像上述这位年轻的妈妈就可以考虑一些"新年的时候给自己买一个万

第6章 计划课:要有自己的理财目标

元名牌皮包"或是"每年和家人一起去旅游"这样的短期目标,虽然看上去"牺牲"了一些长期目标,但远远比中途放弃长期目标要好得多。

第三步:制定目标,找到实现目标的方法。

确立自己的目标很重要,但是更重要的是找到实现目标的途径,竭尽全力地付诸实施。因此,如果希望实现自己的理财目标,不妨从目标的细化和分解开始做起。按期完成定额目标,也许你会发现很多看上去很遥远的目标实现起来也并没有多难。

随着人口老龄化的加剧,养老问题越来越成为人们担心的一项负担。有人计算,在大城市生活,大约需要积累200万元的养老费。所以无论如何,养老已经是一个很现实、很重要的问题。

越来越多的人开始认识到养老金筹备的重要性,要想在退休之后维持现有的生活水平,就必须及早建立起自己的养老账户。可是真正进行筹划的人并不多。为什么呢?很重要的一个原因是,大部分人觉得养老是一件遥远的事情,而要想保证养老生活的品质需要的"天文数字"也让他们无所适从。

养老费用成了一项沉重的负担,李先生为此很忧虑。按照他现在的收入水平,李先生依然觉得富裕养老离自己是遥不可及的。李先生家庭年收入能够达到20万元,除了要供房、养车,负担父母的一些费用,还要为儿子的教育做一些计划。按现在这种收入水平,要想在退休前积累起近200万元的养老费无异于痴人说梦。

可是当理财师为李先生制订出养老金筹备的定期定额投资计划时,李先生感到有了希望。理财师告诉李先生,如果从零开始的话,他每个月大约需要投入3 400元的资金到自己的养老投资计划中去,以8%的年收益率来计算,20年后李先生退休时就可以有200万元的养老储备。每月3 400元的月投入,对李先生来说,显然是可以实现的。李先生没有想到,原来把目标分解之后,做起来并没有想象中那么困难。

所以,如果你像李先生那样,希望实现一个看上去遥不可及的目标,不如去看看实现这些目标有哪些途径可循,也许你会发现做起来并不那么难。

把收入的10%存下来进行投资

制订理财计划时,很多人常表示不知如何准备各种理财目标所需的资金。"10%法则"是指把收入的10%存下来进行投资,积少成多,将来就有足够的资金应付理财需求。

例如,你们家每个月有1万元收入,那么每月挪出1 000元存下来或投资,一年可存1.2万元;或者,你已经结婚,夫妻都有收入,每月合计有1.5万元收入,那么一年就可以有1.8万元用来储蓄或投资。每个月都能拨10%投资,再加上我们之前介绍的复利原则,经年累月下来,的确可以储备不少资金。如果再随着薪资调高,累积资金的速度还会更快。

只是常有人表示,偶尔省下收入的10%存下来是有可能,但要每个月都如此,且持续数年可不容易。往往是到下次发薪时,手边的钱已所剩无几,有时甚至入不敷出,要透支以往的储蓄。会觉得存钱不易的人,通常也不太清楚自己怎么花掉手边的钱,无法掌握金钱的流向;有钱存下来,一般都是用剩的钱,属于先花再存的用钱类型。

这类人若想存钱就必须改变用钱习惯,利用先存再花的原则强迫自己存钱。要做到如此,可以利用记账帮忙达成。也就是说,买本记账簿,按收入、支出、金额和总计等项目,将平时的开销记下来。这样不仅可以知道各种用度的流向及金额大小,并且可以当作以后消费的参考。

记账记个一年半载,再把各类开销分门别类,就可以知道花费在衣、食、住、行、娱乐等方面和其他不固定支出的钱有多少,并进一步区分出需要及想要,以便进行检讨与调整。

需要及想要是常提到的消费分类,例如,买件100元上下的衬衫上班穿是需要,买件数千元的外套是想要;一餐10元作为午餐是需要,午餐以牛排满足口腹是想要。通过记账区分出需要与想要后,日后尽可能压缩想要的开支,你会发现真的有一些多出来的钱可以存下来,而且可能还不只是收入的10%。

每个月拨出收入的10%存下来只是个原则,能多则多,实在不行,少于

第6章 计划课：要有自己的理财目标

10%也无妨。重要的是确实掌握收支，尽可能存钱。

· 为了帮助自己做到10%法则，可以利用定期定额投资法持之以恒地累积资金。定期定额是指每隔一段固定时间（如每个月）以固定金额（如5 000元）投资某项选定的投资工具（如某共同基金），根据复利原则，长期下来可以积累可观的财富。

投资四原则：这样投资最靠谱

投资就像学自行车，只要掌握大原则，会了就是会了，骑车不需要时刻刻去想着，更不用为每辆新车去改变自己的骑车方式。而投资的原则，也不外乎下面几项。

1. 聚沙成塔

从各种资料来看，一项中等风险程度的投资工具，长时间统计下来，平均年收益率达到10%只能算普通的成绩。再算算看，假如我们每天存2元，投资到平均报酬率10%的理财工具中，数十年后，这笔钱就已经相当可观！再问问自己，每天存2元难吗？多数人都会说不难，只要每天早起15分钟，自制早餐，自己煮咖啡，2元就可以省下来了。

说来简单，然而据一项调查显示，年龄在30岁以上，还没有做理财规划的人中，40%以上的人自认"钱不够"而没有进行理财活动。他们的钱都花到哪里去了？

"每个月先将15%的收入拿去投资，剩下的才用来支付长短期开销"，这是许多理财专家的一致建议。为了达到目标，专家建议每月的房屋贷款应该控制在收入的25%以下。拨拨算盘，夫妻俩月入1万元，扣掉15%的投资与25%的房贷，剩下来的6 000元要养活一家。没错，不管你手头多么紧，也不要挪用"投资本"，力行"精、抠、省"，才会有更好的明天。

至于那些月入3 000元却想买车，或是明明囊中羞涩却忍不住想跟朋友出国旅游的社会新鲜人,应该重新打打算盘,早日戒除"冲动型""发泄型"以及"炫耀型"的消费习气,免得跟财富绝缘。

2. 先人一步

很多人将"努力赚钱"作为理财的第一步,不过钱不是"努力赚"就有的。如果要等自觉收入够宽裕了才开始理财,只怕会遥遥无期。别忘了,理财最惊人的就是它的时间复利效果。以10%的复利计算,1万元变2万元要花7.5年,2万元变3万元不到5年,再从3万元变4万元,只要3年即可。换句话说,随着时间的累积,要赚回一个资本额将会越来越容易。

甲从19岁就开始投资,分8年,每年2 000元,报酬率为10%,总共投入16 000元,之后不再投入,只是放着生复利。乙是从27岁才开始投资,每年2 000元,65岁之前的30多年不间断地投入,到了65岁验收成果,发现乙连本带利不到90万元,而甲只靠年轻时的投入,竟积累了103.5万元!

3. 不随波逐流

下定理财决心后,应该从哪里着手呢?

以股市来说,面对上千种股票,以及其他数百种投资工具,究竟要选择怎样的投资工具,要什么时候、以什么价位切进去,这些都令人越想越心烦。

专家建议,新手最好从定期定额投资共同基金开始,因为新手定性不够。如果手上有股票,心情必定跟着指数上下震荡,不如选择绩效较稳定的基金,让专业的基金经理人替你动脑筋。专家特别提醒投资人,基金要3~5年长期地投资才能增加报酬、降低风险,因此选择时不要以一个月或一个季度的绩效为标准,应该拉长至最近一两年的绩效,尤其要避开那些大起大落或是操盘经理人常常更换的基金。

至于股票,理财专家建议,只要在前景不错的产业中,寻求获利良好、公司经营状况稳定、正派经营的企业,应该都是不错的标的。譬如,信息业的荣景在可预见的未来都会继续维持,如果没有天灾人祸,都将保持不错的获利,可以投资。至于传统产业的龙头股根基相对稳固,在市盈率适中时买进,投资风险应该不高。

要谨记,不管是基金还是股票,切忌随着一时的涨跌交易,只要每季关心一下投资标的的盈利状况以及该产业的前景,没有基本面大幅转坏的情况,就值得继续投资。根据调查,国外的富翁绝大多数持有股票,但其中很多人一年内根本没有交易记录。因为一旦中途买卖,"时间复利"的威力就会中断。投资是长期的,40年论输赢不迟。投资人切勿贪快,不要把自己平均的年报酬率定在15%以上,那是不切实际的。

4. 预留后路

广义来说,理财是聪明地管理钱财,包括存钱、借钱、消费、投资、保险、节税,等等。除了投资以外,其他项目虽然不能积极增加财富,却可能是构筑人生经济安全港的更重要支柱。环顾四周,有些人收入颇丰,却在重病一场、退出职场后,发现生活很快陷入窘境。凡此种种,都令人懊丧不已。如果你认为经济稳定对你的人生很重要,别犹豫,今天就花一点时间,好好思索一下自己的财务吧。

理财要考虑的其他问题

由于每个人想追求的生活和自身所处的情况,如年龄、工作及收入、家庭状况等都有所不同,因此不同的人设定的目标会不相同。另外,人们会因一些预料之外的状况而不断调整自己的理财目标。

1. 风险

每个人的个性不同,导致每个人的风险偏好不同。一般而言,影响一个人风险偏好主要有以下几个方面的因素:一是个人的自身状况。如果你的经济支出比较自由,没有什么负担,可能会采取高风险的投资方法。如果你的收入低而且不稳定,还有经济上的负担,如负债,那就不合适高风险的投资。二是个人投资趋向。如果你接受过经济方面的教育,对股票投资很有研究，能够承受投资所带来的风险，可以偏重于通过股票投资进行理财。另外，一个人的性格如何，也左右人的理财行为。

2．通货膨胀

作为理财投资，通货膨胀是财富的最大杀手。

完成理财目标的过程称得上是长期抗战，不幸的是通货膨胀的恶果，时间越长越明显。1年之前准备花5万元购买汽车，假设1年的通货膨胀率是3%，那么准备5万元，到购买时可能会因价格调整而买不成，这时候你需要的是5.15万元。

王先生和太太今年均已43岁。王先生是做建材生意的，自2000年就开了一家小店，生意还过得去。他的太太是银行职员，工作稳定。两人有一个正在读高中的儿子。

财产方面，两人每年约有15万元的现金流入，家庭房产总值400万元，房贷100万元，另有现金20万元在打新股，还有15万元市值的基金。家庭还有一辆私家车。

王先生敏锐地感觉到各种物价的上涨趋势，近期经常关注媒体对于通货膨胀的讨论。考虑到还有100万元的房贷未还，手上的现金也并不宽裕，而且早已经计划要送孩子出国留学，王先生深感压力重大，特别是一想到通货膨胀将至，他心里就有点慌，该如何应对可能出现的通货膨胀呢？

针对王先生的情况，理财师给他提出了建议：首先，王先生不存在负债缺口，未来的一项重要支出计划就是子女教育金。王先生的儿子目前在读高一，如果子女培养的目标设定为出国留学的话，大概还需要准备100万~200万元教育准备金。这样就会出现100万元左右的缺口，根据目前的家庭收支情况，需要6~7年的积累时间。所以，至少需要配置一个10年期100万元的保额保障。其次，计算养老金缺口。如果王先生60岁起开始退休，而且退休以后要保持现有的消费水平的话，儿子的出国留学计划可能会有所影响。所以，从现在开始应该适当注意节约，增加储蓄，以实现未来退休生活的平稳过渡。可以考虑购买一些终身给付型的年金产品，具体金额可以根据自身的缴费能力量力而行。

如果通货膨胀是一场侵蚀我们的财富的战争,那赢得战争的最好,甚至是唯一的办法不是在通货膨胀期间囤货追涨,而是在通货膨胀前做好备战的准备。

市民应该正确看待通货膨胀危机,把防御通货膨胀作为理财的一个重要目标和方向。如果抱着提高生活质量的短期目标,盲目追求高风险产品,急功近利,效果可能会适得其反。

准备工作与理财目标之间,绝对不是平行的直线,我们要随时为中间发生的不确定性因素早做准备。做到未雨绸缪,一些问题就能够轻松得到化解。

富有一生的家庭理财计划

计划是家庭理财成功的关键,没有计划你就会像一艘飘荡在大海上的无帆之船,不知将会漂向何方。那么到底家庭理财计划包括哪些内容呢?一般来说,一个完备的家庭理财计划包括八个方面。

1. 职业计划

选择职业是人生中第一次较重大的抉择,特别是对那些刚毕业的大学生来说更是如此。

2. 消费和储蓄计划

你必须决定一年的收入里有多少用于当前消费,多少用于储蓄,然后编制相关的资产负债表、年度收支表和预算表。

3. 债务计划

很少有人在他的一生中能没有债务。债务能帮助我们在长长的一生中均衡消费,但我们必须对债务加以管理,使其控制在一个适当的水平上,并且债务成本要尽可能降低。

4. 保险计划

随着你事业的成功，你拥有越来越多的固定资产，如汽车、住房、家具、电器，等等，这时你需要购买更多的财产保险和个人信用保险。为使你的子女在你离开后仍能幸福生活，你需要购买人寿保险。更重要的是，为了应付疾病和其他意外伤害，你需要购买医疗保险。

5. 投资计划

当我们的储蓄一天天增加的时候，最迫切的就是寻找一种投资组合，能够兼顾收益性、安全性和流动性。

6. 退休计划

退休计划主要包括退休后的生活需求及如何在不工作的情况下满足这些需求。要想退休后生活得舒适、美满，必须在有工作能力时积累一笔退休金作为补充，因为社会养老保险只能满足人们的基本生活需要。

7. 遗产计划

遗产计划主要是处理人们在将财产留给继承人时缴税的问题。这个问题在国外比较突出。遗产计划的主要内容是一份适当的遗嘱和一整套税务措施。

8. 所得税计划

个人所得税是政府对个人成功的分享。在合法的基础上，你完全可以通过调整自己的行为达到合法避税的效果。

第7章
家务课：掌握家庭财务管理策略

家有三本账，穷家也好当

无论你是工薪阶层还是亿万富翁，建好家庭资产档案是家庭理财的首要任务。这样可以让你知道自家究竟拥有多少净资产，以利于正确地控制应用它们。

家庭资产档案，大致可分为以下几类。

1. 贵重资产

贵重资产包括房屋、车辆、金银首饰、高档电器设备等。价值在500元以上的都要在家庭资产档案中明细列出。可按购买价计算，也可按重置价或扣除折旧后的净值统计。比如，一台电脑买价5 000元，准备5年淘汰，已使用2年，净值就为3 000元。

2. 日常用品

凡价格在500元以下的物品皆归此类，如电灯电话、餐具炊具等。这些低值易耗品多而杂，难以逐一罗列，可大致估算，不需太具体精确。

3. 有价证券

有价证券包括股票、债券等，每天有市价可以进行计算，计算市值是资产减去借贷。

4. 古玩字画

家庭收藏的古董字画等，这些需请有关专家为你估值。

5. 生意资产

产业、工具和存货是资产，借贷和应付款是负债。

建立这样的档案一是可以随时统计家庭财务的净值。一般来说，每半年或一年必须结算一次，因为这样的统计可以告诉你，万一有需要时，你可能筹集到多少资金。这对增强投资理念，加强今后资产管理，挖掘盘活家庭资产很有帮助。二是可以资产净值来制订家庭计划，为自己设定净值的增长目标，如计划每年增长多少等。三是可以修正各类保险。净值越多，所需要的寿险、意外险保障的绝对金额相应加大，相对比例就可以减少一些。

根据这个思路，有人总结出经验：家庭应常备"三个"账本：家庭理财记账本、家庭贵重物品发票档案本、家庭金融资产档案本。

家庭理财记账本可采用收入、支出、结存的"三栏式"，方法上可将收、支发生额以流水账的形式逐笔记载，月末结算，年度总结。同时，按家庭经济收入（如工资收入、经营收入、借入款等）、费用支出项目设立明细分类账，并根据发生额进行记录，月末小结，年度总结。

家庭记账能带来诸多好处：能全面反映家庭在一定时期内的经济收入、支出以及结余情况；能对家庭中各项经济收支进行分类反映；能使家庭人员有计划、合理地安排开支，节省费用；还能为制订下年度家庭经济收支计划提供参考资料，有利于家庭理财。

家庭贵重物品发票档案本主要收集购物发票、合格证、保修卡和说明书等。当遇到质量事故给消费者带来损失时，购物发票无疑是消费者讨回公道、维护自身合法权益的重要凭证，所以一定要妥善保存。在保修期内，保修卡是商品保修凭证，在发生故障时，说明书是维修人员的好帮手。

金融资产档案本能及时将有关资料记载入册，当存单等票据遗失或被盗时，可根据家庭金融档案查证，及时挂失，以便减少或避免经济损失。

第7章 家务课：掌握家庭财务管理策略

钱程无忧：如何规避家庭财务风险

这个世界是有风险的。什么是风险？风险就是不确定性。人类最大的风险，就是不能知道自己的将来。

每一个未知的事情如果恰好又是令人担忧的事情，那是因为这些事情会对你或者家庭的财务带来影响。

我们的经济状况能被相当平常的、意外的事情搅乱甚至毁掉，每一件无法预料的事情首先会影响你们小两口的财务稳定。当意外真的发生了，你最大的问题就是从何处获得所需的资金来应付你们的基本开销和未知开销，直到你们再次变得安全无忧。事情一直如此，而在经济以及政局不稳定的时候更加如此。怎样才能规避家庭财务风险呢？

1．建立应急基金

手上要有现金或者现金等价物，如随时可以提取现金的银行卡。有人认为货币基金或者股票有很好的流动性，但如果有变现时差存在，还不能完全等同现金。

2．正确运用信用卡

当意外事情发生时，如失业或者疾病，信用卡透支额可以帮人渡过难关。但事实上，很多背负信用卡债务的人并没有失业或者染病。他们只是用信用卡去购买暂时无力用现金购买的东西，并背负债务，那是不理智的。

3．为未来的生活投资，而不是为金钱本身

在利率低的时候，存款账户的钱很难支付未来孩子的学费，虽然看上去你做了计划，但是存在学费增长及其他因素。看到利率太低的人却可能盲目投资。我最常被问的一个问题是，我有30万元，我该如何投资？而我要反问的问题是，你为什么要投资？为教育还是为养老，或者只是追求购买豪华别墅？不同的生活打算，投资计划及风险承担是有很大区别的。

4．转移风险与购买保险

买保险的本质就是花钱转移风险。如果某个意外事件发生，给你的财务带来的影响对你的生活品质带来太大改变,是你不能接受的程度时,购买保险能找到为你买单并带来财务稳定的人。记住,有些风险是你能承担的,有些风险带来的财务波动太大,如重大疾病、意外死亡等,就最好转移给保险公司。买保险要注意给付条件是不是你担心的条件,否则货不对版,就不能雪中送炭了。

5. 减少债务和为债务投保

如果有足够的支付能力就尽量减少债务,因为意外发生的时候,债主并不会心慈手软。信用卡的债务、购房购车的债务都是受法律保护,要定期偿还的。同时,每增加一项负债,就等于增加了风险暴露程度,相应的保额就要提高。也就是说,你要多付一点保费,让保险公司在意外发生的时候为你的债务买单。这样,你所关爱的人,就会减少这部分生活的压力了。

另外,值得提醒大家的是,最好的规避风险的方法是请专业人士帮助您量身定做一个适合自身风险承受能力的方案,在实现目标的同时,把风险控制在最低程度。假设这样一个家庭:30多岁的白领,有稳定的收入,一个3岁的孩子,老人有自己的退休金,房子、车子已经解决。理财目标是孩子留学和自己养老。建议按4:3:2:1投资,即40%的资金投入到股票、基金;30%的资金投入到房产;20%的资金投入在和债券近似的收益型产品,也包括债券基金和分红保险;10%的资金买保障类保险,防范意外打击。在这个组合中,要选择一些外币类资产,包括国外的金融产品,这样可以进一步分散风险。

家庭理财一定要避免的五大误区

上班族要想让手中的财富稳步升值,必须规避家庭理财中常见的误区。家庭理财有下面几种误区。

1. 面面俱到型,追求广而全的投资理财组合

小沈的投资理念:鸡蛋不能放在一个篮子里,多尝试各种理财产品,才能分散投资风险。所谓"东方不亮西方亮",总有一处能赚钱——这也是眼

第7章　家务课：掌握家庭财务管理策略

下不少人奉行的理财之道。可是一年下来，小沈的投资成绩却不尽如人意，股市亏了，美元下跌，只有开放式基金挣了钱，可惜又买少了。

2．守株待兔型，大势判断不准

小谭的投资理念：每一个基金都不多买，每一个基金也不错过，不同类型的基金可以分散不同程度的风险。结果一年下来，她的平均收益率为10%。10%的收益率对于投资者来说，也是比较不错的成绩了。但是考虑到去年开放式基金的整体成绩，小谭的投资不算成功。

3．短线投机型，不注重长期趋势

急于获取丰厚回报的来氏夫妇太注重短线投机，听人说某只股票有异动就投进去，不见动静又快速撤出，一年多股市收益不理想；2003年外汇市场、期货市场十分红火，两人又转投汇市、期市。急于求成的投资心态并没有使来氏夫妇在汇市、期市有何建树。来氏夫妇很纳闷，为什么这样投资不赚钱？

4．盲目跟风型，理财随大流

孙先生把房屋抵押出去购买基金，这种方法是大错特错的。虽然有几只股票型基金的年收益超过20%，但高收益伴随着高风险，未来基金的收益谁来保证？何况，拿房子作抵押贷款买基金又是短线持有，一旦出现基金形势不好被套牢的现象，必然血本无归。

5．过分保守型，家财求稳不看收益

钱先生很保守，现在他和妻子做着小生意，除去女儿上学用的钱，其他的东西家里都不缺，没太大的开销，这样每月省吃俭用还能另外存一点钱。他对自己的能力有着清醒的认识，认为自己不大可能有更多的机会挣到大钱。而他能预见到将来最大的开支就是女儿上大学的费用。长期以来固有的保守个性决定了钱先生对待自己财产的态度就是：放哪里都不如放银行保险。

家庭理财五要素：让家产保值增值

眼下，可供家庭选择投资的方式越来越多，如参加银行储蓄、购买债券股票、购藏金银首饰、置办房地产业、参加财产和人身保险等。选择不同的投资方式，收益也就不同。每个家庭应结合自己的实际情况，谨慎做出投资决策。

在选择投资方式以前，除了要注意人们常提及的"量资金实力而行"外，还需要考虑"量风险承受力而行""量家庭的职业特征和知识结构而行"等因素。而下面五个因素又常被人们所忽视。

1. 家庭投资应考虑物价因素及其变化趋势

在投资过程中，只有对未来物价因素及趋势有个比较正确的估计，你的投资决策才可能获得丰厚的回报。比如说你定期储蓄3年，到期后所得利率收益，除去利息税和物价上涨部分所留无几。显然你并没有占便宜"讨巧"，而应选择其他投资方式。

2. 家庭投资应考虑经济发展的周期性规律

经济发展具有周期性特点，在上升时期投资扩张，物价、房价等都大幅度攀升，银行存款和债券的利率也调整频繁；当经济下滑，银根紧缩，就有可能出现相反情况。如果说你看不到这一点，就可能失去"顺势操作"的丰厚回报，也或者在疲软的低谷越陷越深。时常关注宏观形势和经济景气指标，就可能避免这一点。

3. 家庭投资应考虑地区间的物价差异

我国地域辽阔，各地的价格水平差别很大。如果你生活的地区属于物价上涨幅度较小的地区，就应该选择较好的长期储蓄和国家债券；如果你生活的地区属于物价涨幅较高的地区，则应该选择其他高盈利率的投资渠道，或者利用物价的地区价差进行其他商贸活动。否则，你的资金便不能很好地保值增值。

4. 家庭投资应考虑多品种组合

现代家庭所拥有的资产一般表现为三类：一是债权，二是股权，三是实物。在债权中，除了国家明文规定的增益部分外，其他都可能因通货膨胀而贬值。持有的企业债券股票一般会随着企业资产的升值而增值,但也可能因企业的萧条倒闭而颗粒无收。在实物中,房产、古玩字画、邮票等,如果购买的初始价格适中,因时间的推移而不断升值的可能性也不小。既然三类资产的风险是客观存在的,只有进行组合投资,才能避免"鸡蛋放在同一个篮子里"的不利"悲剧"。

5. 家庭投资应考虑货币的时间价值和机会成本

货币的时间价值是指货币随着时间的推移而逐渐升值,你应尽可能减少资金的闲置,能当时存入银行的不要等到明天,能本月购买的债券勿拖至下月,力求使货币的时间价值最大化。投资机会成本是指因投资某一项目而失去投资其他机会的损失。很多人只顾眼前的利益或只投资于自己感兴趣、熟悉的项目,而放任其他更稳定、更高收益的商机流失,此举实为不明智。因此,投资前最好进行可选择项目的潜在收益比较,以求实现投资回报最大化。

低收入家庭:稳扎稳打好投资

张馨今年28岁,她和老公是同一家民营企业的普通职工,家庭月收入为2 500元。这些年来,两人省吃俭用,积攒了5万元积蓄。因为将来购房、子女教育、赡养父母等家庭开支压力较大,所以他们想寻求绝对稳健、收益相对较高的投资方式。

理财师建议:张女士家庭的收入不高,理财观念传统,承受风险能力较差,家庭理财要求绝对稳健,宜采用储蓄占40%、国债占30%、银行理财产品占20%、保险占10%的投资组合。储蓄占比最高,支持着家庭资产的稳妥增值;国债和银行理财产品收益较高,也很稳妥;保险的比率虽然只有10%,但所起的保障作用却非同小可。许多人在保险上存在误区,认为有钱人才适合买保险,其实这是大错特错的。如果钱多得花不了,家庭即使出现风险,也不在乎那点保险理赔。而收入低的家庭抗风险能力较低,万一遇到意外,这

10%保险所起的作用是相当大的,可以帮助家庭渡过难关。

低收入家庭由于抗风险能力相对较弱,不适宜选择高风险理财产品,建议适当增加银行理财产品、保本型基金等产品,以提高收益。

家庭收入不高的情况下,应防止财务断流或意外事故发生时资金紧张,所以应购买部分保险产品来规避意外伤害或疾病带来的风险。

中等收入家庭:以风险换取收益

中等收入家庭应根据自身的收入和经济状况,制订适宜的理财方案。

刘晓云今年34岁,在一家上市公司从事人事管理工作,月收入3 000元。她的丈夫是公务员,月收入为6 000元。8岁的女儿正在上小学二年级。家庭积蓄10万元,属于中等收入家庭。他们的目标是努力攒钱,等孩子上高中时,让其报考北京、上海等大城市的重点学校,接受良好教育,所以他们要求在风险适中的情况下,最大限度地实现财产增值。

理财师建议:刘女士一家属于中等收入家庭,夫妻双方工作较为稳定,并且福利待遇较好,能够承受一定风险。他们家可以采用储蓄占40%、债券占20%、人民币理财占20%、基金或股票投资占20%的投资组合。储蓄、债券和人民币理财都是较为稳妥的理财产品。开放式基金或股票是风险性投资。这部分投资如果收益高了,会增加整个组合的投资收益;万一出现了风险,对家庭整体投资的影响也不是太大。

高收入家庭:分散投资,规避风险

素素今年27岁,卫校毕业后她一直在一家大医院做护士。在好友的动员下,她辞去了这份固定工作,专门做起了某知名日化品牌的直销业务。由于

第7章 家务课：掌握家庭财务管理策略

她善于交际，并具有一定的客户资源，她的业务越做越好，每月提成收入也从2 000元、5 000元、8 000元，一直到目前的万元以上。她的丈夫朱先生是政府机关的公务员。在她的鼓动下，朱先生也做了直销业务。现在，朱先生的月收入达到了5 000多元。

目前，两人的家庭收入为15 000元，除了日常开销、按月偿还银行住房贷款以外（尚欠银行贷款本息合计为4万元），每月还有1万元的结余。不过，由于夫妻两人均不善理财，面对不断增加的收入，他们还是只认银行储蓄一条路，渠道单一，收益低下。

于是，夫妻两人来到一家银行进行了一番咨询。

银行的理财师给他们分析道，目前素素一家把精力都放在赚钱上，对收入的打理缺乏长远的规划。例如，他们收入较高，却没有考虑减少家庭债务；习惯有钱存银行，没有积极涉足其他收益高、保障能力强的投资渠道。总之，他们需要一条非常清晰、容易操作的理财思路。

这位理财师给出了具体的理财建议：建议素素做好后续收入的打理。为实现家庭积蓄的稳妥增值，以应付将来生儿育女，以及换房、扩大经营等开支，根据素素的实际情况，理财师设计了一套完整的理财方案。

1. 可以考虑提前偿还住房贷款

按目前素素的收入，积攒4万元可谓轻而易举，在积蓄达到4万元后，素素可以考虑提前偿还住房贷款，因为目前一年期存款利率为1.75%，而银行贷款的年利率却高达4.35%以上。有理财专家说，最好的存款方式就是还贷款。所以，提前还贷是素素减少家庭支出、优化资产结构的有效措施。

2. 建议购买私家车

从事销售工作，主要工作是跑市场、访客户，时间就是金钱。如果拥有一辆属于自己的私家车，不但可以提高工作效率，还可以体现身份和经济实力，进而增强经济往来中的信用指数。根据素素夫妇的收入状况，理财师建议他们在一年内购买10万元左右的经济型轿车。

3．20%的后续收入进行储蓄

还清住房贷款和购买私家车以后，素素就可以一心一意打理后续收入了。大家都说现在储蓄利率低的情况下存钱会"亏本"，但再"亏本"也不能完全放弃储蓄，因为储蓄是中国人的传统，也是最稳妥的投资渠道之一。另外，储蓄的变现能力最强，可以作为经营的准备金。所以，将20%的后续收入储蓄起来，不仅是家庭稳健理财的需要，也是素素打理生意的需要。

4．30%的后续收入购买国债

国债是以国家信誉做担保的金边债券，具有收益稳妥、利率高于储蓄、免征利息税等优势。素素可以用后续收入购买适量的凭证式国债。根据当前加息压力增大的实际情况，理财师建议素素购买短期的一年期国债。这样如果遇到加息，素素既可确保加息之前最大限度地享受较高利率，又可以在国债到期后，及时转入收益更高的储蓄或其他国债品种。

5．30%的后续收入用于购买开放式基金

开放式基金可以说是一种介于炒股和储蓄之间的投资方式，适合素素追求稳健又考虑收益的投资需求。根据当前股市相对低迷的实际情况，素素可以选择一家运作稳健、回报率高的基金公司，购买他们发行的新基金。因为新基金成立后正赶上"炒底"，所以其盈利能力也就相对较高。

6．15%的后续收入进行股票投资

中国股市的中长期前景是非常乐观的。素素从事直销工作，时间相对自由，可以用15%的后续收入购买一些能源、通信等潜力股票。这样可以在做业务空档时看看行情和大盘，适时调整持股结构，进行中长期投资。

7．5%的后续收入购买保险

从事直销工作，养老保障一般是靠自己多挣钱多积蓄来创造。但在医疗开支不断涨价的今天和未来，万一遇到意外伤害或重大疾病，自己的积蓄有可能是杯水车薪，难以应付。所以，素素和她先生可以用5%的后续收入购买适量的主险和附加险，为两人的重大疾病、人身意外伤害提供有力保障。同时，素素还可以购买集保障、储蓄、投资三种功能于一身的分红保险或分红型养老保险。

第7章 家务课：掌握家庭财务管理策略

这位理财师的规划建议，对你是否也有所启示呢？

分散投资对于投资人来说能平衡收入，更好地规避风险。

丁克家庭：稳健投资，完善风险保障

越来越多的中国女性开始拒绝生育，于是不要小孩的丁克家庭数量日渐庞大。据统计，中国大中型城市已出现60万个"丁克家庭"。"养儿防老"的传统观念的突破，使得提前储备养老金，在收入高峰期为自己制订一份充足、完善的养老规划，对于丁克家庭来说显得尤为重要。

今年36岁的成先生和33岁的妻子就是典型的"丁克家庭"。成先生是南京一家外贸公司的部门主管，妻子在一家公司从事营销工作。他们结婚已有9年，还没要小孩。

成先生家庭处于家庭形成期至成熟期阶段，家庭收入不断增加且生活稳定。该家庭年收入为11.7万元。在他们的家庭收入中，主动性（工资收入）为9.6万元，占家庭总收入的80%以上。其中，房产和金融资产各占一半，该比例是合理的。他们的债务占家庭总资产的比例不到7%，债务支出占家庭稳定收入的17%左右，完全处于安全线内。鉴于年老后除了日常生活开销以外，医疗费用的支出将占较大的比例。成先生一直在盘算着如何通过保险保障来抵御未来疾病的风险，希望专家能推荐一些养老和重疾保险方面的品种供他们选择。

遵照这样的常规，银行的理财专家为一对没有生育计划的白领夫妇制订了这样的理财计划。

1. 家庭资产配置建议

一个家庭的应急准备金不低于可投资资产的10%。成先生只要留1万元银行存款即可，因为5万元的货币基金也属于应急准备金。20万元股票资金可以不动，但切忌盲目追涨，多关注理想的蓝筹股。5万元的货币基金、2万元的博时基金和1万元招商先锋基金可继续持有。其余的资金应当及时转为投资基金，如债券型基金、股票型基金。购买基金可以采取"定期定额"的方式。与债券基金的"看似安全，实则危险"相比，系统化投资于股票基金可以说是"看似危险，实则安全"的。但基金一定要长期持有，如果投资一二十年，投资报酬率远远比储蓄险赚钱快，也有助于更快达到理财目标，同时也为成先生夫妇养老做打算。

外汇投资，是一种全球通用的投资技能，一般晚上的行情波动比白天更剧烈。成先生夫妇工作比较忙，可将2万美元的"外汇宝"，购买各大银行推出的短期限、高回报率的外汇理财产品。从目前理财市场品种来看，保本型投资风险低，但收益相对属于偏高，具有投资性。

2. 家庭保险保障建议

虽然成先生和妻子分别拥有了10万元和5万元的意外保险，保险意识有了，但工作压力太大，漫长岁月中，无法保证两人身体永无大恙，将来两人又要面对昂贵的医疗费用支出等。对于丁克家庭来说，提前储备养老金显得尤为重要。在夫妻两人收入高峰期就制订一份充足完善的养老规划，是使丁克家庭快乐地度过晚年生活不可缺少的前提。

专家建议，鉴于家庭的整体收入水平，成先生每年将家庭15%左右的收入给两人各投保一份重大疾病保险、年金型年金保险和两全保险，同时附加一些含有医疗赔偿的相关险种，这样可以确保晚年老有所养。正常保费支出为年收入的15%~20%。

（1）健康险。面对突发意外事件，意外保险具有了基本的抗风险能力，而健康保险能抵御疾病侵袭。

作为一家公司部门主管的成先生，买一份重大疾病保险很重要。该险种保额为10万元。这种重疾保险诊断后即可获得一笔保险金，以保证渡过生命难关。它能让家庭在面对巨额治疗费时，不必手足无措地抛出股票和基金，最大限度地保存收益。中国人寿推出"国寿康恒重大疾病保险"的健康保险。该险种能提供包括29种疾病的特别保障，是可保重大疾病种类、数量最多最齐全的产品之一。

第7章 家务课：掌握家庭财务管理策略

而成太太则需要购买女性疾病保险，以便给予特别关护，如太平人寿推出的太平怡康女性长期健康保险涵盖了25种重大疾病保障及终末期疾病保障。这个保险产品首次将"经输血导致的人类免疫缺陷病毒感染"（HIV或AIDS）列入保障范围，还有额外的特种疾病津贴，为常见的心血管手术提供保险金。除此之外，成太太还需要购买一些传统的每日住院补贴和医疗费用的补偿性保险，因为这种津贴既可以弥补部分误工的损失，也可购买营养品，以便尽快地恢复健康。为满足上述保障，成先生和妻子每年在健康方面的保费支出约为2 000元。

（2）养老险最好由两份年金保险和两份分红两全保险组成。

太平人寿的福满堂养老年金保险，是一种集合养老保险和投资分红的"双全"保险，除获得每年固定的年金之外，养老金保证领取终生，还可获得红利。投资者可根据自身具体情况，选择年领、月领，或延迟领取，灵活安排退休计划。

成先生夫妇可以购买投保15年的年金保险，选择与分红型产品组合，每年总共交1万元。这样，夫妻两人预计从60～64周岁开始每年领取养老金3 756元；65～100周岁每年领取7 524元；60周岁时领取28 470元的红利；65周岁时领取26 248元的红利；若生存至100周岁，可获得15 048元的祝寿金，合同即告终止。

两份分红两全保险，成先生选择20年的交费期满后，即每3年可领取一次9 000元生存保险金。生存时间越长，领取总额越多，直至身故还可领取10万元身故金。平安人寿的永利两全保险还附送7级34项意外残疾保障。成太太若购买一份4万元分红两全保险，在10年满期时可一并领取保额和红利，随心安排退休后的生活，充分满足自身养老需求。虽然分红具有不确定性，但是长期来看，其复利累积额还是不少。

除此之外，对于日常发生的意外医疗，则可以选择中国人寿经济实惠的吉祥卡和全家福卡等卡式保险。上述这样的养老规划，每年两人共需保费约20 000元，为丁克家庭提供了全面有利的未来保障。有了这些安排，夫妇两人的晚年生活才有充分保障。

"421"家庭：积极理财养老扶幼

赵先生和赵太太在两年前就已结婚，过着甜蜜的二人生活，整天无忧无虑。虽然有银行住房贷款50万元，但是对于这对新人来说，没有别的大开支，支付房屋的月供不成问题。可是今年赵太太怀孕并生下了孩子甜甜之后，孩子的开销比预期要大，这对新人开始发愁了。

另外一件让赵先生头疼的事是赵先生的父亲由于年老，身体不比当年，今年住院就花了近6万元。尽管有医疗保险可以负担一部分，但是自己还是得承担部分费用。

原来，赵先生和赵太太均为独生子女，他们家属于典型的"421"家庭。赵先生今年28岁，在一家IT企业工作，月工资为税后8 000元左右。赵太太今年25岁，是一家商业银行的职员，税后月收入6 000元。

他们结婚时贷款在北京市内购买了一套当时价格为100万元的住宅。为了尽量节省费用，双方父母都倾囊而出，首付50万元，其余50万元只能通过银行贷款。赵先生和赵太太都有住房公积金，两人每月分别缴纳1 500元和1 200元，住房公积金账户上的余额分别为5.5万元和3万元。赵先生利用公积金申请贷款，10年等额本息还款，贷款利率为4.41%，每月还贷5 160元。

夫妻两人由于工作的时间不长，加上结婚、买房和新房装修的大额支出，家里的积蓄非常少，只有近5万元银行活期存款。另外，赵先生见老同学炒股票都赚了不少钱，于是也在股票市场上投入了5万元，结果到现在还被套着。

赵先生和赵太太的公司都给买了五险一金，但两人及父母子女均未投保任何商业保险。赵先生平时喜欢打网球，每个月与朋友往来需支出500元。赵太太每月美容健身费用为500元。而全家三口的日常开支杂费也较大，平均每个月家庭杂费（含每月的电费、电话费、物业费、上网费等）需1 000元。生活食品饮料杂费约1 000元，外出就餐约1 000元，每年全家服装休闲等开支约5 000元，家庭交通费每年大约为10 000元。此外，由于他们的父母均不在北京，因此每年要给双方父母赡养费共10 000元。小甜甜一年的开支大约10 000元。

第7章 家务课：掌握家庭财务管理策略

1. "421"家庭更需要理财

赵先生家庭属于中等收入家庭，两人讲究生活质量，花销比较大，年节余比率为11%，家庭积累财富的速度不快。投资与净资产的比率偏低，负债比率和流动性比率都比较适当。但随着赵先生夫妇父母的年龄增加和女儿甜甜的长大，家庭负担将会逐渐增加。而女儿甜甜刚出生不久，不管将来发生什么事情，赵先生和太太都希望甜甜能有足够的生活费和学习费用。此外，赵先生还是个超级车迷，希望能够在近几年内购置一辆价格15万元左右的小轿车。

对"421"年轻家庭来说，面临这样的财务压力，可不是一件好事。一向不太在乎平时花销的赵先生和赵太太必须现实起来，尽量在不降低生活品质的前提下节省开支。

现在赵先生和赵太太已经感觉到收入不够，但是面对日益激烈的竞争，在目前的职位上要想提高工资收入非常困难。在这种情况下，他们应该通过理财开辟其他渠道，增加家庭的收入，并对现金等流动资产进行有效管理。

2. 现金规划——公积金账户余额还明年房贷

赵先生和赵太太的收入都比较稳定，身边的现金留够一个月开支就行，另外留两个月的开支备用，可以以货币型基金的形式存在。

考虑到赵先生和赵太太一直都在缴纳住房公积金，目前住房公积金账户余额为8.5万元，因此赵先生应将此款提取出来。其中61 920元用于归还明年的住房贷款，剩下部分用于投资。由于赵先生申请的是住房公积金贷款，其贷款利率相对较低，没有必要提前还贷，以后每年年底时赵先生和赵太太的住房公积金账户都有余额32 400元，因此每年都可以节省还贷支出32 400元。

3. 消费规划——买车计划建议推迟两年

目前家庭每月的杂费约1 000元，外出就餐约1 000元，这两项开支完全可以压缩至1 000元，这样每年可以节省12 000元。

夫妇俩的买车计划，建议推迟两年执行，因为通过住房公积金归还贷款将使家庭的还贷支出减少149 800元，节省的这笔钱经过两年的稳健投资，再加上目前的股票资产在两年后的增值，赵先生就可以轻松买上自己喜欢的车了。

4. 保险规划——家庭不同成员保障需求各异

赵先生家庭保障明显不足,这意味着家庭抗意外风险的能力很弱。一旦出现意外开支,整个家庭将陷入财务危机,甚至危及孩子的成长经费。

因此有必要给夫妇俩及孩子补充购买一些商业保险,主要是寿险、重大疾病险和意外险。

特别是赵先生从事IT行业,工作较忙,容易造成身体透支,而他又是家庭的经济支柱,因此,重疾险和寿险对赵先生来说显得尤其重要。理财师建议赵先生购买保额10万元寿险和保额10万元的重疾险。

甜甜年龄还小,暂时还没必要投保意外险,主要购买健康险。而赵先生的父母身体不是很好,单位退休福利也不是很好,赵先生可以为其父母购买一些医疗保险。赵太太的父母福利较好,应重点考虑意外险和重疾险。

理财师建议赵先生家庭保费每年支出约为1.7万元,今年的保费由现有的活期存款支付。

5. 子女教育规划——每月定投500元成长型基金

理财师建议赵先生夫妇每月定投500元于一只成长型基金上,为甜甜以后的学费做准备。假设成长型基金在未来15年内的平均收益为8%,积少成多,这笔资金在甜甜读大学的时候就可以达到173 019元,足够甜甜4年的大学费用。

6. 投资规划——每年结余投资混合型基金

赵先生家庭目前的投资与净资产比率偏低,通过前面的规划,家庭增加了保障,可以有更多资金进行投资。赵先生和太太都属于风险喜好型的投资者,可以考虑选择风险大、收益较高的投资品种。

投资股票风险大,需要时间和精力,不适合工作忙碌且无投资经验的赵先生夫妇,理财师建议将其置换成股票型基金。

此外,赵先生家每年的结余可以投资于混合型基金,因为这笔钱主要是留作家庭意外的医疗费用支出或其他大型支出备用,同时也可以获取较高的投资收益。如果以后赵先生买车时,这笔资金没有动用,也可以部分用作购车款。

工具操作篇
巧用投资利器,广开生财渠道

第8章
储蓄理财：懒人理财，永不落伍

储蓄：把钱存入银行

储蓄是城乡居民将暂时不用或结余的货币收入存入银行或其他金融机构的一种存款活动。

很多人都会说自己十分了解"储蓄"。我们小时候会把零花钱、压岁钱放到存钱罐，工作以后我们会把工资放到银行。但是，储蓄并不意味着理财，懂赚钱、懂花钱、懂理财，这样的人才算得上"高财商"。善用储蓄，就是将储蓄作为一种投资手段，让你的手头更加宽裕，生活质量更高。

尽管现在有多种多样的投资工具，但我国的现状是居民偏爱储蓄。原因如下：一是没有建立完善的社会保障体制，个人缺少安全感，人们总是觉得真金白银放在银行里实在些。二是受传统观念与生活习惯的影响，大多数居民没有家庭理财的观念。不少家庭都认为工资或做生意的收入就是家庭收入的来源，多的钱就应该存银行。还有的人认为多的钱可以投资，但大都认为投资就是买房或做生意。

随着经济环境的变化，勤俭储蓄的传统单一理财方式已无法满足一般人需求，理财工具的范畴扩展迅速。配合人生规划、理财的功能已不限于保障安全无忧的生活，而是追求更高的物质和精神满足，是一种对自己人生、事业的规划，是一种生活态度。所以对于储蓄，也应该有一个合理的计划，这

第8章 储蓄理财：懒人理财，永不落伍

样才能确保自己的财富不会缩水。

你知道这些储蓄窍门吗

对于普通家庭来说，储蓄依然是工薪家庭投资理财的主要方式。投资者在参加储蓄时，若能科学安排，合理配置，则可获取较高的利息收入。

1. 阶梯存款法

王女士的儿子快要上大学了，她打算近几年内准备一笔学费。王女士是一家公司的财务主管，每个月都会有不菲的奖金收入，为此她选择了阶梯储蓄法。目前她家里有10万元的闲置资金，她将1万元留作家庭备用支出，剩下的9万元分成3份，用3万元开设一个1年到期的存单，用3万元开设一个2年到期的存单，再用剩下的3万元开设一个3年到期的存单。1年后，将到期的3万元再存3年期，2年期到期的也转存到3年期，以此类推。这样，每年都会有一张存单到期，且利息比一般的存款要高。

如果希望得到更高利息，投资者可以采取阶梯存款法。阶梯存款法可以总结如下：假如你持有3万元资金，可分别用1万元开设1年期至3年期的定期储蓄存单各1份。1年后，可用到期的1万元，再开设1张3年期的存单，以此类推。3年后持有的存单则全部为3年期的资金，只是到期的年限不同，依次相差1年。这种储蓄方式可使年度储蓄到期额保持等量平衡，既能应对储蓄利率的调整，又可获取3年期存款的较高利息，能给投资者带来稳定的收入，它适用于工薪家庭为子女积累教育基金与未来婚嫁金等。

2. 12存单法

同在广告公司上班，拿着同样的薪水，小赵和小李对储蓄态度大不相同。小赵每次发完工资，就不管不问。而小李很有理财经验，他说："我上班3年了，从第一个月就坚持'12存单法'存钱，每月存2 000元，1年存24 000元，目前取得了3 000多元的利息收益。而如果把钱放在工资卡里不管，3年利息也就1 000元。"

很多"上班族"只管从工资卡中取钱，剩余的钱就让它在工资卡中放着，基本不加以处理，这无形中就会造成一笔很大的损失。但如果能利用好12存单法，就可以在不影响资金使用的情况下，将资金收益最大化。

12存单法又称"月月储蓄法"，即每月存入一定的钱款，所有存单年限相同，但到期日期就差1个月。这种方法是阶梯储蓄法的延伸和拓展，不仅能很好地储蓄资金，又能很好地发挥储蓄的灵活性，即使急需用钱，也不会有太大的损失。

当然如果你有更好的耐性的话，还可以尝试"24存单法""36存单法"，原理与"12存单法"完全相同，不过每张存单的周期变成了2（或3）年。这样做的好处是，你能得到每张存单2（或3）年定期的存款利率，可以获得较多的利息，但也可能在没完成一个存款周期时出现资金周转困难。这需要投资者根据自己的资金状况调整。

3. 利滚利储蓄法

利滚利储蓄法是零存整取与存本取息两种方法的完美结合。具体操作方法是，如果你有一笔5万元的存款，可以考虑把这5万元用存本取息的方法存入，在1个月后取出利息，把这1个月的利息再开一个零存整取的账户，以后每月把存本取息账户中的利息取出并存入零存整取的账户。这样做的好处是能获得两次利息，即存本取息的利息在零存整取中又获得利息。

这种存钱方法有一个缺点，就是经常要去银行排队。不过，看在能够取得高额利息的份上，多跑几次也是值得的。

4. 巧用通知存款

通知存款是一种不约定存期、支取时需提前通知银行，约定支取日期和金额方能支取的存款。

个人通知存款不论实际存期多长，按存款人提前通知的期限长短划分为1天通知存款和7天通知存款两个品种。1天通知存款必须提前1天通知约定支取存款，7天通知存款则必须提前7天通知约定支取存款。

第8章 储蓄理财：懒人理财，永不落伍

比如，对于炒股来说，有时候担心行情不好，需要把股市中的钱暂时取出来，但这部分钱取出来存银行活期，利率又太低，这时可以选择办理一个7天通知存款。股市行情不好的时候，就可以转到银行的通知存款账户上，这样得到的利息比活期储蓄高得多。

银行通知存款不需要事先约定存期，但支取时需要提前通知银行。1天通知存款的利率是0.81%，7天通知存款的利率为1.35%，两者都大大高于活期储蓄的利率0.36%。

5．四分存储法

如果持有1万元，可分存4张定期存单，以适应急需时不同的数额。投资者可以将1万元分为1 000元、2 000元、3 000元、4 000元4张1年期定期存单。假如1年内需要动用2 000元，就只需支取2 000元的存单，这种存法避免了需要小数额动用"大存单"的弊端，减少了不必要的利息损失。

储蓄存款利息的计算方法

储户最关心的就是存款利息。那么如何计算存款利息呢？

1．储蓄存款利息计算的基本公式

利息是储户在银行存储一定时期和一定数额的存款后，银行按国家规定的利率支付给储户超过本金的那部分资金。利息计算的基本公式：

利息＝本金×存期×利率

2．计息基本规定

（1）存款的计息起点为元，元以下角分不计利息。

（2）利息金额算至厘位，计至分位，分位以下四舍五入。分段计算利息时，各段利息应先保留到厘位（厘位以下不再保留），各段相加得出的利息总额计至分位，再将分位以下的厘位四舍五入。利息金额算至分位，分以下尾数四舍五入。

（3）除活期储蓄在年度结息时并入本金外，各种储蓄存款不论存期多长，一律不计复息。

（4）逾期支取的定期储蓄存款超过原定存期的部分，除约定自动转存外，按支取日挂牌公告的活期储蓄存款利率计付利息。

（5）定期储蓄存款在存期内如遇利率调整，仍按存单开户日挂牌公告的相应的定期储蓄存款利率计算利息。

（6）活期储蓄存款在存入期间遇有利率调整，按结息日挂牌公告的活期储蓄存款利率计算利息。

（7）存期的计算：在本金、利率确定的前提下，要计算利息需要知道确切的存期。计算存期遵循一个"算头不算尾"的规定。

从存款当日起息，算至取款的前1天为止，即存入日应计息，取款日不计息。每月按30天计算，不论大月、小月、平月、闰月，每月均按30天计算存期。到期日如遇节假日，储蓄所不营业的，储户可以在节假日前1日支取，按到期计息，手续按提前支取处理。

但在现实生活中，储户的实际存期很多不是整年整月的，一般都带有零头天数。这里介绍一种简便易行的方法，它可以迅速准确地算出存期，即采用以支取日的年、月、日分别减去存入日的年、月、日，其差数为实存天数。例如，支取日2008年6月20日–存入日2005年3月11日=3年零3个月9天。按储蓄计息对于存期天数的规定，换算天数为：3×360（天）$+ 3 \times 30$（天）$+9=1179$（天）。

如果发生日不够减时，可以支取"月"减去"1"化为30天加在支取日上，再各自相减，其余类推。这种方法既适合用于存款时间都是当年的，也适用于存取时间跨年度的，很有实用价值。

3. 零存整取定期储蓄存款的利息计算方法

零存整取定期储蓄计息方法一般为"月积数计息"法。

其公式为：

利息＝月存金额×累计月积数×月利率

第8章 储蓄理财：懒人理财，永不落伍

其中：

累计月积数＝（存入次数＋1）÷2×存入次数

据此推算1年期的累计月积数为（12＋1）÷2×12＝78，以此类推，3年期、5年期的累计月积数分别为666和1 830。

4．整存零取储蓄存款的利息计算方法

整存零取和零存整取储蓄相反，储蓄余额由大到小反方向排列，利息的计算方法与零存整取相同，其计息公式为：

每次支取本金＝本金÷约定支取次数

利息＝［（末次余额＋首次存额）×存入次数］÷2×月利率

5．存本取息储蓄存款的利息计算方法

存本取息定期储蓄每次支取利息金额，按所存本金、存期和规定利率先算出应付利息总数后，再根据储户约定支取利息的次数，计算出平均每次支付利息的金额。逾期支取、提前支取利息计算与整存整取相同，若提前支取，应扣除已分次付给储户的利息，不足时应从本金中扣回。其计息公式为：

每次支取利息数＝（本金×存期×利率）÷支取利息次数

6．定活两便储蓄存款的利息计算方法

定活两便储蓄存款存期在3个月以内的按活期计算；存期在3个月以上的，按同档次整存整取定期存款利率的六折计算；存期在1年以上（含1年），无论存期多长，整个存期一律按支取日定期整存整取1年期存款利率打六折计息。其计算公式为：

利息＝本金×存期×利率×60%

7．个人通知存款的利息计算方法

个人通知存款是一次存入，一次或分次支取。1天通知存款需提前1天通知，按支取日1天通知存款的利率计息，7天通知存款需提前7天通知，按支取日7天通知存款的利率计息，不按规定提前通知而要求支取存款的，则按活期利率计息，利随本清。其基本计算公式为：

应付利息＝本金×存期×相应利率

避免和减少存款本金损失的技巧

存款本金的损失，主要是在通货膨胀严重的情况下，如存款利率低于通货膨胀率，就会出现负利率，存款的实际收益小于等于0，此时若无保值贴补，存款的本金就会发生损失。储户可根据自己的实际情况，分别采取不同措施，以减轻损失。

1. 没有特殊情况，不要轻易取出定期存款

如无特殊需要或有把握的高收益投资机会，储户不要轻易将已存入银行一段时间（尤其是存期过半）的定期存款随意取出。这是因为，即使在物价上涨较快、银行存款利率低于物价上涨率而出现负利率时，银行存款还是按票面利率计算利息的。如果不存银行，又不买国债或进行别的投资，而将现金放在家里，那么连名义利息（银行支付的存款利息）都没有，损失将会更大。

2. 遇到比定期存款收益更高的投资机会时，可以权衡出手

若存入定期存款一段时间后，遇到比定期存款收益更高的投资机会，如国债或其他债券的发行等，此时，储户可将继续持有定期存款与取出存款改作其他投资两者之间的实际收益作一番计算比较，从中选取总体收益较高的投资方式。

例如，1995年3年期凭证式国债发行时，因该国债的利率为14%，高于当时5年期银行存款的利率。于是，有部分投资者便取出原已存入银行的3年期或5年期的定期存款，去购买1995年3年期的国债。对于那些存期不足半年的储户来说，这样做的结果是收益大于损失。但对于那些定期存单即将到期的储户来说，用提前支取的存款来购买国债，损失将大于收益。这是因为，尽管3年期和5年期的定期存款的利率低于3年期国债，但到1996年7月份为止，保值贴补率仍保持在5%以上，定期存款的利率与保值贴补率两者相加，其收益率仍远远高于1996年3年期国债14%的收益率。因此，对于那些手中的定期存单即将到期（或存期已满1年）的储户来说，不经过仔细计算，就盲目地提前取出定期存款，改作其他投资，实际结果往往得不偿失。

3. 对于已到期的定期存款，理性选择更合适的投资方式

对于已到期的定期存款，储户应根据利率水平及利率走势、存款的利息收益率与其他投资方式收益率的比较，以及储蓄存款与其他投资方式在安全、便利、灵活性等各方面情况进行综合比较，结合每个人的实际情况（如工作性质、灵活掌握投资时间的程度、对风险的承受能力等）进行重新选择。

4. 利率高时，选择定期存储仍是不错的选择

在利率水平较高，或当期利率水平可能高于未来利率水平，即利率水平可能下调的情况下，那些不具备灵活投资时间（如每天早出晚归的上班族）的人来说，继续转存定期储蓄是较为理想的。这是因为，在利率水平较高或利率可能下调的情况下，存入较长期限的定期存款意味着可获得较高的利息收入。因为利息收入是按存入日的利率计算的，在利率调低前存入的定期存款，在整个存期内都是按原存入日的利率水平计付利息的，所以储户可获得较高的利息收入。

在利率水平较高，或利率有可能调低的情况下，金融市场上有价证券（如股票、国债、企业债券）往往处于价格较低、收益率相对较高的水平，如果利率下调，将会进一步推动股票、债券价格的上升。因此，在利率可能下调的条件下，那些具有一定投资经验，并能灵活掌握投资时间的投资者，也可将已到期的存款取出，有选择地购买一些债券和股票，待利率下调，债券和股票价格上升后再抛出，可获得更高的投资收益。当然，利率下调并不意味着所有有价证券都会同步同幅上升，有些证券会升幅较大，有些升幅较小，甚至可能不升。投资者应认真分析选择。

5. 对某些群体，定期存储是明智的选择

在市场利率水平较低或利率有可能调高的情况下，对于已到期的存款，或可选择其他收益率较高（如国债）的方式进行投资，或可选择期限较短的储蓄品种继续转存（不同期限转存，如3年定期存款期满后改存半年定期存款，需要到储蓄机构办理手续），以等待更好的投资机会，或等存款利率上调后，再将到期的短期定期存款，改存期限较长的储蓄品种。

对于那些收入不高，对利率的变化及走势不了解或信息迟缓，对风险的承受能力又很低的部分离退休老人来说，选择较长期限的定期储蓄存款，是较为理想和明智的。这是因为，3年期或5年期的定期储蓄存款不仅安全性好，而且存取方便，绝大部分储蓄机构还为到期的定期存款提供自动转期服务，储户不会因到期忘记提取或转存而影响利息收入。

总之，只要储户根据利率的水平及变动趋势的分析判断，并结合本人的实际情况，较好地选择投资方式与储蓄品种，就能够在一定程度上规避利率波动的风险，以获取较高的收益。

外币储蓄怎样做更划算

外币存款是指以外国货币表示的各种银行存款，主要有外币的活期存款、储蓄存款和定期存款等形式。外币储蓄是外汇价值的主要表现形式。银行通过运用外汇存款可以带来丰厚的利润。外币存款支取时可以支取现钞，也可以兑换成人民币支取。

由于近几年来外币存款利率经过多次上调，尤其是美元、英镑等的存款利率较大幅度上调后进一步拉大了与国内人民币存款利率的差距，因此，一些敏感的居民纷纷涌进各银行外币业务柜台转（换）存外币，从而掀起了一股外币存款热潮。

投资者在存储外币时应采取怎样的策略呢？

1. 存储品种方面

在存储品种方面，投资者应考虑货币汇率稳定、存款利率又高的外币。这样可使所选的外币既能获得较高的利息收入，又能在到期需要兑换成人民币或其他外币时避免汇兑收益的损失，以取得"双重效益"。

2. 选择银行方面

在选择银行方面，投资者应首选利率浮动高和提供存兑"一条龙"服

第8章 储蓄理财：懒人理财，永不落伍

务的银行。这样的银行已经开通了为客户提供外币兑换、外汇买卖、找零业务、通知存款、自动续存等"一条龙"服务通道。这样，只要你持有任何一种外币，都可以通过其"一条龙"金融服务，为你办妥省心又称心的外币储蓄存款。

3. 账户选择方面

外汇储蓄按其性质可分为现汇账户和现钞账户。进行外汇储蓄的投资者，可考虑现汇账户。这样既可方便换成外钞，也可自由进出国门，省去相当一部分手续费。

4. 存期选择方面

外币储蓄利率一般都会受国际金融市场的影响，其稳定性非常差，利率变动也比较频繁。所以，外币储户在参加外币储蓄时，需要根据自己的经验，判断存款时国内外金融形势以及利率水平的高低，选择外币存储的期限长短。

目前，个人外币储蓄存款起存期分为活期、1个月、3个月、6个月、1年、2年六个档次。一般来说，利率水平处于高点时应选择2年期的长期外汇储蓄，利率水平相对稳定时可选择1年期的中期储蓄，而利率水平异常波动或变化趋势不明显时，宜选择3个月或者半年期的短期储蓄。

专家认为，外币存期选择应"短、平、快"，一般不要超过1年，以3~6个月的存期较合适。一旦利率上调时或之后不久，就可以到期转存、续存；存取方式应"追涨杀跌"。这是因为，在一般情况下，当某外币存款利率拾级上升时，它将会经历一段相对稳定的时间；而当其震荡下降时，它也将会有一段逐级盘下的下降过程。所以，当存入外币不久遇利率上升时，储户应立即办理转存。虽然说已存时间利息按活期计算有损失，但以后获得的利息收入远远高于损失。

当已存外币快到期而遇利率上升时，此时便可放心地稍等期满支取后再续存，投资者既拿到原到期利息，又赶上了高利率起存机会。另外，存期内遇利率下调，并超过了预先设定的心理止损价位，而且其汇率也出现了震荡

趋降的走势时，投资者便不能心疼因提前支取所造成的利息损失，而应果断提前支取"杀跌"，并将其兑换成其他硬货币存储，以避免造成更大的利息损失。

5. 币种兑换方面

在币种兑换方面，投资者应少兑少换。一是目前人民币在资本账户还不能自由兑换。当换存人民币的收益小于直接存外币时，投资者不要轻易兑换，因为一旦将外币换成人民币，再换回外币是比较困难的，即所谓的"外币换本币容易，本币换外币很难"。理财师建议投资者还是将有限的外汇存入银行为好。二是银行对外币与本币之间、外币与外币之间的兑换要收取一定的兑换费用，并且银行在兑换时是按"现钞买入价"收进，而不是按"外汇卖出价"兑换。前价要低于后价，投资者将有一定的损失。有时候汇兑的损失甚至会超过利息的差额收入，所以应尽量减少兑换次数。投资者一定要仔细算账，三思而行。

6. 在保值方面

在保值方面，投资者应慎用外币保值。将人民币通过黑市兑换成外币存入银行以保值的做法，实在是一种得不偿失的行为，尤其是许多的外币并没有人民币的利率、汇率那般坚挺，不如存人民币合算。而且黑市上的外汇价格不但高，而且有很严重的假币风险。一些人并不了解国家的外汇政策，用高出外汇牌价很多的价格购买外汇，往往付出了高昂的代价。这种私下交易一旦出现纠纷，是得不到国家法律保护的。

理财消费，信用卡是个好帮手

很多人觉得信用卡在自己的日常生活中很有用。一卡在手，就不用为买东西而身揣大量现金出门了。如果要在餐馆请一群客人吃饭，也用不着事先算好要取出多少钱用。买机票时，你只需打一个电话，报上信用卡号，就省得自己跑到售票处去了。当去国外旅行时，你不再需要操心该换多少外汇，因为多数付款都可以通过信用卡完成。此外，很多网站都允许使用信用卡在线订购各种产品和服务。

简单一句话：信用卡为你省了许多时间，减少了许多麻烦。此外，信用卡还可能为你带来其他一些好处，比如，旅行时的优待服务和买东西时的折扣。

人们经常说："爱信用卡，是因为它使用方便，并提供增值服务；恨信用卡，是因为它的不可控性，它常常带来恶性负债，使自己每月都要支付高额的利息。"如果你在日常使用信用卡时，只是把信用卡单纯地当成刷卡和投资消费工具的话，那么，真的就是太"委屈"它们了。信用卡的使用，重在一个"巧"字。巧用信用卡，将其变成个人理财的工具之一。人们不仅可以享受诸多的便捷，还可以帮忙省钱以及享受银行为持卡人提供的增值服务。巧用信用卡，学会用明天的钱改善今天的生活。

巧用信用卡，不妨尝试从以下几个方面开始。

1. 多刷卡可以免年费

信用卡每年所收取的150元或300元的年费常常令办卡人觉得是一笔过高的额外开销。然而，在目前国内的信用卡市场，各大银行都推出1年中刷卡若干次，即可免年费的优惠政策。这样，在国内，信用卡的拥有和使用实际上基本是免费的。

2. 学会计算和使用免息期

使用信用卡一般都可以享受50~60天的免息期（各银行有所不同），这也正是信用卡最吸引人的地方。免息期是指贷款日（也就是银行记账日）至到期还款日之间的时间。由于持卡人刷卡消费的时间有先后顺序，因此享受的免息期也是有长有短的，而50~60天的免息期，则是指最长免息时间。举个简单的例子，一张信用卡的银行记账日是每月的20日，到期还款日是每月的15日，那么，你在本月20日刷卡消费，到下月15日还款，这就是享有了25天的免息期。但如果你是本月21日刷卡消费，那么可以在之后2个月的15日还款，也就是享受了55天的免息期。而在这55天的时间里，你就在享受着无息贷款。

3. 尽情享受信用卡的增值服务

目前国内的信用卡还处于推广期，各大银行纷纷出奇招来招揽信用卡用户。对于银行的各类促销手段，持卡人可以善加利用，尽情享受。银行的信用卡促销活动是没有单独通知的，都是随每月的对账单一起寄到持卡人手中。收到对账单的信件后，不要急于丢掉，花几分钟的时间仔细阅读相关内容。你也可以登录自己所持有的信用卡的银行网站，更全面地了解自己所持的信用卡可以在哪些商户享受特殊优惠。

总体来说，目前的信用卡促销手段包括积分换礼、协约商家享受特殊折扣、刷卡抽奖、连续刷卡送大礼、商家联名卡特殊优惠，等等。应该说，使用信用卡比用现金更经济、更实惠，持卡消费1元绝对比用现金消费1元得到的价值多。

4. 信用卡是商旅好帮手

经常出差或是喜欢出去旅游的人，会对信用卡更为钟爱。习惯用信用卡通过各大旅行网来订机票，手续简便而且可以享受免息的优惠。这样更多地避免了携带大量现金出行的麻烦。此外，信用卡在异地刷卡使用是免手续费的。

5. 用信用卡理财

我们熟悉用信用卡来消费，但并不知道信用卡其实也可以用来投资理财。近年基金大热，却也有很多人苦于缺少资金不知从何入手。信用卡持卡人其实也可以通过信用卡定期定额购买基金，享受到先投资后付款及红利积点的优惠。投资者在基金扣款日刷卡买基金，在结账日缴款，不仅可以赚取利息，还可以以零付出赚得报酬。但是，必须说明的是，这种借钱投资的风险性也是非常大的，而且不适合用来做长线投资。

6. 用卡行为一定要自律

拖欠信用卡费用的利息是很高的，所以，对自己的用卡行为有所自律非常重要。

有的人试图从这种无息贷款期中多捞些好处，他们的主意是：办几张不同银行的信用卡，然后在一张卡的会计月度开始时付清上一张卡的欠费，这

第8章 储蓄理财：懒人理财，永不落伍

样一直滚动下去，就等于能无限期地占用一笔无息贷款了。这主意听起来不错，但实际操作起来会很难，并且偏离了使用信用卡的本来宗旨——获得付款便利。对多数人来说这无异于浪费时间，而且如果为了申请多张信用卡而做出虚假声明，也是违法的。

如果你收入可观，可能不会太在意如何在使用信用卡时节省费用，但了解一下还是有用的。要想避免因过度刷卡而债务缠身，以下几点是重要的注意事项。

尽管你可以用信用卡取现，但手续费一般相当高（可高达取款金额的3%）。如果你需要用现金，还是以普通的方式从银行取款。

理想的状况是，你每次都能在收到月度账单后尽快地付清贷款。

如果你偶尔不能付清贷款，要记住你会被要求支付高额利息。

每月账单上标的最低付款额一定要付掉，不然的话，你会被要求支付很高的拖欠费。这笔费用会直接从你的信贷额度中扣除。

如果你在信贷额度已经用光的情况下继续刷卡购物，就不再拥有宽限期，而是必须把利息结清。

7. 保证信用卡的安全

信用卡犯罪不断增多，所以你必须像保管现金一样小心地保管你的信用卡。你一定要检查每月的账单，把账单上面的消费项目和你手中的消费小票加以核对，以确保被划走的金额确实是你自己消费的。

多数发卡公司都提供信用卡失窃或损失保险，但有时需要你额外付些费用。当你发现可疑的付款或卡片丢失时要立刻挂失，这样发卡公司会冻结你的卡，然后再发给你替换的新卡。

以下是保证你的信用卡安全的基本做法：

努力记住密码，不要把它写下来；收到信用卡后尽快签上字；把信用卡号和紧急求助电话的号码记在一个安全的地方，这样卡一旦被盗就可以立刻挂失；永远不要将你的密码告诉任何人，就连发卡公司和公安机关的人也不要告诉；不要让别人拿你的卡；保留所有的销售小票和ATM机提款收据；出现损失时立刻报告——多数诈骗都是在卡主报告之前的那段时间完成的；如果需要扔掉对账单或收据，记得把它们撕碎或烧掉，以免别人看到上面的具体信息；如果你知道发卡公司会通过邮局给你寄卡，但你一直没有收到，那你就要和发卡公司联系。

把握储蓄理财中的注意事项

在储蓄过程中，存款人的一些不当行为，有时会影响到自己的收益。为了防患于未然，投资者要先理清以下事项。

1. 明确存款的用途

一般情况下，居民存款的目的无非是攒钱应付日常生活、购房、购物、子女上学、生老病死等预期开支。存款之前投资者应先确定存款的用途，以便"对症下药"，准确地选择存款期限和种类。

2. 选择储蓄的种类

日常生活的费用，需随存随取，投资者可选择活期储蓄。对长期不动的存款，投资者应根据用途合理确定存期。存期如果选择过长，万一有急需，办理提前支取会造成利息损失；存期如果过短，则利率低，难以达到保值、增值的目的。对于一时难以确定用款日期的存款，投资者可以选择通知存款。该储种存入时不需约定存期，支取时提前1天或7天通知银行，称为1天和7天通知存款，其利率远高于活期存款。

3. 把握好储蓄的时机

利率相对较高的时候是存款的好时机。利率低的时候，投资者应多选择凭证式国债或中、短期存款的投资方式。对于记性不好，或去银行不方便的客户，他们还可以选择银行的预约转存业务。这样，他们就不用记着什么时候该去银行，存款会按照约定自动转存。

4. 选择储蓄机构

如今银行多如米铺，选择到哪家银行存款非常重要。一是从安全可靠的角度去选择，去那些具备信誉高、经营状况好等基本条件的银行存款，存款的安全才会有保障。二是从服务态度和硬件服务设施的角度去选择。三是从储蓄所功能的角度选择，如今许多储蓄所在往"金融超市"的方向发展，除办理正常业务外，还可以办理缴纳话费、水费、煤气费及购买火车票、飞机票等业务，选择这样的储蓄所会为家庭生活带来便利。

夫妻双方对理财的认识和掌握的知识不同，会精打细算、擅长理财的一方应作为和银行打交道的"内当家"。同时，如今许多银行开设了个人理财服务项目，你还可以把钱交给银行的理财中心，让银行代理理财。

第9章
保险理财：转移风险，双利投资

保险：人生的保护伞

保险是指投保人根据合同约定，向保险人支付保险费，保险人对于合同约定的可能发生的事故因其发生而造成的财产损失承担赔偿保险金责任，或者当被保险人死亡、伤残和达到合同约定的年龄、期限时承担给付保险金责任的商业保险行为。

保险是用来规划人生财务的一种工具，是市场经济条件下风险管理的基本手段，是金融体系和社会保障体系的重要的支柱。从经济角度看，保险是分摊意外事故损失的一种财务安排；从法律角度看，保险是一种合同行为，是一方同意补偿另一方损失的一种合同安排；从社会角度看，保险是社会经济保障制度的重要组成部分，是社会生产和社会生活"精巧的稳定器"；从风险管理角度看，保险是风险管理的一种方法。

俗话说："天有不测风云，人有旦夕祸福。"在人类生活中有可能发生自然灾害和意外事故，也有可能不发生的或然风险，而保险就是转移风险、补偿损失的最佳手段。

保险投资是个人理财中的一种财务风险管理。通过保险，我们可以把未来生活中许多不可预知的风险转嫁给保险公司，给个人和家庭带来更持久的安全感。保险可以说是人人都需要的东西，就像丘吉尔说过的那样："如果我办得到,我一定把保险写在家家户户的门上。"保险为你的人生和家庭构筑了一道坚固的防护网。漫漫人生路上,我们不能忽视保险的作用。为了一生的平安幸福,就请保险来为你和你的家人"保驾护航"吧。

保险类别:认清保险再购买

现在保险公司推出的保险五花八门,品种众多。根据不同的标准,保险可分为以下几大类型。

1. 财产保险与人身保险

根据保险标的的不同,保险可分为财产保险和人身保险两大类。

财产保险是指以财产及其相关利益为保险标的的保险,包括财产损失保险、责任保险、信用保险、保证保险和农业保险等。它是以有形或无形财产及其相关利益为保险标的的一类补偿性保险。

人身保险是以人的寿命和身体为保险标的的保险。当人们遭受不幸事故或因疾病、年老而丧失工作能力、伤残、死亡或年老退休时,根据保险合同的约定,保险人对被保险人或受益人给付保险金或年金,以解决其因病、残、老、死所造成的经济困难。

按照保险责任的不同,人身保险可以分为人寿保险、人身意外伤害保险和健康保险。

(1)人寿保险。人寿即人的寿命。人寿保险是以被保险人的生命为保险标的,以被保险人生存或死亡为保险事故的人身保险。在现实生活中,人们习惯把人寿保险分为定期寿险、终身寿险、两全保险和年金保险。人寿保险是人身保险中最重要的部分。

(2)人身意外伤害保险。人身意外伤害保险简称意外伤害保险。意外伤害是指在人们没有预见到或违背被保险人意愿的情况下,突然发生的外来致害物对被保险人身体明显、剧烈地侵害的客观事实。意外伤害保险是以被保险人因遭受意外伤害事故造成的死亡或伤残为保险事故的人身保险。在全部人身保险业务中，意外伤害保险所占比重不大。但因为保费相对低廉，只需支付少量保费就可获得高保障，投保简便，无需体检，所以承保人次较多，如旅行意外伤害保险、航空意外伤害保险等。

（3）健康保险。健康保险是以被保险人的身体为保险标的，保证被保险人在疾病或意外事故所致伤害时的费用或损失获得补偿的一种人身保险，包括重大疾病保险、住院医疗保险、手术保险、意外伤害医疗保险、收入损失保险等。

2. 商业保险与社会保险

商业保险是指按商业原则经营，以营利为目的的保险形式，由专门的保险企业经营。所谓商业原则，就是保险公司的经济补偿以投保人交付保险费为前提，具有有偿性、公开性和自愿性，并力图在损失补偿后有一定的盈余。

社会保险是指在既定的社会政策的指导下，由国家通过立法手段对公民强制征收保险费，形成保险基金，用以对其中因年老、疾病、生育、伤残、死亡和失业而导致丧失劳动能力或失去工作机会的成员提供基本生活保障的一种社会保障制度。社会保险不以营利为目的，运行中若出现赤字，国家财政将会给予支持。社会保险的主要项目包括养老社会保险、医疗社会保险、失业保险、工伤保险、生育保险、重大疾病和补充医疗保险等。

商业保险和社会保险相比较，社会保险具有强制性，商业保险具有自愿性；社会保险的经办者以财政支持作为后盾，商业保险的经办者要进行独立核算、自主经营、自负盈亏；商业保险保障范围比社会保险更为广泛。

3. 个人保险与团体保险

按保险保障的对象分，人身保险分为个人保险和团体保险。

个人保险是为满足个人和家庭需要，以个人作为承保单位的保险。团体保险一般用于人身保险，是用一份总的保险合同，向一个团体中的众多成员提供人身保险保障的保险。在团体保险中，投保人是"团体组织"，如机关、社会团体、企事业单位等独立核算的单位组织，被保险人是团体中的在职人员。已退休、退职的人员不属于团体的被保险人。另外，对于临时工、

第9章　保险理财：转移风险，双利投资

合同工等非投保单位正式职工，保险人可接受单位对其提出的特约投保。

团体保险包括团体人寿保险、团体年金保险、团体人身意外伤害保险、团体健康保险等，在国外发展很快，特别是由雇主、工会或其他团体为雇员和成员购买的团体年金保险和团体信用人寿保险发展尤为迅速。团体信用人寿保险是团体人寿保险的一种，是指债权人以债务人的生命为保险标的的保险。团体年金保险已成为雇员退休福利计划的重要内容。近几年，美国有些雇员福利计划中还加入了团体财务和责任保险项目，比如，团体的私用汽车保险和雇主保险等。我国保险公司也开展了团体寿险、人身意外伤害险、企业补充养老保险和医疗保险等团体保险业务，但险种还不完善。随着经济体制改革的不断深入，商业保险的作用将不断加强，团体保险应有更大的发展空间。

4. 原保险与再保险

发生在保险人和投保人之间的保险行为，被称为原保险。再保险也称分保，是保险人在原保险合同的基础上，通过签订分保合同，将其所承保的部分风险和责任向其他保险人进行保险的行为。简单地说，再保险即"保险人的保险"。

我们把分出自己直接承保业务的保险人称为原保险人，接受再保险业务的保险人称为再保险人。再保险是以原保险为基础，以原保险人所承担的风险责任为保险标的的补偿性保险。无论原保险是给付性还是补偿性，再保险人对原保险人的赔付都只具有补偿性。再保险人与原保险合同中的投保人无任何直接法律关系。原保险人无权直接向再保险人提出索赔要求，再保险人也无权向原保险人提出保费要求。另外，原保险人不得以再保险人未支付赔偿为理由，拖延或拒付对原保户的赔款；再保险人也不能以原保险人未履行义务为由拒绝承担赔偿责任。

再保险是在保险人系统中分摊风险的一种安排。被保险人和原保险人都将因此在财务上变得更加安全。利用再保险分摊风险的典型例子就是承保卫星发射保险。该风险不能满足可保风险所要求的一般条件。保险人接受特约承保后，将面临极大的风险，一旦卫星发射失败，资本较小的公司极可能因此而破产。最明智的做法是将该风险的一部分转移给其他保险人，由几个保险人共同承担。

5. 车险

车险即机动车辆保险，也称汽车保险，是指对机动车辆由于自然灾害或意外事故所造成的人身伤亡或财产损失负赔偿责任的一种商业保险。

机动车辆是指汽车、电车、电瓶车、摩托车、拖拉机、各种专用机械车、特种车。

机动车辆保险为不定值保险，分为基本险和附加险，其中附加险不能独立保险。基本险包括交强险、第三者责任险（三责险）和车辆损失险（车损险）；附加险包括全车盗抢险（盗抢险）、车上责任险、无过失责任险、车载货物掉落责任险、玻璃单独破碎险、车辆停驶损失险、自燃损失险、新增设备损失险、不计免赔特约险。我们通常所说的交强险（即机动车交通事故责任强制保险）也属于广义的第三者责任险。交强险是强制性险种，机动车必须购买才能够上路行驶、年检、上户，且在发生第三者损失需要理赔时，必须先赔付交强险再赔付其他险种。

人生各个阶段的保险规划

人生每个阶段都会面临着不同的风险。在人生的各个阶段，都应该为自己购买一份保障。生活重心不同，每个阶段的保险规划也应有所不同。

第一阶段，成年之前的保险规划：0~18周岁。

这是由父母替孩子买保险的阶段。在0~8岁这个幼儿时期，孩子容易得一些流行性疾病，所以建议这一阶段要多买医疗险。

而到了8~18岁少年时期，比较适合选择时间间隔短的分红产品，这类产品可以在一定程度上替代教育金给付。当然，投资者还可以考虑缴费和支取都非常灵活的万能寿险。同时，这个年纪的意外险、医疗险也是不可或缺的。

第二阶段，单身贵族时期的保险规划：22~28周岁。

年轻人刚步入社会，一般都有一定收入，但可能不高也不太稳定。在消费方面,他们往往无计划,大手大脚而不易有积蓄,经常会出现需要用钱时无大量现钱可用的情况。同样也因为年轻,他们承受失业等问题的能力强,抵御疾病的能力也比较强。

初入社会的人为规划好钱财,从储蓄方面考虑,可以购买如5年、10年的储蓄投资型保险,在获得保险保障的同时,可变相获得一份"储蓄投资"。他们也可购买消费型的意外险,因为这类保险不仅价格便宜,而且可以获得较高的保障。

健康方面,他们主要考虑中短期的住院医疗险和重大疾病险等。之所以建议买中短期保险是因为他们还年轻,来日方长,而且保费便宜,成本低,保障高。储蓄型的重疾险是越年轻越便宜,而且保险公司容易受理,如情况允许也可以考虑。

第三阶段,进入婚姻后的保险规划:28~35周岁。

结婚是人生的一个重大转折,保险需求也要大大提升。此时需要从整个家庭的风险角度选择保险产品,包括万一身故或失去工作能力时,如何保障亲属的生活,同时也应考虑未来的养老金以及子女教育经费、医疗资金、房屋贷款等。这一时期的保险设计,一般以家庭的主要经济支柱为主。夫妻双方都可以选择保障性比较高的终身寿险,并附加一定的医疗险和意外险。在经济条件允许的前提下,投资者还可以选择投资分红类产品。

第四阶段,为人父母时候的保险规划:35~60周岁。

为人父母之后,小孩开始不断成长并接受教育,而自己也不断变老。上有老,下有小,面临的各种问题也最多。这时应该把家庭成员当作一个整体来统一考虑,不同的成员有不同的保险需求。

一方面,应该购买意外疾病险,其中家里的经济支柱是重点投保对象。也就是说,给赚钱最多的人买最好最多的保险。首先,为其买意外疾病险,万一遭遇不幸,赔偿金将给家庭设置一个保险屏障;其次,可以为其购买人寿保险,如果不幸去世,所投保的寿险也会全额给付养老金;最后,可为其他家人选择重大疾病和医疗保险,以保证患病时不致对家庭经济造成冲击。医疗险有普通医疗保险、大病保险和住院保险,可按照每人的实际情况选择其中的一项乃至多项。

另一方面，若是为了筹备子女的教育经费，则可以选择教育金等储蓄性的商品。子女还小时，投资者可以购买一些有关儿童保险的复合险种。这些险种能够覆盖孩子的教育、医疗、创业、成家、养老等方面。

第五阶段，退休养老时期的保险规划：60周岁以后。

随着现代人平均寿命的延长，退休后的生活保障问题也就显得越来越重要。按一般人60岁退休计算，退休后有15~20年的经济衰退期。因此，应该在青、中年的时候为自己积累一笔足以支付老年生活的基金。对于那些即将迈入退休期的中年夫妇，由于孩子已经基本独立，家庭负担减轻，尤其不要忘记为退休后的老年生活费用和医疗费用做准备。买养老保险与健康医疗险应该是一个不错的选择。

如何进行家庭保单自我诊断

随着人们生活水平的提高和保险意识的增强，人寿保险进入了千家万户。然而，家中保单结构是否合理呢？

一般可根据家庭成员的构成、年龄、职业和收入、健康状况等基本情况，结合现有保单，找出家庭保单的薄弱环节（超买、不足和适度），将家庭有限资金合理分流，以整合成较为合理的保障结构。

1. 以家庭为线

如三口之家，孩子首选学生健康险，由住院医疗、意外伤害、医疗三个险种组成，每年缴费60元上下。孩子成长过程中遇到的疾病住院、外伤门诊费用都能获得赔偿。经济宽裕的家庭，还可加投教育储蓄、投资型寿险，为未来孩子生活"锦上添花"；青年、中年人应考虑养老、大病保险为主，同时也不要遗漏高保障的意外伤害险。

2. 以职业为线

城镇市民大多享受基本医疗保险，他们应选择医疗津贴、大病医疗保

第9章 保险理财：转移风险，双利投资

险，以弥补患病时的损失。这类险种具有缴费低、保障高的特点。如果是没有基本医疗保险（如个体工商户、自由职业者等）的人群，风险保障显得更为重要，患病及意外事故不仅增加支出，还会导致收入急剧减少。因此，保障型寿险（住院医疗、大病医疗和意外伤害保险）是首选，养老保险次之。当然，收入颇丰的家庭，可将部分资金购买投资型寿险，以期得到高额回报。

3. 以收入为线

家庭购买寿险毕竟要有一定的经济能力。寿险除保障功能外，还有投资理财、储蓄功能。一般工薪家庭可将全年收入的10%部分，用来购买寿险。家庭经济支柱更需在买保险时"经济倾斜"。

要引起注意的是，保障型寿险适合任何人群，投资、储蓄型寿险则需量力而行，家庭保单应避免畸形现象，如巨额养老保险却无医疗、意外保险。合理组合家庭保单，防范家庭成员的风险，保障家庭资产安全、稳健地运作，是人们选择寿险的最大愿望。

揭开分红保险的分红奥秘

具有分红功能的保险产品在国际市场上已经成为主流，进入中国市场后也受到了保户的欢迎。但是由于近年来分红水平的不理想，分红保险一度陷入低潮。让我们从红利的来源着手，对分红保险及其分红有一个全面的认识。

1. 红利的来源

我国第一批分红保险产品是在2000年3月由友邦保险上海分公司率先推出的。此后，各种分红保险产品如雨后春笋般涌现，虽然名称不同、保障内容各有侧重，但讲到红利，总是来自三个方面：死差益、利差益和费差益。

死差益是指实际的风险发生率低于产品设计时预期的风险发生率，即实际死亡人数比预期死亡人数少时产生的盈余。利差益是指实际的投资收益高于产品设计时预期的投资收益时产生的盈余。费差益是指实际的营运管理费用低于产品设计时预期的营运管理费用时产生的盈余。

保险公司在厘定保险产品的费率时要考虑三个因素：预期死亡率、预期投资回报率和预期营运管理费用。费率一经厘定，不能随意改动，但寿险保单的保障期限往往长达几十年。在这样漫长的时间内，实际发生的情况可能同预期的情况有所差别。一旦实际情况好于预期情况，就会出现死差益、利差益和费差益，综合起来就是分红保险账户的盈余。保险公司根据每张分红保单对该账户盈余的贡献，按一定的比例分配给投保人，这就是红利。一言以蔽之，红利来自保险公司实际经营情况好于预期情况时所产生的盈余。

2. 分红保险五大误区

在了解了红利的来源后，我们就可以对目前常见的几个误区做一次剖析。

误区一：红利最高可达多少，最低会有多少。

既然红利来自保险公司实际经营情况好于预期情况时所产生的盈余，那么只有当实际情况发生后才能确定红利，事先任何关于红利的估计数字都是假设。但在销售过程中，某些代理人会把红利说成是有保底的，而且最高可达多少，这是在误导投保人。红利会随着实际情况而变化，有时甚至为零。对此，投保人要有正确的了解和充分的心理准备。

此外，根据保监会规定，参加过专门的分红保险培训且通过考核的代理人，才能销售分红保险。有的保险公司在此基础上，精选出道德优良、业务能力过硬的代理人，授权其推销分红保险。投保人可通过打电话到保险公司查询，找到放心的代理人。

误区二：投资收益率越高，分红就越多。

红利不仅来自利差益，还来自死差益和费差益。良好的投资收益确实可以带来较好的利差益，但如果出现较大的死差损和费差损，综合起来可能会抵消掉利差益。死差和费差是由保险公司的核保能力和费用控制能力决定的。有的保险公司在核保时把关很严，不但要体检，还对高保额的保单进行财务核保，在车辆、办公用品等方面也严格控制。越是这样的保险公司，越有可能为客户提供长期理想、稳定的红利分配。

第9章 保险理财：转移风险，双利投资

对于投资收益率，投保人也要擦亮眼睛。有的年投资收益率是根据一个季度或更短时间的投资收益率推算出来的，并不能反映该公司全年或更长时间的投资收益能力。

总之，分红保险考验的是保险公司的综合素质，假如把红利与投资收益率或投资市场的表现直接挂钩，片面强调投资乃至夸大投资收益率，则是断章取义，只会令投保人徒增烦恼。

误区三：拿分红保险和储蓄相比。

目前在银行柜台销售的保险产品绝大多数是分红保险。由于某些不规范的操作，投保人很容易把分红保险的红利和银行储蓄的利息作比较。实际上，如果撇开死差和费差不谈，红利也只是利差。它和利息是完全不同的两个概念，是不可以直接比较的。再有就是储蓄利息是事先锁定的，而红利则无法事先确定，要看保险公司的实际经营情况。而且，分红保险属于保险的范畴，提供寿险保障是它最大的特色。

误区四：红利分得越多，该分红保险产品越好。

不同的分红保险产品所分得的红利多少，是不能简单加以比较的。红利多，并不一定代表该产品的"收益"就一定高。这是因为，分红保险的利益是由保证利益和不保证利益两部分组成的。有的产品在设计时侧重保证利益，红利就有可能分得少。有的产品虽然红利可能较多，但保证利益不高。因此，片面地关注红利的多少是没有实际意义的。即使两个人投保同一家保险公司的同一个分红保险产品，也有可能因其他原因导致他们分到的红利不同。他们投保的时间有先后、缴费的方式不同或有人发生过保单贷款等，都会造成他们对分红保险账户盈余的贡献不同。

误区五：红利分得多，表明该保险公司好。

随着市场竞争的加剧，有时个别保险公司会采取"特殊"的分红办法，将以后保单年度的红利"提前分配"。仅仅根据一两年的分红情况就对一家保险公司的经营能力进行判断，就是资深的保险专家也很难做到，更何况普通投保人。

做好长期投资准备买保险

在澄清了以上种种误区之后,投保人不禁要问:那么,分红保险的价值到底体现在哪里?应该怎样选择分红保险呢?

分红保险是一种兼顾寿险保障和投资回报的保险产品。它的特征在于:在保证保险利益的基础上,使投保人有机会分享到分红基金的大部分经营成果,其最大的风险也不过是没有红利可分。因此,分红保险受到了同时注重保障和投资的投保人的青睐。但分红保险毕竟还是寿险,寿险保障才是它的主要利益。这一点可能被很多人忽略了,故而才会造成片面注重投资回报的现象。

选择分红保险可分为以下几步:

第一步是找一家可以长期信赖的保险公司。而只有财务稳健的保险公司,才能做到让客户终身信赖。

那么,怎么判断保险公司的财务是否稳健?国外的经验是借鉴权威评级机构,如标准普尔、穆迪等给予该保险公司的财务评级,因为这些独立的评级机构拥有严格的审核制度和一批经验丰富的专家,能够对金融机构做出全面、客观和公正的评判。比如,友邦保险获得了标准普尔的AAA最高财务实力评级。

第二步是量体裁衣、量力而行,根据自己的实力和需求选择一个适合自己的分红保险。

从目前国内的分红保险来看,0~50周岁的人士都可以投保,缴费方式有一次性缴清、年缴、半年缴和季缴等。投保人可将保障期较长、保障功能较强的分红保险作为自己的主要选择,毕竟分红保险的主要利益还是保障。此外,投保人还可以根据自己的喜好和需求,选择现金红利、增值红利、养老金红利或儿童教育金红利的分红保险。

第三步是做好长期投资的准备。

由于分红保险是一个长期的险种,它在考验保险公司经营管理能力的同时,也要求投保人具备理性的投资心态,千万不能盯着短期的红利,毕竟高回报的背后是高风险。成熟的投保人往往会选一家有丰富经验的和被历史证明过的保险公司。这样面临的风险会比较小，也是对自己的资金做到认真负责。

买保险时要注意抓住细节

买保险已不是什么新鲜事了，越来越多的人意识到应该给自己的未来加一份保障。不过，总有保户反映，投保容易理赔难。而保险公司也委屈，自己是按保险合同办事，为什么会出现这样的局面？当然，不排除个别业务员为完成业绩任务做出不负责任的承诺。但如果投保人对保险基本知识没有太多盲点，在投保时细致一点，这种情况或许可以避免。

一般情况下，任何一家保险公司任何一款险种的保险条款中，都会规定"投保范围"。例如，投保人与被保险人的实际年龄有误，或者投保人与被保险人没有《保险法》规定的保险利益，保险公司完全可以拒赔。

在"保险责任"中，需要注意的是，会有一个观察期的规定，一般为180天，目的是防止恶意诈保的事件发生。在观察期内，被保险人发生意外，保险公司是不赔的。

同时，在保险条款中，还有明确"责任免除"条款规定。以某保险公司的某寿险条款为例，其中第五条是这样表述的："因下列情形之一导致被保险人身故、身体高度残疾或患重大疾病，本公司不负保险责任：

（1）投保人、受益人对被保险人的故意行为。

（2）被保险人故意犯罪、拒捕、自伤身体。

（3）被保险人服用、吸食或注射毒品。

（4）被保险人在合同生效（或复效）之日起2年内自杀。

（5）被保险人酒后驾驶、无有效驾驶执照驾驶，或驾驶无有效行驶证的机动交通工具。

（6）被保险人感染艾滋病病毒（HIV呈现阳性）或患艾滋病（ADIs）期

间,或因先天性疾病身故……"

不同的险种在此条表述中,会有一定差别,投保人在填写保单时必须注意是否有相应情况,避免日后出现争议。

一旦购买保单,就要按时交费。如果投保人没有在规定日期交费,保险公司会给予一定的宽限期,一般是60天。在宽限期内发生意外事故,保险公司承担保险责任;宽限期后仍不交费的,保险公司会根据保单的现金价值自动垫付使保单有效,若垫付费用不足,则保单效用中止。再发生事故,保险公司则不承担保险责任。

保险业有个"最大诚信原则",要求保险公司和投保人都必须履行"如实告知"的义务。对于投保人来说,一定要如实回答保险合同中列明的各项问题,可能你一个小小的"隐瞒",就会失去日后索赔的权利。通常,故意不告知的,保险公司对于合同解除前发生的保险事故不承担给付保险金的责任。

最后,提醒大家一个细节问题,那就是签名。一般除了没有法定行为能力的人(如未成年人),投保人、被保险人、受益人都应该是亲笔签名,不要代签。哪怕是最亲近的人,也不要让保险业务员帮忙填写,以免日后出现纠纷。

只要在投保的过程中认真对待以上细节问题,发生意外后你就会觉得保险理赔并不难。

买保险的六要六不要

随着人们保险意识的不断增强,我们身边买保险的人也逐渐多了起来。买保险就是买未来生活的保障,因而要慎重。买保险要坚持六要六不要的准则。

1. 要放下成见,不要偏听偏信

保险公司是经营风险的金融企业,《保险法》规定,保险公司可以采取股份有限公司和国有独资公司两种形式,除了分立、合并外,都不允许解散。所以,大可放下门第之见入保险,但重点要看公司的条款是否更适合自

第9章 保险理财：转移风险，双利投资

己，售后服务是否更值得信赖。

2. 要比较险种，不要盲目购买

每个人在购买贵重商品时，都会货比三家，买保险也应如此。尽管各家保险公司的条款和费率都是经过中国人民银行批准的，但比较一下却有所不同。如领取生存养老金，有的是月领取，有的是定额领取；同是大病医疗保险，有的是包括10种大病，有的只保7种。这些一定要搞清楚。

3. 要研究条款，不要光听介绍

保险不是无所不保，投保人应该先研究条款中的保险责任和责任免除这两部分，以明确这些保险单能为你提供什么样的保障，再和你的保险需求相对照，要严防个别营销员的误导。没根没据的承诺或解释是没有任何法律效力的。

4. 要确定需要，不要心血来潮

买保险首先考虑自己或家庭的需求是什么。比如，担心患病时医疗费负担太重而难以承受的人，可以考虑购买医疗保险；为年老退休后生活担忧的人，可以选择养老金保险；希望为儿女准备教育金、婚嫁金的父母，可投保少儿保险或教育金保险等。所以，弄清保险需要再去投保是非常重要的。

5. 要考虑保障，不要考虑人情

保险是一种特殊商品。一件衣服或一套家具买来了，如果不喜欢可以不穿不用，也可以送人，而保险则不能转送。有些人买保险，只因营销员是熟人或亲友，本不想买，但出于情面，还没搞清条款，就硬着头皮买下。以后发现买到的保险是不完全适合自己需要的险种，结果是不退难受，退了经济遭受损失。

6. 要考虑责任，不要只图便宜

俗话说："一分钱一分货。"保险也是如此，不能只看买一份保险花了多少钱，还要搞清楚这一份保险的保险金是多少，保障范围有多大。投保人要全方位地考虑保险责任。

保险理赔的六大注意事项

王先生在2017年买了意外伤害险,期限是5年。

2017年十一期间,王先生在街上行走,过马路的时候被一辆慢速行驶的车轻轻地擦了一下。王先生顿时觉得胸闷头晕,后被急救车送往医院,在途中病情加重,经过抢救无效死亡。医院的死亡证明书上写着:死亡原因是心肌梗死。

王先生的家人拿着意外伤害险有效保单及死亡证明等材料,向保险公司索赔,但遭到保险公司的拒绝。

保险公司的理由是:王先生与轿车发生碰撞是诱因,同样的事情发生在正常人身上,是不会导致死亡的。导致王先生死亡的原因是心肌梗死,不属于意外险责任范围。这让王先生家人很不能理解。

在保险理赔的过程中,由于各种原因,总免不了发生一些纠纷。其实单从理赔的角度来讲,只要符合保单上的规定和程序就可获得理赔;反之就得不到。

在保险理赔的过程中,投保人要注意以下几点。

1. 及时报案

所有保险产品的索赔都是有一定期限的,因此,投保人想要维护自己的权益,最重要的就是要在第一时间与保险公司建立联系。保险事故发生后,要通过电话、书面、传真等形式及时通知保险公司,并提出给付保险金申请。对于意外事故,可能涉及身故、残疾等索赔金额较高的保险事故,要在事故发生后立即通知保险公司,否则有可能要承担因迟缓通知而致使保险公司增加的调查费用。对于一些需要及时固定却因未报案而未固定的证据,一旦灭失,保险责任难以认定,投保人面临的损失可能更大。事实上,及时报案,不仅即刻得到保险公司电话咨询人员的指导,避免了非定点医院治疗不能赔付的纠纷,还避免了日后再回出险地收集理赔资料的麻烦。

2. 注意索赔时效

保险索赔必须在索赔时效内提出。超过时效,被保险人或收益人不向保险公司提出索赔,不提供必要单证和不领取保险金,视为放弃权利。险种不同,时效也不同。人寿保险的索赔时效一般为5年,其他保险的索赔时效一般为2年。索赔时效应该从被保险人或受益人知道事故发生之日算起,事故发生后,投保人、被保险人、受益人应当先止险报案,然后提出索赔请求。

3. 准备好必需的申请文件

申请文件包括给付申请书、保险单、最近一次缴费凭证、相关人员的身份证明、保险合同约定的其他证明文件。

4. 定点医院

根据保险合同约定,投保人前往保险公司指定的定点医院进行诊治。若因特殊原因不能到保险公司的定点医院诊治,投保人须及时通知保险公司,并得到保险公司的同意,否则将有可能给后续的理赔带来不便和损失。

5. 事故调查

申请资料收齐后,保险公司的理赔部门开始着手进行调查。保险公司也许要求客户配合公司进行调查,并要求投保人提供附加材料和证据。如果投保人在投保时有隐瞒病史的带病投保或被保险人没有亲笔签名等情况,就会给索赔工作带来障碍。最后,保险公司将审核、计算、确定赔付金额,并通知客户前往领取保险金。

6. 受益人要明确

保险金受益人是保险公司支付赔款的对象,保险公司在支付前会严格审核受益人的资料,以避免发生给付差错。因此,建议投保人或被保险人在签订合同时要对身故受益人予以明确。

保险专家指出,如果设立多个受益人,领取理赔款时多个受益人需要同时到场,这给受益人带来诸多不便。一旦受益人之间发生财产分割纠纷,还需要对簿公堂,未来还有征收遗产税的隐患等。

第10章
股票投资：从入门到精通

股票：投资的热门话题

股票是股份公司发行的所有权凭证，是股份公司为筹集资金而发行给各个股东作为持股凭证并借以取得股息和红利的一种有价证券。

每股股票都代表股东对企业拥有一个基本单位的所有权。每只股票背后都有一家上市公司，每家上市公司都会发行股票。同一类别的每一份股票所代表的公司所有权是相等的。每个股东所拥有的公司所有权份额的大小，取决于其持有的股票数量占公司总股本的比重。

股票作为股东向公司入股、获取收益的所有者凭证，持有它就拥有公司的一份资本所有权。股东不仅有权按公司章程从公司领取股息和分享公司的经营红利，还有权出席股东大会，选举董事会，参与企业经营管理的决策。股东的投资意愿通过其行使股东参与权而得到实现。同时，股东也要承担相应的责任和风险。

股票的用途有三点。

（1）作为一种出资证明，当一个自然人或法人向股份有限公司参股投资时，便可获得股票作为出资的凭据。

（2）股票的持有者可凭借股票来证明自己的股东身份，参加股份公司的股东大会，对股份公司的经营发表意见。

第10章 股票投资：从入门到精通

（3）股票持有人凭借着股票可获得一定的经济利益，参加股份公司的利润分配。

股票是一种永不偿还的有价证券，股份公司不会对股票的持有者偿还本金。一旦购入股票，就无权向股份公司要求退股。股东的资金只能通过股票的转让来收回，将股票所代表着的股东身份及其各种权益让渡给受让者，而其股价在转让时受到公司收益、公司前景、市场供求关系、经济形势等多种因素的影响。所以说，投资股票是有一定风险的。

选择市场性优异的股票

每个股票都有其特性，即股性。股性好，是指该股活跃，在大势升时该股股价升得多，大势跌时该股股价波动较大。这种股票群众基础好，大家都乐意炒它。而股性不好的股票往往股价呆滞，只会随大势做小幅波动，炒作这种股票往往赚不到什么钱。

每种股票都有其习性，这种习性是长期炒作形成的，是大众对其看法趋于一致造成的，一般难以改变。但股性并不是永远不变的，有时通过机构长时间努力，或由于经济环境的改变，一些股票的特性可能会改变。

几乎所有的热门指标股，都有良好的市场性。这些股票的筹码锁定好，易大起大落，投资者高度认同这些股票，一有风吹草动即大胆跟风，从而造成该股股价疯涨。大众认同的程度越高，该股市场的属性越好，市场主力往往介入这些股票，在其中推波助澜。而主力对于介入较多的股票市场性很熟悉，也常常选择同一只股票多次介入。这正是形成个股独特股性的重要原因。

股本结构这个因素是个股的重要属性之一。多年来股本小的个股往往较容易成为主力炒作的目标。很多主力介入操作的重要参考因素就是股本的大小。小型股容易控制筹码，轻、薄、短、小的股票具备拉升容易的特点，十分利于操作。

冷门股有时也会成为表现惊人的个股。冷门股大多有过突然爆发的经历。也就是说，其股性属于突然拉升型。冷门黑马股大多流通筹码很少，股本小，所以，这类股票一旦打底完成发动攻击，其升幅往往是十分可观的。

股票的特性是长期形成的，需要投资者长期了解才能全面熟悉。投资者了解股票的特性，对预测个股态势十分有利。同样，如果某只股票的个性出现变化，那么就可以很快记住它们的变化。

因此，选择股票应该首先考虑股性，落后大势的弱势股不要去碰，而热门的指标股是首选目标。某些冷门股经过长期的盘整，也有可能突然爆发，可以考虑选择。

选择有潜力的低价股

股票价格低，本身就是一个优势。低价格往往意味着低风险。某只股票的价格之所以低，说明该股票的种种不利因素已被大众所了解。而股票市场的一个特点就是，大家都已经知道的事情往往对市场不再起作用，正如大家已经知道的好消息公布出来也无法再使股价上升。所以，如果某只股票的价格很低，那么一定是因为一些众所周知的原因，并且大家都已经接受了这种现状。

然而事情并非一成不变。在一批低价股中，常常就隐藏着几只可能变好的股票，这是最值得炒作的原因。同时，低价的特性使得炒作成本低，容易引起主力的关注，容易控制筹码。由于比例的效应，低价股上涨获利的比率会更大，获利的空间和想象的空间更广阔。再加上群众基础好，这类低价股容易成为大黑马。

当然，并非低价就一定好，有些上市公司积弱多年，毫无翻身的机会，甚至亏损累累。这样的低价股还是少碰为妙。最重要的是找出低价股中的好股票和有利好可能的股票。

新上市的股票要特别关注

现在,新上市的股票越来越多,有些投资者已经变得很麻木,对新股视而不见。这反而给普通或新入场的投资者提供机会。新股也有好有坏,但总的来说,都有一个共同的优点,那就是上方无套牢盘。一般新股上市,原始股东都是获利的,只要他们愿意抛出,都可以赚钱。同时,新股没有什么复杂的历史,这样也使主力容易掌握筹码的分布情况,容易集中吸货,从而完全控制该股票的筹码。尤其是那种上市后曾跌破发行价的新股,更是难得的炒作对象。在发行价之下,常常有机构大量吸货,因此日后必有不俗的表现。这种股票的筹码高度集中,机构主力容易控制它。

市场上,新股被疯炒的例子举不胜举,以致最后到了逢新必炒的地步。这充分证明:当主力机构在市场上再难找到炒作对象时,新股就成了最好的选择。新股的炒作可以纯粹当作数字游戏来玩,甚至可以不理会其业绩的实质。只要主力有勇气接走所有的低位抛盘,以后的股价就只是一个数字而已。

另外,股票上市的承销商制度,使得新股上市直接关系到承销商和上市公司的面子。所以,即使大市不利,券商也要尽力护盘维持形象。这样的结果往往是手上的股票越来越多,最后不得不做庄炒作一番。

选择强势产业的股票

强势产业的股票往往是领导大市的主角,尤其是行业中的龙头,往往具有指标股的作用。因此,选股必须选择强势产业中的领头股,这样往往能领先大势获利。通常,在某个多头市场的领头股,到大市反转时,便成为抗跌的好股票。

投资者应该了解整个国家的经济形势与产业政策,明白哪些是夕阳产业,哪些是强势产业,做到心里有数。对国家产业政策扶持的上市公司来讲，经营的阻力要小一些，获利的能力会大一些。另外，从全世界的产业发展趋势也可以看出哪些行业是有前途的，哪些行业是面临困境的，投资者应有买股票就是买未来的观念。所以，对前景看好的尖端产业，投资者应具备长远的眼光，尤其要特别注意高科技、高附加值的产业。

投资者应经常检视各类产业股票的表现情形，这将有助于摆脱目前的弱势产业的股票、换入强势产业的股票。某一行业的股票常常有某种联动性。如果某行业的龙头股表现疲弱，则往往会波及该行业的其他股票。同样，如果某行业的几种指标股表现强劲，则会带动其他同类个股。

分散投资组合：东方不亮西方亮

这种投资组合的主要含义是：

（1）购买股票的企业种类要分散。不要集中购买同一行业的股票，否则，若碰上行业性不景气，该行业股价受不景气的影响会全部大幅下跌，投资者将蒙受极大损失。

（2）购买股票的企业单位要分散。不要把全部资金用于购买一个企业的股票，即使该企业目前经营业绩良好，也要避免这种情况。

（3）投资时间要分散。购买股票前，投资者应当先了解各种股票的派息时间。一般公司是在每年3月份召开股东代表大会，4月份派息，也有半年派一次息。购买股票时，投资者可按派息时间岔开选择购买。按以往情况，派息前股价都会升高，即使投资者购买的某种股票因利率、物价等变动而在这一时间蒙受公共风险，投资者还可以期待到另一时间派息的股票中获利。

（4）投资区域要分散。各地的企业会受当地市场、税赋、法律政策等多方面因素的影响而产生不同的效果，分开投资，便可收到东方不亮西方亮的效果。

分析炒作题材，不被假消息忽悠空格

所谓题材，就是炒作股票的借口，是用来激发市场人气的工具。有些题材确有实质性内容，而有些则纯粹是子虚乌有，甚至是刻意散布的谣言。题材对上市公司本身有多大好处是不能随便确定的，需要具体情况具体分析。但市场的特点是：只要有题材，市场就乐于挖掘和接受，而题材的真实作用反而被忽视了。

1. 常被用来炒作的题材

（1）经营业绩改善或有望改善。从根本来讲，业绩是股市的根本所在，业绩是硬道理。利好的预期最终都会反映到业绩上来，因此，这是最有号召力的题材。其中，业绩有望改善比业绩已经改善更有吸引力，因为人们更看重上市公司的未来。这类题材在公布业绩报告期间显得尤为活跃，而公布后，就暂时告一段落。

（2）拥有庞大的土地资产有望升值。这个题材极具想象力，但最终要看是否有人挖掘并宣传这个题材。

（3）国家产业政策扶持。最关键的是优惠的税收政策和贷款政策。这类题材通常出现在能源、交通、化工、通信、高科技等领域。

（4）合资合作或股权转让。分析合资题材，要全面考虑合资伙伴的经济实力和市场能量，分清有利的真合资和纯粹为造题材而吹捧的假合资，分清合资的前景是好是坏。

（5）增资配股或送股分红。增资配股本身并不是分红行为，并没有给股东什么回报，只是给股东一个增加投资的权利。在牛市中，这种优先投资的权利往往显得非常重要，并具有一定的价值，因为牛市中人们预期股价会上升，可以优先投资，必定会带来良好的收益。送股分红是上市公司给股东的真正回报，在这种回报真正兑现之前，往往会出现抢权现象，因为预期牛市会填权。增资配股或送股分红成为一种题材，是因为人们的牛市预期。一旦市势逆转，人们预期熊市到来。送股也好，配股也好，都不能激起人们的购买欲望。

（6）控股或收购。这是国外发达市场中最有吸引力的题材之一。它能给人以无限的想象空间。控股是指某财团在股票市场上大量吸纳某只股票，以求最终控制该公司。但在中国股市的二级市场上发生真正意义的抢股收购是不大可能的。这与上市公司的股本结构有关。因此，控股或收购仅仅是一个炒作题材。多数控股行由于庄家炒作失当，手中的股票越来越多，以致达到或超过举牌的界限，而不得不举牌。

2. 分析炒作题材

分析题材是真是假其实不难，投资者可以通过分析上市公司的各种公告和报表进行辨别。但最好的方法是拿题材来与盘面比较，看盘面是否支持该题材的存在。对于真正的炒股高手来说，根本用不着整天打听什么消息，一切都在盘面上清楚地反映出来了。

某个题材到底能给盘面造成多大的影响，那不取决于题材的情况，而取决于盘面当时的处境。盘面的反应就是供求关系的变化，盘面的状态是指目前供求关系的状态。

市场气氛有高有低，人气有旺有衰，同样的题材投入到市场中，反映常常因时而异。这就是市场的微妙之处。只有懂得了题材与市场的这种关系，才能站到市场之上，置身事外来分析市场的反应。

反过来，通过市场对题材的反应，也可以看出目前市场所处的状态。一个对坏消息毫无反应的市场无疑是个强势市场，而一个对庄家鼓吹的种种利好题材没有什么反应的市场是弱势市场。在牛市中，即使庄家不去鼓吹，投资者也会自己去发掘。所以说题材是借口，市场状态才是关键。

题材的真假无关紧要，重要的是市场的反应、题材的号召力以及跟风者的多少。

3. 轮炒的策略

轮炒与其说是一种策略，不如说是一种自然现象。所谓轮炒，是指把市场上不同板块分成几个层次，依序分批炒作的现象。轮炒可以是市场主力的安排,也可以是市场自发形成。大盘中股票太多,所有股票一起上涨需要太多的资金,而且股票一起上攻时,投资者的注意力被分散了,不容易形成强烈的攻势。轮炒的本质是把大盘分割成多个部分,然后集中力量来炒作一批。另外,当一批股票走弱时,可以有另一批股票来代替前者支撑局面,用以维护市场人气。

轮炒往往依照先一线绩优股,再二线中价股,再三线低价股进行。这是因为,行情发动之初,人们往往对后市存有疑虑,一般不敢买入那些业绩没有保证的个股。而此时绩优股的价格偏低,投资价值显现,它们成为第一批投资者的首选。当一线股炒高以后,二线股随之跟上,因为二线股的业绩也不差,既然一线股已经很高了,那么后来者只有选择这些二线股了。接下来,市场趋于活跃,投机的气氛也越来越浓厚,于是三线股作为最投机的品种被用来炒作。这种炒作常常失去理性,成为纯粹的数字游戏。

当一线、二线、三线股轮炒一遍之后,一般市势就告一段落,开始回落调整。这是轮炒的普遍规律,当市场上可炒的股票越来越少的时候,市势也就差不多到尽头了。但也有例外情况,即轮炒二线股的时候,一线股已经开始调整,炒三线股的时候,一线、二线股又在调整,当三线股炒作完成后,也许一线股已经调整得相当彻底。这时如果大势长期看好,则有可能重新启动一线股,带动市场新一轮循环(大牛市时可能这样)。所以,投资者应该把握市场节奏,当三线股炒作完成后,密切注意一线股的走势,看是否有启动的迹象。一旦重新启动一线股,则市势可能长期看好,可以开始新一轮炒作。

轮炒策略可以节省主力机构的资金,也符合市场心理的要求,因而市势的发展往往表现出轮涨的特征。投资者应充分利用自己的资金来应付轮炒,从而获得最高的利润。

第11章
基金投资：适合的就是最好的

基金：专家帮你理财

基金是指为了某种目的而设立的具有一定数量的资金。基金主要包括信托投资基金、公积金、保险基金、退休基金和各种基金会的基金。平常所说的基金主要是指证券投资基金。

基金是一种间接的证券投资方式。基金管理公司通过发行基金单位，集中投资者的资金，由基金托管人（即具有资格的银行）托管，由基金管理人管理和运用资金，从事股票、债券等金融工具投资，然后共担投资风险、分享收益。

投资基金在不同国家或地区称谓有所不同，美国称为"共同基金"，英国和中国香港称为"单位信托基金"，日本和中国台湾称为"证券投资信托基金"。

作为一种投资工具，证券投资基金把众多投资人的资金汇集起来，由基金托管人（如银行）托管，由专业的基金管理公司管理和运用，通过投资于股票和债券等证券，实现收益的目的。

对于个人投资者而言，倘若有1万元打算用于投资，但其数额不足以买入一系列不同类型的股票和债券，或者根本没有时间和精力去挑选股票和债券，那么购买基金是不错的选择。例如，申购某只开放式基金，投资者就成

第11章 基金投资：适合的就是最好的

为该基金的持有人，上述1万元扣除申购费后折算成一定份额的基金单位。所有持有人的投资构成该基金的资产，基金管理公司的专业团队运用基金资产购买股票和债券，形成基金的投资组合。投资者所持有的基金份额，就是上述投资组合的缩影。

专家理财是基金投资的重要特色。基金管理公司配备的投资专家，一般都具有深厚的投资分析理论功底和丰富的实践经验，以科学的方法研究股票、债券等金融产品，组合投资，规避风险。

相应地，每年基金管理公司会从基金资产中提取管理费，用于支付公司的运营成本。另外，基金托管人也会从基金资产中提取托管费。此外，开放式基金持有人需要直接支付的有申购费、赎回费以及转换费。封闭式基金持有人在进行基金单位买卖时要支付交易佣金。

买基金需掌握六点评估法则

为了更好地从基金产品中优中选优，投资者需掌握一定的购买基金的评估法则，这对投资者购买基金产品是非常有帮助的。以下六点评估基金产品的法则，投资者不妨加以运用。

1. 评估基金的管理人

购买一只好的基金产品，寻找一个好的基金管理人是非常重要的。

2. 评估基金的分红能力

作为一种专业理财产品，基金净值的增长是持续性的缓慢增长。相对稳定的、持久的分红政策，将使投资者的投资权益不断得到体现，从而使基金的投资更加稳健，也有利于投资者树立长期投资理念，更便于投资者从基金的长期投资中获利。

3. 评估基金经理

基金经理的投资行为，直接决定着基金的运作风格，并影响其运作业绩，并呈现不同的收益特点。因此，研究基金产品的运作规律和基金经理的投资风格与特点，是非常重要的。

4. 评估基金管理人的创新能力

投资者选对了基金管理人，还需要对基金管理人进行科学有效的评估。面对不断细分的基金市场，为取得稳定的客户群，就必须有符合投资者需求的基金产品。而满足投资者个性化需求的正是基金管理人的创新能力。

5. 评估基金的交易成本

作为构成基金交易成本的重要组成部分，包括申购、赎回、转换、托管、管理等费用在内的综合费率较低的基金产品，对投资者来讲，将会有更强的吸引力。因此，投资者在选购基金产品时，对基金产品进行必要的费率结构计算和评估将是十分重要的。

6. 评估基金的持续服务能力

购买一只好的基金产品，还应当有好的渠道商的优质服务。基金营销经理的良好服务为投资者提供及时、准确的基金产品信息。另外，在基金产品的具体服务指导中，投资者将得到有效的咨询服务和指导建议。基金渠道商的高附加值的基金产品服务，将消除基金投资中因信息的缺失而带来较多的盲点。

买基金就选"三好"基金

买基金就选"三好"基金，所谓"三好"，具体包括以下方面：

一是好公司和团队。考察一家公司，首先要看基金公司的股东背景、公司实力、公司文化以及市场形象，同时还要进一步考察公司治理结构、内部风险控制、信息披露制度和投资者教育等。其次要考察管理团队，主要看团队中人员的素质、投资团队实力以及投资绩效。

二是要看好业绩。市场上表现优秀的基金公司，有着在各种市场环境下都能保持长期而稳定的盈利能力。业绩的好坏是判断一家公司优劣的重要标准。首先要看公司是否有成熟的投资理念,是否契合自己的投资理念,投资流程是否科学和完善;考察公司的研究方法、风险管理及控制、公司产品线构筑情况等。其次要看公司的历史业绩。虽然历史投资业绩并不表明公司未来也能简单复制,但至少能反映出公司的整体投资能力和研究水准。此外,选择基金时还要关注那些风格、收益率水平比较稳定,持股集中度和换手率较合理的产品。

三是好服务。正如在商场、酒店等消费时应该享受相应的服务一样,作为代客理财的中介服务机构,基金公司的重要职责之一就是提供优质的理财服务。从交易操作咨询、公司产品介绍到专家市场观点、理财顾问服务等,服务质量的高低也是投资者在选择基金时不容忽视的指标。

怎样判断基金的赚钱能力

对于很多刚搞清楚"基金"和"鸡精"区别的新基民来说,要在众多的基金产品中选择一款适合自己的基金产品,其难度不言而喻。我们告诉投资者:买基金不怕贵的,只挑对的。那怎样才能判断一只基金赚钱能力是否强呢?

比较简单的做法是比较基金的历史业绩,即过去的净值增长率。目前各类财经报刊、网站都提供基金排行榜,对同种类型基金的收益率提供了比较。在对收益率进行比较时,我们要关注以下几点。

1. 业绩表现的持续性

基金作为一种中长期的投资理财方式,投资者应关注其长期增长的趋势和业绩表现的稳定性。因此,投资者在对基金收益率进行比较时,应更多地关注6个月、1年乃至2年以上的指标,基金短期排名靠前只能证明对当前市场的把握能力,却不能证明其长期盈利能力。从国际成熟市场的统计数据来看，具有10年以上业绩证明的基金更受投资者青睐。

2. 风险和收益的合理配比

投资的本质是风险与收益的合理配比。净值增长率只是基金绩效的表现，要全面评价一只基金的业绩表现，还需考虑投资基金所承担的风险。考察基金投资风险的指标有很多，包括波动幅度、夏普比率、换手率等。

对于普通投资者来说，这些指标可能过于专业。实际上一些第三方的基金评级机构就给我们提供了这些数据。投资者通过这些途径可以很方便地了解到投资基金所承受的风险，从而更有针对性地指导自己的投资。专业基金评级机构如晨星公司，每周都会提供业绩排行榜，他们对国内各家基金公司管理的产品逐一进行业绩计算和风险评估。

以景顺长城公司旗下的基金为例，公司管理了7只偏股型基金，年收益率都在30%以上。投资者在获得高收益的同时是否也承受了很高的风险呢？晨星公司的数据显示，景顺长城旗下股票型基金年净值波动幅度在18%左右，风险偏低；夏普比率的市场平均水平在1.6左右，景顺长城旗下基金普遍处于行业中上游水平，内需增长基金更是高达3.74。投资者在了解这些数据以后，就会对投资这家公司的基金产品更有信心。

3. 全面考虑

投资者在评价一只基金时，还要全面考察该公司管理的其他同类型基金的业绩。

"一枝独秀"不能说明问题，"全面开花"才值得信赖。只有整体业绩均衡、优异，才能说明基金业绩不是源于某些特定因素，而是因为公司建立了严谨、规范的投资管理制度和流程，投资团队整体实力雄厚，这样的业绩才具有可复制性。

第11章 基金投资：适合的就是最好的

如何掌握基金投资的方法

直率又精明的子辉是我在北京唯一能联系到的中学同学，她是前几年在北京安了家。子辉在30岁结婚前不仅自己攒钱买了一套住房，还往股市里投了好些钱，但股市里的钱"打水漂"了。几年后我们第一次在北京见面的时候，她就开始津津有味地说她每个月都把余钱买各种各样基金的事，并展示了她对基金大好"钱"程的信心。虽然当时我对基金百分之几的收益并不太感兴趣，但她所表现出来的理财热情和精明的头脑还是让我佩服。

谁能拒绝金钱的诱惑？哪怕是为此付出过惨痛代价。结婚后由于子辉老公家里有好几处房子，她幸运地不用像我们一样当"房奴"。虽然，在一家公司当秘书的她，月收入只有3 000元左右，但也足以开始她的新理财时代。经历过炒股失败后，子辉明白了，现在股市已经发生了巨大变化，所有股票不可能再齐涨齐跌，就算上证指数涨得再高，有的股票也不一定能解套，也就是选股的难度大大增加了。在这种情况下，她开始接触开放式基金，知道基金是享受专家理财的投资方式，盈利的可能性要比普通小散户大得多，又比炒股稳妥，对普通工薪族的家庭理财来说最适合不过。

"刚开始她还是有些困惑，在茫茫基海中寻找属于自己的绿洲，确实并非易事。"如何迈出基金投资的第一步，真的需要认真考虑。如果还像过去炒股那样"听风就是雨"，盲目跟从八卦推荐，结果必然会重蹈覆辙。于是，她便开始关注开放式基金的净值变化情况。经过一段时间的观察和学习，她在2003年年初选了一只基金净值始终排在前列的基金，并陆续将积蓄和后续收入申购了这只基金。结果时间过去半年，基金净值已经由过去的1.02元，涨到了1.23元，让她初次尝到了基金的甜头。

之后，她便继续这种购买基金的方法：先列出那些净值最高、走势稳定的5只基金，然后比较其中的折价程度，最后购买其中折价程度最高的2只基金，买进以后无论大盘风吹浪打，不再卖出。她几乎每次都在分红后的一周内又再次将分红投入到基金中，这时候的原则是，用分红投资上一年净值增长最多的冠军基金。看着账户中不断增加的基金单位，子辉觉得这样比投资股票要明智多了，并且她可以提前确切知道分红金额。

另外，为了确保收益稳妥，她对投资各种基金的比例进行了规划，用2/3的家庭积蓄购买收益相对较高的股票型基金和混合型基金，而用另外1/3的积蓄购买风险相对较低的债券基金和货币基金。这样，不仅最大限度地增加了家庭积蓄的收益，而且家庭的生活准备金也有了保障。这是因为，货币基金收益虽然不高却非常稳定，赎回比较灵活，不会耽误日常生活用钱急需。

2003年的基金投资让子辉赚取了百分之十几，但好景不长，2004年的基金火爆发行带来的是大部分股票型基金跌破面值，以平均-4.83%的收益收场，到了2005年，又变成了不疼不痒的2.16%。子辉说，她觉得对待基金投资跟对待事业和生活是一样的，成功的关键在于坚持，在于真诚的态度。几年来她不失时机地把一只只基金领进家门，即使中间有波动，但她相信至少仍旧能保持盈利，至少任何一只基金最终都不会让人失望，而她要做的就是等待。

"功夫不负有心人。"谨慎有道的基金理财给了子辉更大的回报。2006年中国股市开始回暖，所有的基金都开始疯狂地赚钱，所有基金的净值均为正数，开放式基金整体收益率达到30%，很多收益率超过60%，最高的甚至超过100%。而这幸运的100%也落在了子辉的头上。"盘点下来，我在2005年9月买了10万元的基金，在2006年居然赚了近10万元。"投资基金让子辉有点终成正果的感觉。但她也对我说，其实在这只基金收益超过60%之后，她还是有点发慌。这也许是炒股留下的后遗症吧，差点就在这时候出手卖掉了。"买基金不仅要选好基金、分批买入，基金作为一种专家理财产品，讲究的还是长期投资收益，要长期持有。"

股市的上扬，带动了人们的心情，也点燃了人们购买基金的热情。基金投资逐渐为广大投资者所接受。业内人士认为，投资者应更好地把握基金投资的方法。

1. 区别对待股票投资和基金投资

投资者通常把偏股型基金当作股票来投资，就如有炒基金这一说法。虽

第11章 基金投资：适合的就是最好的

然偏股型基金投资的范围也是在股票市场，但是两者的投资还是有本质区别的。股票投资的周期通常比较短，当一个价值型低估的股票上涨至合理价位或者溢价之后便会出现滞涨和下调，而有较长投资周期的成长型股票价格一般是由这个上市公司的经营情况来决定的。基金投资是一个经过设计的股票组合，这样的投资组合能够很好地抵御市场的风险，通过投资有价值低估的股票或者具有成长型的股票来获取利润。基金的专家团队也会在股市变化的行情中，为投资者进行合理的调仓，对股票组合进行改变。可以说，投资基金的收益更为长久、稳定，所以投资偏股型基金应该尽量减少操作，通过长期慢慢积累的收益达到一个好的回报。股票投资的周期有长有短，但是基金投资的周期是以长期为主的。

2. 挑选老基金和新基金

投资者在挑选老基金和新基金时常会左右为难：认购新基金建仓期太长，但是净值低、手续费便宜；而申购老基金净值太高、手续费也贵。其实这种想法是因为没有正确地认识基金净值的含义。基金的净值是基金的净资产和基金总份额的比值，根据每个交易日证券市场收盘价计算出该基金的总市值，除以基金当日的总份额，得出的便是每单位基金净值。所以，老基金不存在净值高就缺乏上涨动力，相反基金如果选股不佳，净值再低的基金仍能继续下跌。对老基金和新基金的选择主要着重于对短期行情的判断，因为老基金的股票组合已经建仓完毕，而新基金还需要重新建仓。如果近期的行情上涨的话，选择老基金更好，但近期的行情为震荡和下调的话，选择新基金能以更低的价格建仓。

3. 正确认识基金分红

基金分红是基金公司对长期投资者在不赎回基金的前提下就能获得现金回报的一种方式，所有的基金分红都会在净值上除权，也就是在原先的净值上减去红利的部分。一只基金的价值不会因为分红而提高，相反频繁的分红或者大比例的分红都会影响基金的股票仓位。这样的分红方式会破坏基金的投资组合，会减缓基金增长的速度。在行情放缓的情况下进行适度的分红，才是好基金公司的分红方式。而投资者也不要盲目选择将要分红的基金进行申购,因为分红是无法实现套利的。

基金定投:给投资者一颗定心丸

购买基金的投资者常常左右为难:买,怕买高了被套住;不买,又怕很快涨上去。此时该怎样购买基金呢?这里,专家为您推荐一个简便的方法——基金定投。

基金定投就是投资者每月在相应的账户上存入固定的资金,银行每月将定时为你申购基金,每月最小定投额度为200元,便于中小投资者持续投资。

(1)选择基金定投,最大的好处是使风险得到有效的均摊。例如,当股市处于2900点,短期内涨跌难测。此时一次性购买基金,承受的风险就比较大。

(2)选择基金定投,如果股市上涨,仍能持续赚。如果下跌,每次购买后,平均成本就比一次性购买低。股市涨回来也能很快扭亏为盈。

基金定投目前在成熟市场相当普遍,但国内投资者采用的不多。其实,投资的时间比投资的时点更重要。只要投资时间够长,能够掌握股市完整波段的涨幅,就能降低进场时点对投资收益的影响,享受长期投资累积资产的效果。所以,选择业绩稳健的基金进行定投不失为稳健投资者的理财良策。

办理基金定投,只要选择一家有代销认可基金的银行,提出申请,开通"基金定投"后,银行即可每月定时定额为投资者申购基金了。投资者只要每月按时存钱。

在此提醒的是,由于基金公司不同,其设定的定投最低金额可能也会不同。

第11章 基金投资：适合的就是最好的

如何投资共同基金

个人投资者要想通过自己选取个股来获得整体高回报是有困难的。对于大多数人来说，投资于共同基金的效果可能会更好。

共同基金是一种集合投资工具，它把从很多投资者那里收集起来的钱变成一个投资组合。这个投资组合是由专业的投资管理公司来管理的。

当投资者投资一个共同基金时，就相当于购买了这个投资组合中的一个份额，而不是投资这家投资管理公司本身。

共同基金已经有很长的历史了。最早的共同基金出现于19世纪20年代的欧洲。到21世纪，共同基金产业已十分壮大，全世界很多的投资者都持有共同基金的份额。在共同基金最发达的美国，共同基金仅位列银行和保险公司之后，是金融行业中的第三大产业。

多数国家对共同基金有着严格的规定，以保护广大投资者免受欺诈和损失。法律经常规定基金不得从事某些高风险投资，基金的资产则须由托管人如银行，而不是基金管理公司自己持有。

投资共同基金的主要原因是：

（1）更多样化的投资。一个共同基金可能持有100种或更多的证券，比个人可以购买的种类要多得多。

（2）更有经验的管理。总的来说，职业基金经理人比个人投资者的业绩要好，严格的程序和规定使他们的行动更有规范，不会意气用事。比起个人投资者，职业基金经理人还能获得更多的研究成果和信息，这就使他们能够控制风险、抓住市场时机。

（3）节省时间。对于一个股票投资狂，股票可能会占去所有的自由时间。而如果其投资在一个好的共同基金上，就可以节省大量时间。

（4）更符合你的财力。有时股票价格太高，个人根本买不起（这并不意味着它一定被高估了）。而在共同基金中，只要花1万元购买基金就可以实现对这些股票的投资。

（5）规模经济。在股市上，共同基金支付的交易成本更低。

基金投资的四个价值点

投资股票，既可以从股票的价差中获利，也可以获取上市公司的分红。但投资基金呢？引起投资者关注的还是基金的分红。

由于基金的业绩与证券市场的关联度极大，基金的业绩也呈现出一定的不稳定性。特别是基金的投资周期较长，短期投资很难得到投资回报。但随着基金产品的不断丰富，投资者对基金产品的了解不断深入，只要在基金投资中做到用心、留心、细心，仍可以像操作股票一样，找到基金投资中的"价值点"。

1. 基金转换投资中的"价值点"

投资者在进行基金投资时，应时刻关注基金净值随证券市场变动的关系，并捕捉基金净值变动中的"价值点"，进行基金产品的巧转换。比如，当证券市场处于短期高点时（从技术形态上判断），投资者就可以进行基金转换，将股票型基金份额赎回，转换成货币市场基金，从而实现基金的获利。

2. 基金申购、赎回费率上的"价值点"

投资者在选择基金产品时，应当就不同的基金产品，针对不同的申购、赎回费率而采取不同的策略。除此之外，在了解各基金产品的费率特点后，投资者应通过基金产品之间的转换达到巧省费率的目的。

3. 场内交易和场外申购、赎回基金产品中的"价值点"

目前的开放式基金产品大多是不可上市交易型的。投资者投资基金只能依照基金净值进行基金投资，而且在时点的把握上和资金的使用上，都受到场外交易条件的限制。即使进行一定的套利操作，也是一种估计。上市开放型交易基金的推出，克服了这一弊端。投资者完全可以通过上市开放型交易基金的二级市场价格和基金净值的变动实现套利计划，为那些进行短线操作

第11章 基金投资：适合的就是最好的

基金的投资者提供了基金投资的机会。

4. 基金资产配置和投资组合中的"价值点"

一只基金运作是不是稳健，投资品种是不是具有成长性，需要通过观察和了解基金的投资组合。通过基金的资产配置状况，预测基金未来的净值状况，将为基金的未来投资提供较大的帮助。

基金投资勿忘风险

基金的高收益给投资者带来丰厚的回报，在基金巨大的赚钱效应吸引下，越来越多的新投资者开户加盟，许多老股民也纷纷转变成基民。基金投资者队伍迅速壮大，基金数量和规模也呈现爆炸式增长。

然而，在看到基金的赚钱效应之后，部分投资者将基金当作无风险的收益方式，通过抵押汽车、房产来借钱或贷款等方式将资金投在基金上。这种过度投机带来的风险是非常巨大的。作为专业投资机构和提供理财服务的基金公司，无论是从投资角度还是从理财角度，都不得不提醒大家：理性是投资的基石，基金投资不能忘记风险。

任何投资都有风险，基金投资也不例外。投资是不断控制和抵抗风险的过程，投资者在投资基金的过程中，通常会面临以下几种风险。

1. 市场的下跌和过热

市场下跌无疑会带来风险，而市场过热往往预示着风险的来临。例如，美国股市在1998年经历了科技股泡沫，投资人对网络科技股的追捧使得纳斯达克指数创下5048.62点的纪录，但泡沫崩破后纳斯达克指数缩水76%，道琼斯指数相对2000年时的巅峰也跌去了30%，标普500则从它的最高峰下滑了43%。中国A股在2001年由于市场热炒上涨到2245点，市场的平均市盈率一度达到60倍以上，之后便一路下滑至998点，下跌幅度达到55.55%。中国A股在2007年再次由于市场热炒上涨到6000多点，之后便一路下滑至1600多点。许多基金在这期间出现亏损。

2. 基金公司操作失误的风险

20世纪90年代中期,美国华尔街出现了一只由两位诺贝尔经济学奖得主、前美联储副主席与华尔街最成功的套利交易者共同组建的长期资本基金。在短短4年中,该基金获得了285%的离奇收益率,缔造了华尔街神话。然而,在其出色交易员的过度操纵之下,长期资本基金在2个月之内又输掉了45亿美元,走向了万劫不复之地。在中国,也常出现基金经理变更而导致业绩下滑的现象,还有些基金公司对未来经济形势和市场热点的把握失误而导致业绩低下。

3. 来自投资人自身的风险

风险除了来自市场和基金公司之外,更多则是来自购买基金人自身。追逐业绩是普通投资者最乐意的投资方式,很多投资者四处寻找业绩好的资产种类或基金。但是由于没有一项投资的业绩是保持不变的,投资者往往会在调整发生之前进行购买。随后,这些业绩追逐者在失望中出售其投资,却恰恰发生在业绩就要开始反弹之前。业绩追逐者希望通过对回报的密切关注,为自己带来最佳的投资,但盲目追逐导致其高价买进、低价抛出——正好与其想要的结果相左。

4. 投机心态是最大的风险

一些投资者不顾自身的风险承受能力,不仅将自己的房地产抵押,甚至不惜借贷进行基金投资,这是非常危险的投机行为,风险非常大。一旦市场下跌,这些投资者会因为放大了资金杠杆而遭受大额亏损。投资基金是家庭资产配置中的一部分,尤其是股票型基金要做好长期投资的准备,千万不要抱着赌博的心态进行投机。

第12章
房地产投资：买房还是租房

房地产：高投资高产出

房产是指建筑在土地上的各种房屋，包括住宅、厂房、仓库和商业、服务、文化、教育、卫生、体育以及办公用房等。地产是指土地及其上下一定的空间，包括地下的各种基础设施、地面道路等。

房地产由于其自身特点，即位置的固定性和不可移动性，在经济学上又被称为不动产。房地产可以有三种存在形态：土地、建筑物、房地合一。在房地产拍卖中，其拍卖标的可以有三种存在形态，即土地（或土地使用权）、建筑物和房地合一状态下的物质实体及其权益。随着个人财产所有权的发展，房地产已经成为商业交易的重要组成部分。

房地产既是一种客观存在的物质形态，同时也是一项法律权利。作为一种客观存在的物质形态，房地产是指房产和地产的总称，包括土地和土地上永久建筑物及其所衍生的权利。

法律意义上的房地产本质是一种财产权利，这种财产权利是指寓含于房地产实体中的各种经济利益以及由此而形成的各种权利，如所有权、使用权、抵押权、典当权、租赁权等。

房地产作为一种高投资、高产出的投资工具，长久以来一直受到人们的偏爱。与投资价格瞬息万变的资本市场相比，房产投资不仅具有保值功能，而且能充分发挥资金的杠杆效应，规避通货膨胀的风险，成为一项省时、省心、风险也相对较小的投资。

你了解房价的真实面目吗

作为在市场上流通的商品，总是有公允价格的，但是对于房屋的价格，我们多数人仅持有一个模糊的概念。以下从几个不同的角度来对房价进行估算，看看房价后面的真实"价格"。

1. 抓住房价跳动的脉搏

房价的升降起落固然是正常的情况，但是这样的情况又不是房价自身导致的，那么，房价的涨落主要是受什么影响呢？

一是宏观政治经济环境，这是最重要的因素。经济增长，房价一般也上涨；经济衰退，房价一般也下跌。如果经济平稳增长，房价的变化也就不大。

二是货币政策。货币政策其实和宏观经济紧密相连，随宏观经济的变化不断调整。一般而言，加息可能压制房价，降息可能促升房价；汇率升值则促升房价，贬值则压制房价。

三是房地产政策。国家通过相应的政策来调控房地产市场。如果政府扶持，一般会出台积极的政策，房价会上涨；如果觉得房价过高，政府就会出台抑制措施，稳定房价。

四是房地产成本。建造成本高，则价格自然升高。

2. 测算房价的上下限

房价下限是指房价泡沫彻底破裂，恐慌心理使得房主不断抛售，房价持续下跌，跌破合理价位，如"非典"时期。

房屋上限因为房屋自身具有不可流动性、不可复制性等特性，所以在不同的地段，房价不同。但是，随着全球经济的一体化，在世界范围内，国际现代化都市的房价有趋同的趋势。因此，区域房价的合理空间可能被大大抬升,这也是北京、上海这些大都市房价不断上升的原因之一。

3. 房地产泡沫

房地产泡沫,即价格虚涨。因为贵到什么程度,大家心里都没谱,所以越是价格上涨,越是这样。实际上,很难区分正常上涨和泡沫,更多的时候两者是互相掺杂的。

所以,买房一定要慎重,不仅要考虑自己日后的发展,也要考虑国家整体经济的发展。

住房投资的六种模式

随着住房制度的改革和福利分房的取消,住房消费已成为城镇居民消费的首要选择。在住房消费的广阔市场中,住房投资应运而生。如何选择适合自己经济状况的住房投资很重要,一般来说,目前有以下几种住房投资模式。

1. 直接购房模式

住房实物投资属于直接投资,即投资者用现款或分期付款的方式直接向房主或房地产开发商购买住房,并适当装修、装饰后,或出售,或出租以获取投资回报。这是一种传统的投资方式,也是住房投资者目前最常用的一种方式。

2. 合建分成

合建分成就是寻找旧房,拆旧建新,共售分成。这种操作手法要求投资者对房地产整套业务相当精通。目前,不少房地产开发公司都采用这种方式开发房地产,只是规模不同。另外,在合建方式上也存在多样性。

3. 以旧翻新

以旧翻新是指把旧楼买来或租来,然后投入一笔钱进行装修,以提高该楼的附加值,再将装修一新的楼宇出售或转租,从中赚取利润。采用这种方式投资商品房时应注意:尽可能选地段好、易租售的旧楼,如在学校附近的单身公寓就极受欢迎。

4. 以租养租

以租养租就是长期租赁低价楼宇，然后以不断提升租金标准的方式分期转租，从中赚取租金差价。以租养租这种操作手法又叫当"二房东"。有些投资人，将租来的房地产转租，获利相当丰厚。如果投资者刚开始做房地产生意，资金严重不足，这种投资方式比较合适。

5. 以房换房

以房换房就是以洞察先机为前提，看准一处极具升值潜力的房地产，在别人尚未意识到之前，以优厚条件采取以房换房的方式获取房地产，待时机成熟再予以转售或出租，并从中获利。

6. 以租代购模式

以租代购是指开发商将空置待售的商品房出租，并与租户签订购租合同。若租户在合同约定的期限内购买该房，开发商即以出租时所定的房价将该房出售给租住户，所付租金可充抵部分购房款，待租住户交足余额后，即可获得该房的完全产权。这种方式发源于广州、上海等经济发达地区，虽然是房地产商出售商品房的一种变通方式，但对消费者来说，也不失为一种当家理财的好方法。

选房要会"望、闻、问、切"

选房是一个非常个性化的过程，但也存在某些共性。归纳起来，就是要做到"望、闻、问、切"。投资者不断地察看房子的里里外外，千万不能急于求成，妄下判断。

1. 望

望是指多了解市场行情。首先，至少要了解房价走势以及热点区域。比如，自己所在的城市近期房价涨跌势如何，哪些区域涨跌快些，哪些区域

第12章 房地产投资：买房还是租房

慢些，哪些楼盘卖得好。其次，对一些大的开发商和项目要有所了解。一般而言，品牌开发商的项目品质会比较有保证。最后，至少要学会看楼书、沙盘，看户型图、样板间，这样才能用更专业、实用的眼光去看房。

2. 闻

闻是指有空多跑售楼处。跑售楼处有一个好处，就是可以知道这个项目大致要多长时间竣工，现在进展到什么阶段，以及周边的交通配套等情况。一周跑上两三家，一个月就是8～12家。这样货比三家，最后所做的决定就会更准确，至少不会太离谱。投资者可通过多种媒体掌握信息，平时多看报纸、多上网、多接触电视及户外媒体的楼宇广告。即使没时间跑售楼处，从媒体上了解项目信息也是个好办法。在资讯高度发达的今天，房地产已是媒体资讯和广告的重要支柱。一方面，投资者通过媒体可以掌握楼市宏观的发展形势，较准确地判断其下一步的走势；另一方面，多数楼盘都会通过媒体做广告，投资者可以通过各类媒体了解大量的楼盘信息。

3. 问

问是指善于在售楼处提问题。投资者选定中意的楼盘，来到售楼处，面对热情似火的销售员时，务必要保持冷静的头脑。在售楼处，投资者应尽可能多地提出疑问，包括楼盘的销售方式、具体价格、入住时间、入住条件、车位、交通、配套、公摊、户型、物业，等等，不能错过每一个细微的问题。

4. 切

切是指到实地进行考察。百闻不如一见，了解的信息再多也不如到实地走走。考察的内容包括内外两方面。内就是居住区以内的交通、配套、户型等，并具体到房子的防水、墙角、室内装潢和做工、采光、墙体、插座、厨房卫生间等细节的问题。外就是居住区以外的交通、教育、医疗、商业、娱乐等配套，甚至包括居住区到上班地点的距离。这些都要投资者亲临现场才能知晓，而不能听开发商的一面之词。

作为地产投资者，不论投资能力的大小，都要精挑细选，慎而又慎。如同任何投资一样，盲目跟风是大忌。

哪些房子更有升值潜力

未来有没有升值潜力是房地产投资者首先考虑的问题。而影响房子未来升值的一个重要因素就是其所处的地段位置。地段位置是指房地产的具体空间区位，既包括房地产本身的所在位置，也包括周围环境即相邻地区的自然环境、生态环境和经济社会文化环境等。地段位置是决定城市地价的最重要因素，它决定了房地产价格和升值空间。

对于个人房地产投资者来说，在选择地段位置的时候，应着重考虑地段位置的未来变化趋势，而不应该是目前地段位置是否优越。在寻找最具有升值潜力的地段时，投资者要认真鉴别某地段是否具有升值潜力和投资价值，避开眼前的几个陷阱去选择未来。

第一，不要选择寸土寸金的地段。能在寸土寸金地段置业当然不是件坏事，但是寸土寸金地段未必具有投资价值。过高的地价，会使房地产等相关成本过高，升值的空间相对来说并不大。

第二，不要选择城市的中心地段。就我国近年城镇建设变化趋势来说，城区内最具有升值潜力的地段已不全是城市中心区域。因为，城市的中心地段往往是老城区，房屋多是十几年前、几十年前所建，其面积、结构、样式以及辅助设施等都显得陈旧、过时，原有功能退化。城市的中等收入以上的居民，多数都已迁往他处，因此，城市中心地段的房价反而呈下降趋势。

第三，不要听风就是雨。城市的规划、拆迁、改造、新建等活动，会牵动很多人、很多集团的利益。市政当局每决定对一处进行变动时，都会有很多利益集团直接或间接参与博弈，从最初设想到政策正式出台，期间变数很大。因此，作为个人房地产投资者，千万要谨慎行事，待正式的文件出台后，再做决定。不要听风就是雨，被小道消息及社会传言所蒙蔽，认为机不可失而慌忙投资，结果正中了别人的圈套。

哪些地段位置的房地产具有较大的升值潜力呢？通常情况下，以下四类地段的房地产未来升值空间较大：

第12章 房地产投资：买房还是租房

1. 名校周边的房地产

我国绝大多数城市都实行就近入学的政策，因此，在独生子女占据家庭中心地位的今天，孩子的前途高过家庭一切。辖区内如果有市属或区属重点，甚至是准重点的幼儿园、小学、中学等，自然都会成为一个重要卖点，吸引相关家庭入住。地段位置如果正好在重点小学和重点中学的生源辖区内，房地产的升值潜力将会更大。

2. 地铁沿途的房地产

城市越大，交通问题越令政府头疼，越让市民不满。因此，便利的交通条件不能不说是个较好的卖点。对市民来说，城市地铁具有安全、舒适、快捷、节俭、方便以及客流量大等优点，所以，地铁线路（包括规划中的和正在建设中的）显然会对沿途房地产价格上扬起到拉动作用。

3. 已逐渐形成的成片小区

房地产的升值是个动态过程，周边建设发展状况及趋势，对房地产价值的升高起推动作用。最初，某个房地产公司，在郊区或老城区开发一处房地产，虽然地价相对便宜，但是人气不旺、配套设施暂时跟不上、使用价值不高，故而短时间内很难升值。对个人投资者来说，比较合宜的投资时间是市政当局已经完成规划，具备了基本的交通条件（路通、有公交车路过），供水、供电等设施已经完成，多家公司正积极地投资开发，工商企业已经开始落户，小区规模正逐渐形成的时候。这时候人们开始进行投资购房，随着小区内和周边生活配套设施的增多，如商场、饭店、宾馆、医院、邮局以及教育文化等机构的入住，住宅和商铺的价格将会逐月增高。

4. 银行营业网点的储蓄存款快速增加的地段

对个人房地产投资者来说，地段位置是否优越、是否具有升值潜力，地段内的银行营业机构的个人储蓄存款增长幅度的大小也是一个重要标志。相比之下，某一地段的储蓄所存款能够连续几年以较大的幅度稳步增长，说明该地段一是高收入家庭相对集中的地区，二是单位（机关、学校及工商业机构）和住宅布局较为合理。物以类聚，人以群分，像这样的地段，自然会吸引更多的中高收入家庭入住，从而抬高地价。

正确判断房地产的未来价值是房地产投资成败的关键。要抓住这个关键，就必须挑选未来具有发展潜力的地段位置，并果断出手。

投资房地产，精品才抗跌

大家都希望自己买的房屋不易跌价。可是，哪些房子才抗跌呢？哪些房子才是城市的黄金不动产呢？这是很多人都会问的问题。众多房地产开发公司及中介代理公司得出的结论是：大家都认为价格合理、户型独特、产品稀缺、地段良好的房地产，才是保值且抗跌的房地产。总之，精品才抗跌。

任太太是位专职家庭主妇，丈夫是位阔绰的建筑承包商。就在中国内地楼市还在狂涨的时候，任太太却已经把投资目标转到澳门地区的房地产。通过房地产中介，她投资了澳门地区一处90多万元的房地产。现在这处房地产已经升值到130多万元，任太太对这个结果相当满意。

她之所以想到"逆势"在中国澳门买房，无非是感觉在中国内地买房贵，市场的盈利空间不大，而澳门是个国际性大都市，前景看好。果然，此后中国内地多变的房地产新政让任太太这样的投资客倍感庆幸。现在，她想再投资一套价值百万余元的高档物业，并且还打算去考察一下香港地区的房地产市场，然后制订投资计划。

最近，任太太正忙着去澳大利亚的事情，当然，绝不是去旅游观光，而是去考察房地产市场。她认为去澳大利亚投资房地产有很多优势，而且澳大利亚是全球房价最稳定的国家之一，投资安全系数很大。

任太太认为，各个投资领域都有可能涨涨跌跌，但是只有投资精品，才有抗跌性。如果投资者只图便宜买"处理货"，可能市场稍微有点小感冒，产品就会夭折。她的经验是，一般情况下，中心地段和成熟社区的楼盘都具有很强的抗跌性。

抗跌楼盘一般社区比较大，入住率高，交通便利，周边银行、商业、教育等配套设施非常完善。建在都市核心区的精品豪宅也具有非常强悍的抗跌能力——位于最显赫的中心位置，拥有顶尖的城市配套资源和便捷的交通，设施豪华，行政中心、交通中心、市民活动中心、城市地理中心也坐落于此，地理价值，无可匹敌，由此造就了强悍的抗跌能力。

中国楼市泡沫不会破灭

中国楼市泡沫什么时候才破灭呢？有经济学家曾经多次断言：就在近几年！不过，也有人说中国楼市泡沫不会破灭，以下是这一论点的支持理由。

1. 房地产商的资金链不会断开

虽然国有银行可以控制房地产借贷，但如果每年都有10亿元人民币基础货币投入市场，可想而知，房地产商的资金链会断裂吗？

2. 中国正处在城市化进程中

中国正处在城市化的过程中，对房产刚性需求仍然旺盛。在楼市泡沫环境下，房价在一定程度上降价是必然的，但20%~30%的降价算不上泡沫破灭。

3. 中国市场的容量太大

中国市场的容量太大，具有超越现有经济学理论的巨大潜能。

高房价之下，聪明人的购房思路

很长时间以来，房价是"乱花渐欲迷人眼"，而老百姓们则是"为伊消得人憔悴"。一边是国家的调控政策的轮番轰炸，另一边是房价节节攀升。究竟是现在就买，还是等到房价回落？在房价这么高的情况下，如何买房？在房价走势不明形势之下，聪明的购房人需要掌握四个基本原则。

第一原则：现在该不该买房？先明确自身的生活居住需求。

购房人应从家庭成员状况、日常起居、家庭休闲、社交等家居生活的基本层面来确定住房需求。

第二原则：该买什么价位的房？在自身购房财力之下，确定价格承受范围。

判断价格底限，可以用贷款最高额度与最高年限，来计算出每月还款额。只要月还款额占家庭月收入比的1/3以下即可。

第三原则：该买什么类型的房？衡量房子的性价比是否最优化。性价比是商品的性能值与价格值比，是反映物品的可买程度的一种量化的计量方式。所谓性价比，全称是性能价格比，是一个性能与价格之间的比例关系，具体公式为：

性价比=性能÷价格

性价比应该建立在你对产品性能要求的基础上。也就是说，先满足性能要求，再谈价格是否合适。我们购买一套住宅，并不仅仅是一套房子，还有附属在房子上的生活环境，要的就是性价比。

第四原则：怎么买房能最省钱？精打细算，采取最省息的贷款方式。

开发商或房产中介往往会出于自己的利益，为买房人指定银行。买房人需建立贷款理财意识。

"期房"买卖隐患大

在有些网站上，购房者会看到这样一类房源。这类房源描述为："现已交付定金，目前无房产证，房屋明年交付使用。"据了解，这类房源为尚未盖好的期房，"由于大多数楼盘实行'低开高走'的价格策略，在目前房价高涨时期，项目前期低价买入的投资客，便开始集中出手转卖房源。"

第12章 房地产投资：买房还是租房

1. 房价迅速蹿升，差价巨大引发卖房潮

"最近房价涨得太快，而在网上看到转卖的期房，价格相对较低，项目的位置还不是很偏远。这种房子，买了怕因为证件不全而产生问题，不买它买别的正规房源，又因为房价太高而承受不起。"正在为买房而发愁的王女士这样说。

"2009年年底至2010年年初，是北京房价的低谷，不少在此期间上市的项目报价都很低，甚至还有不少特价房。而2010年5月以来，房价迅速蹿升，有些项目数千元的涨幅，使房子还没入住就获得了巨大的升值空间。现在卖房的这批人当初买房就是为了投资，看到目前房价高涨，便集中出手。"据中介工作人员介绍，这类房源近期在市场上明显增多，"虽然风险很大，但还是有很多购房者因为其价格低于目前在售项目，且位置相对较好而去购买。"

2. 期房转卖明显增多，购房者险购"二手"期房

据了解，2010年期房转卖与2005年之前相比，交易环节的费用不仅没有增加，反而在减少。2005年之前需要缴纳给开发商1%~2%的更名费，2.5%以内的中介费。而现在仅需缴纳1%或1.5%的契税，2.5%以内的中介费，个人所得税及营业税按照交易差额征收基本可以忽略，只要房价增幅超过4%就可以获得赢利。另外，"准业主"在期房阶段将房屋出售，还可以减少入住时契税、房屋公共维修基金及物业费等收房支出，这些都促使"准业主"将期房推入市场转卖。

"房地产市场销售情况较好，价格上涨比较快，同时，交易税费的减少，使更多人由投资转为投机，大量期房在市场中进行转卖。这加剧了市场投机氛围，不利于市场的规范运行。"房地产专家表示。

3. 购买"二手"期房隐患多

在二手房市场中进行转卖的期房能否购买呢？"按照规定，在预售商品房竣工交付、预购人取得房屋所有权证之前，房地产主管部门是不得为其办理转让等手续的。"据建委有关部门工作人员介绍，房屋只有在取得产权证的情况下才能进行交易，尚未盖好的期房是没有产权证的，不能进行产权的

过户，因此并不具备交易的基础。买卖双方只能先签订合同，等到业主取得了产权证之后，再进行交易。

虽然政策上不允许，但市场中依然存在此类房源的买卖。房产专家认为，购买此类房源，涉及开发商改底单的问题，另外，由于业主没有房产证，不能确认他是否真正具有房产资格，购房者很容易受到欺骗。在购买时，双方签订的买卖合同，也存在一定的风险。如果业主在取得房产证后，由于房价上涨等原因，不想卖房，在法律上只能判定这种行为违约，业主承担一定的赔偿金。但房产仍然属于业主，不能过户到购房者的名下。

据了解，期房转卖中，购房纠纷时有发生。"这主要在于购房者不够谨慎，缺乏风险意识，同时也没有明确的监管部门来监管。"中原三级市场部副总经理宫萍认为。

有关专家表示，购房者尽量不要购买这类房源，以免出现不必要的损失。如果一定要购买，那么应尽量减少首付金额，合同中应规定买卖双方因税费改变等原因无法履行合同时，应该如何解约等细则，以减少购房风险。

巧用"住房公积金"

每一个在职职工都缴纳职工个人住房公积金，如未动用过的话，住房公积金余额应该能积累数万元。但这笔钱该怎么用？作为一项政策性贷款，它有哪些服务？如何巧用它呢？

1. 提前准备"第二套房"

中国人民银行关于放贷的文件中曾提到对购买第二套房的贷款增加限制，具体是什么限制，各地政策有所不同。作为百姓购房贷款中的"第一选择"——公积金贷款有什么相应的限制呢？

2015年中国人民银行、住建部、银监会联合下发通知，公布第二套房贷款新政策：对拥有第一套住房并已结清相应购房贷款的居民家庭，为改善

第12章 房地产投资：买房还是租房

居住条件再次申请住房公积金委托贷款购买第二套普通自住房，第二套房贷款最低首付款比例为30%。对已经拥有一套住房且相应购房贷款未结清的居民家庭，为改善居住条件再次申请商业性个人住房贷款购买第二套普通商品房，第二套房贷款最低首付款比例调整为不低于40%。

由于一般家庭的前一笔贷款大多都是夫妻共同参与还贷，因此在第一笔贷款还完时，双方公积金账户里的储存余额往往不多。想要贷足房贷，多数家庭需要等待数年。

因此，购房者需要早做计划。因为在购房贷款中，有没有公积金贷款相去甚远。公积金贷款的月还款额本息总额相对来说较低，商业贷款的月还款额本息总额相对较高，后者的月负担明显要比前者大，所以要尽可能少用商业贷款。

较为划算的做法是：如果夫妻双方共同贷款，在选择抵扣时，可以只用一方账户里的钱。如果一方缴存额多，另一方缴存额少，不妨选择用缴存额多的进行抵扣。还有一种做法是，根据自己的第二套房购房计划，倒推算好时间，提前还贷。

2. 公积金存款不收利息税

很多人看到自己公积金账户里的钱越来越多，常常会觉得不划算，感觉除了买房或一些特定情况下才能使用，放着是浪费。其实公积金账户的钱也是有利息的。

因此，如果不是急于用公积金抵扣房款的话，钱存在公积金里绝对省心省力又合算，更何况存在公积金账户还有能及时贷到第二套房房款的机会。如果既贷了公积金又贷了商业贷款，与其用公积金账户里的钱抵扣公积金贷款，还不如另外准备一笔钱，先还商业贷款。

3. 贷款买车不如买房

目前，汽车消费热潮正在不断升温，有的市民购房时资金充裕，没有申请住房贷款，可不久后需要购车时资金不足，只好申请购车贷款。其实，更好的做法是在购房时申请住房贷款，留出资金购车。这样其实就是巧用住房贷款购车。

此外，住房贷款期限更长，可以降低每月还款的金额。因此，购房者即使买房时资金充裕，也应该事先考虑其他的大宗消费需求，如购车、装修、子女教育等。而申请一定比例的购房贷款，比较合算的是申请纯公积金贷款。

4. 一笔相当可观的"养老金"

目前很多职工只知道"三金"（医保金、失业保险金和养老金）是必缴的，而没有"公积金"则问题不大。事实上，职工放弃了"公积金"，也等于放弃了一份很重要的福利，甚至可以说是放弃了一份养老金。

首先，这样做丧失了购房低息贷款的权利。我国住房公积金个人购房贷款利率相比同期购房商业贷款的利率要低。

其次，职工一直不动用公积金买房，在退休或遭遇不幸、完全丧失劳动能力时，个人可以提取住房公积金的全部本息余额。这可是一笔相当可观的"养老金"。

随着生活节奏加快，跳槽、换岗已被人们普遍接受，职工应该时刻注意保护自己的"公积金"。

5. 提前偿还住房公积金贷款

借款人提前偿还住房公积金贷款有两种形式：一种是一次性提前还清全部贷款；另一种是提前偿还部分贷款。

一次性提前还清全部贷款是指住房公积金贷款在未到期之前，借款人一次性将贷款余额与当月贷款利息还清的还款方式。提前偿还部分贷款是指住房公积金贷款在未到期之前，借款人在一定条件下一次性偿还部分贷款本金和当月贷款利息的还款方式。部分提前偿还的，应在贷款合同正常履行一年后，且提前偿还的金额不少于上月还款额的6倍。

第12章 房地产投资：买房还是租房

租房一族的理财妙招

在一些发达国家，长时间租房住的人非常多。在他们看来，病了有医疗保险，老了就住到养老院去，能享受的就尽情享受，何必为了一套房子累死累活。

时下，不少人对租房的认识存在一定的误区，总认为租房花了钱到头来房子还是人家的，自己仍是"一无所有"。事实上，结婚前耗费数十万元或上百万元买了房，不过是将未来几十年租房的钱，集中在短期内支出而已。比方说，一套总价100万元的商品房，不考虑利息成本，就按70年计算，再加上物业管理费，平均分摊到每年的花费在1.8万元左右，每月就是1 500元。

倘若拿这笔钱租房，尽管从表面上看，租上10年，付出18万元，房子还不是自己的，似乎很不划算。但假如在租房的10年中，出现比目前房价水平下跌20%的情况，目前100万元的房子就便宜了20万元，这租房的10年就等于白住了。再说，这100万元在10年内还可以找个银行理财产品，以年收益5%计算，10年可获利50万元，足够付租金。更重要的是，10年以后造的房子肯定比现在的好。

租房，不仅是一种生活态度，也是一种理财之道。住在别人的房子里，用手头的钱做自己想做的事。他们说："生活，不应该被房子困住。"

吴小姐在媒体工作，男朋友是教师。她刚参加工作一年，两个人月收入加起来约5 000元，年终奖共约15 000元。他们在县城租了一套小住宅，月租750元，加上生活费，每月需支出3 000元左右。此外，近3年妹妹读大学，每月平均需寄给她1 000元。

他们现有存款40 000元，希望能尽快购置一套房子自住。他们要咨询的问题是，现在是否具备买房的财力？要买的话，应采取哪种贷款方式？买什么样的房子比较合适？

一位资深理财师认为，吴小姐刚工作不久，和男朋友关系较稳固，收入还过得去，想尽快有个属于自己的家。但根据她的具体情况，她现在买房不是太合适。

  主要原因：目前她的现金流太少，如买总房价40万元的住房，首付款至少需12万元，手头4万元存款不够付按揭首付款及装修款；采用等额还贷方式，20年期32万元贷款，月还款额约为2 000元，压力过大；投资渠道少，资金收益率低，剩余资金躺在银行里，没有发挥到最大效用。

  理财建议：未来3年还是继续租房为好，每月拿1 000元根据风险偏好进行合理投资，可投资股票型基金、货币市场基金、信托产品，以期获得较高收益。3年后，累计积蓄可达13万元左右，即，（1 000×12+15 000）×3+40 000+部分升值收益≈13万元。考虑到吴小姐年收入有相当上升空间，男朋友是教师，可申请公积金住房按揭贷款，贷款利率相对较低。3年后，他们可根据情况购买市中心的中小户型住宅（包括二手房），面积在60～80平方米。

  这是新婚一年的一个小家庭。张先生30岁，是医院的医生；张太太28岁，是同单位的护士。夫妻两人收入稳定，分别是5 500元和3 500元。每月家庭支出也比较稳定，在4 000元左右。因为小家庭建立不久，所以只有3万元的活期储蓄。夫妻两人现在居住在张先生父母早期准备的旧房里，市价40万元。夫妻俩想换一套附近的商品房，考虑在100万元左右。但张先生预计房价会下跌，考虑是否先租房，等房价下跌后再买房。张先生夫妇没有投资理财经验，也没有购买过保险，想咨询有经验的理财师，帮助他们的小家庭做一个长期的合理规划。

  张先生家庭年收入10.8万元，年支出4.8万元，每年可结余6万元。由于支出比例合理，张先生家庭有较高的储蓄率，为55.6%。但张先生家庭资产有限，且缺少合理的投资渠道。

  根据张先生的家庭特点，理财师给出了以下建议：

  第一，张先生应给全家留出必要的家庭准备金，一般是月支出的3～6倍，建议保留1.5万元的活期存款，其余的另做他用。

  第二，从国家的政策调控来看，张先生对于房价的顾虑是有一定道理的。如果现在张先生立即卖出旧房，购置新房，考虑到需要10万元左右的装

第12章 房地产投资：买房还是租房

修费用，则新房首付30万元，其余70万元可以使用公积金和商业组合贷款，其中公积金采取足额贷款，以20年为例，则每月需还款4 000余元，对于张先生这样的新婚家庭而言是一笔沉重的负担。而且，这还影响到日后的子女规划。因此，建议张先生先卖出旧房，采用租房的形式，等房价有所下跌后再购置新居。

对于张先生卖房所得款项40万元中的33万元用于购买收益相对稳定的债券型基金，根据现在的市场情况，预计年收益率为10%。这样，2年后可用于支付购置新房的首付款，大约是40万元。由于房价下跌为90万元左右，因此张先生只需选择50万元的公积金和商业组合贷款，其中公积金采取足额贷款，同样以20年为例，每月只需还款3 000元左右。

第13章
债券投资：风险较小，回报稳定

债券：保守的投资

债券是一种有价证券，是社会各类经济主体如政府、企业等为筹措资金而向债券购买者出具的，承诺按一定利率定期支付利息并到期偿还本金的债权债务凭证，是一种重要的信用工具。其基本要素有票面价值、价格、偿还期限和利率。

债券的票面价值包括两点：

（1）币种，即以何种货币作为债券价值的计量标准。若在境内发行，其币种自然就是本国货币，若到国际市场上筹资，则一般以债券发行地国家的货币或国际通用货币如美元、英镑等币种为其计量标准。

（2）票额的数量，根据发行时的具体情况而定。票面金额的不同，对于债券的发行成本、发行数额和持有者的分布都有影响。票面额较小，就方便收入低的小额投资者购买，市场就广阔一些，但票券印刷及发行工作量大，有可能增加发行费用；票面金额过大，就会超出小额投资者的能力范围，销售面就窄，购买者仅能局限于少数大投资者。一旦这些投资者积极性不高，不予认购，就可能导致发行失败。另外，票面价值对于发行者来说具有较为重要的意义，因为发行者是以此来计算所支付的利息和偿还本金的，直接决定发行者筹资成本的高低。

债券的价格是债券在交易中买卖双方以货币的形式对其价值达成的共识,它取决于债券的利率、兑付时间以及其他一些因素,是处于经常性的变化之中的。在发行时,债券的价格不一定与其面值相等,它要视金融市场其他投资品种的收益和供求情况而定,有时可高出票面价格溢价发行,而有时又需低于票面价格折价发行。而当进入二级流通市场之后,债券的市场价格就要随行就市了。

债券的偿还期限是从债券发行日起至偿清本息之日的时间间隔。债券的偿还期限各有不同,一般分为三类:一是偿还期限在1年以内的,为短期。二是偿还期限在1年以上、10年以内的,为中期。三是期限在10年以上的,为长期。债券的偿还期限主要由债券的发行者根据所需资金的使用情况来确定。

债券的利率是债券每年应付利息与债券票面价值的比率。一种债券利率为10%,即表示每认购100元债券,每年便可得到10%的利息。债券的利率主要受银行利率、发行者的资信情况、偿还期限、利息计算方式和资本市场资金的供求情况的影响。

三个关键词帮你选择债券

投资者在看债券类的分析文章或者媒体提供的债券收益指标时,经常会发现几个专有名词:久期、到期收益率和收益率曲线。这些名词对于投资者选择债券来说都意味着什么呢?

1. 久期

久期在数值上和债券的剩余期限近似,但又有别于债券的剩余期限。在债券投资里,久期被用来衡量债券或者债券组合的利率风险,它对投资者有效把握投资节奏有很大的帮助。

一般来说,久期和债券的到期收益率成反比,和债券的剩余年限及票面利率成正比。但对于一个普通的附息债券,如果债券的票面利率和其当前的收益率相当的话，该债券的久期就等于其剩余年限。有一个特殊的情况是，当一个债券是贴现发行的无票面利率债券，那么该债券的剩余年限就是其久期。另外，债券的久期越大，利率的变化对该债券价格的影响也越大，因此风险也越大。在降息时，久期大的债券上升幅度较大；在升息时，久期大的债券下跌的幅度也较大。因此，投资者在预期未来升息时，可选择久期小的债券。

目前来看，在债券分析中久期已经超越了时间的概念，投资者更多地用它来衡量债券价格变动对利率变化的敏感度，并且经过一定的修正，以使其能精确地量化利率变动给债券价格造成的影响。修正久期越大，债券价格对收益率的变动就越敏感，收益率上升所引起的债券价格下降幅度就越大，而收益率下降所引起的债券价格上升幅度也越大。可见，同等要素条件下，修正久期小的债券比修正久期大的债券抗利率上升风险能力强，但抗利率下降风险能力较弱。

2. 到期收益率

国债价格虽然没有股票那样波动剧烈，但它品种多、期限利率各不相同，常常让投资者眼花缭乱、无从下手。其实，新手投资国债仅仅靠一个到期收益率即可做出基本的判断。其公式为：

到期收益率＝［固定利率＋（到期价－买进价）÷持有时间］÷买进价

一旦掌握了国债的收益率计算方法，就可以随时计算出不同国债的到期或持有期内收益率。准确计算你所关注国债的收益率，才能与当前的银行利率做比较，做出投资决策。

3. 收益率曲线

债券收益率曲线反映的是某一时点上，不同期限债券的到期收益率水平。利用收益率曲线，可以为投资者的债券投资带来很大帮助。

债券收益率曲线通常表现为四种情况：

（1）正向收益率曲线。它意味着在某一时点上，债券的投资期限越长，收益率越高，也就是说，社会经济正处于增长期阶段（这是收益率曲线最为常见的形态)。

(2)反向收益率曲线。它表明在某一时点上,债券的投资期限越长,收益率越低,也就意味着社会经济进入衰退期。

(3)水平收益率曲线。它表明收益率的高低与投资期限的长短无关,也就意味着社会经济出现极不正常情况。

(4)波动收益率曲线。它表明债券收益率随投资期限不同,呈现出波浪变动,也就意味着社会经济未来有可能出现波动。

在一般情况下,债券收益率曲线通常是有一定角度的正向曲线,即长期利率的位置要高于短期利率。这是因为,期限短的债券流动性要好于期限长的债券,作为流动性较差的一种补偿,期限长的债券收益率也就要高于期限短的收益率。当然,资金紧俏导致供需不平衡时,也可能出现短高长低的反向收益率曲线。

投资者还可以根据收益率曲线不同的预期变化趋势,采取相应的投资策略的管理方法。如果预期收益率曲线基本维持不变,而且目前收益率曲线是向上倾斜的,则可以买入期限较长的债券;如果预期收益率曲线变陡,则可以买入短期债券,卖出长期债券;如果预期收益率曲线变得较为平坦时,则可以买入长期债券,卖出短期债券。如果预期正确,上述投资策略可以为投资者降低风险,提高收益。

如何进行债券交易

债券的交易分为场内、场外两大类,这两类交易的流程各有各的做法。

1. 证券交易所的基本做法

(1)报价。债券投资人在决定买入或卖出某种债券后,便用书面、口头或电话等方式向各自委托的经纪商发出报价指令,委托经纪商买入或卖出该债券。卖方的报价条件一般为:要卖何种债券,面值是多少,利率是多少,何年到期，卖价在几种档次上可以各卖出多少，在什么档次就停止卖出。买方的报价条件一般为：要买入何种债券，多少钱以下买多少，多少钱以上就不买。

（2）经纪商接到指令后，立即通知投资人所开户的证券交易所。

（3）交易所立即通知在交易大厅内的工作人员大声喊出或用打手势报价给场内其他的经纪商，并用电子屏幕显示。

（4）众经纪商开始公开竞价，本着价格优先、量大优先和时间优先的原则开始交易，即先考虑价格因素。买入价格相对高的报价，卖方就先卖给他；卖出价格相对低的报价，买方就会先和他成交；在价格没有差别的情况下，先报价的先成交；在价格、时间上都没有差别的情况下，交易量大的经纪商先得到交易的机会。

（5）债券买卖双方的经纪商口头达成交易后，在成交单上签字并经交易所登记确认。

（6）经纪商将成交情况通知给投资人，投资人就要按时将款项或债券交付他的经纪商，再到开户交易所交割过户。

投资人从发出报价指令到收到成交的电话通知的整个过程很短，不过就几分钟的时间。接到成交电话通知的第二天，投资人还会接到书面通知。

2. 场外交易的操作流程

场外交易以自营买卖为主，也有少量的代理买卖。由于证券交易商可以在自营买卖中与普通投资者直接交易，因此，在自营买卖中，投资者与投资者、投资者与证券商之间的交易可以不通过交易所和经纪商，就如我们日常生活中的协商议价一样。这个过程对我们来说是再熟悉不过了。

但是，也有些投资人场内、场外市场都不进，所有的交易都是委托别人做的，场内市场委托的是证券经纪商，场外市场可以委托任何他信任的人。接下来，受委托的人到场外市场上去交易的流程与自营买卖的流程是一样的，只不过多了一个随时要听从投资人的指令、向投资人汇报行情的过程而已。

第13章 债券投资：风险较小，回报稳定

怎样计算债券收益

债券收益率是债券收益与其投入本金的比率，通常用年率表示。债券收益不同于债券利息。由于人们在债券持有期内，可以在市场进行买卖，因此，债券收益除利息收入外，还包括买卖盈亏差价。

在债券投资中，投资者最关心的就是债券收益有多少。为了精确衡量债券收益，一般使用债券收益率这个指标。决定债券收益率的主要因素，有债券的票面利率、期限、面额和购买价格。最基本的债券收益率计算公式为：

债券收益率＝（到期本息和－发行价格）÷（发行价格×偿还期限）×100%

由于持有人可能在债券偿还期内转让债券，因此，债券收益率还可以分为债券出售者的收益率、债券购买者的收益率和债券持有期间的收益率。各自的计算公式为：

出售者收益率＝（卖出价格－发行价格＋持有期间的利息）÷（发行价格×持有年限）×100%

购买者收益率＝（到期本息和－买入价格）÷（买入价格×剩余期限）×100%

持有期间收益率＝（卖出价格－买入价格＋持有期间的利息）÷（买入价格×持有年限）×100%

这样讲可能会很难懂，下面举一个简单的案例来做进一步的分析。

例如，林先生于2001年1月1日以102元的价格购买了一张面值为100元、利率为10%、每年1月1日支付利息的1997年发行5年期国债，并打算持有到2002年1月1日到期，则：

购买者收益率＝（100＋100×10%－102）÷（102×1）×100%＝7.8%

出售者收益率＝（102－100＋100×10%×4）÷（100×4）×100%＝10.5%

又如，林先生又于1996年1月1日以120元的价格购买面值为100元、利率

为10%、每年1月1日支付利息的1995年发行的10年期国库券,并持有到2001年1月1日以140元的价格卖出,则:

持有期间收益率=(140-120+100×10%×5)÷(120×5)×100%=11.7%

以上计算公式并没有把获得利息以后,进行再投资的因素量化考虑在内。把所获利息的再投资收益计入债券收益,据此计算出的收益率为复利收益率。

债券投资时机的选择

债券一旦上市流通,其价格就要受多重因素的影响,反复波动。投资者面临投资时机的选择问题。

机会选择得当,就能提高投资收益率;反之,投资效果就会差一些。债券投资时机的选择原则有以下几种:

(1)在投资群体集中到来之前投资在社会和经济活动中,存在着一种从众行为,即某一个体的活动总是要趋同大多数人的行为,从而得到大多数人的认可。这反映在投资活动中就是资金往往比较集中地进入债市或流入某一品种。而一旦大量的资金进入市场,债券的价格就已经抬高了。所以,精明的投资者要抢先一步,在投资群体集中到来之前投资。

(2)债券价格的运动都存在着惯性,即不论是涨或跌都将有一段持续时间。所以,投资者可以顺势投资,即当整个债券市场行情即将启动时可买进债券,而当市场开始盘整将选择向下突破时,可卖出债券。追涨杀跌的关键是要能及早确认趋势,如果走势很明显已到回头边缘再做决策,就会适得其反。

(3)在银行利率调高后或调低前,投资债券作为标准的利息商品,其市场价格极易受银行利率的影响。当银行利率上升时,大量资金就会纷纷流向储蓄存款,债券价格就会下降;反之亦然。因此,投资者为了获得较高的投资效益就应该密切注意投资环境中货币政策的变化，努力分析和发现利率变动信号，争取在银行即将调低利率前及时购入或在银行利率调高一段时间后买入债券，这样就能够获得更高的收益。

（4）在消费市场价格上涨后投资，物价因素影响着债券价格。当物价上涨时，人们发现货币购买力下降便会抛售债券，转而购买房地产、金银首饰等保值物品，从而引起债券价格的下跌。当物价上涨的趋势转缓后，债券价格的下跌也会停止。此时，如果投资者能够有确切的信息或对市场前景有科学的预测，就可在人们纷纷折价抛售债券时投资购入，并耐心等待价格的回升，则投资收益将会非常可观。

（5）在新券上市时把握机会，债券市场的价格体系一般较为稳定，往往在某一债券新发行或上市后才出现一次波动，因为为了吸引投资者，新发行或新上市的债券的年收益率总比已上市的债券要略高一些，这样债券市场价格就要做一次调整。一般是新上市的债券价格逐渐上升，收益逐渐下降，而已上市的债券价格维持不动或下跌，收益率上升，债券市场价格达到新的平衡，而此时的市场价格比调整前的市场价格要高。因此，在债券新发行或新上市时购买，然后等待一段时期，在价格上升时再卖出，投资者将会有所收益。

投资债券要讲策略

目前我国的债券市场由银行间债券市场、交易所债券市场和银行柜台债券市场三个部分组成。这三个市场相互独立，各有侧重。在债券二级市场中，个人投资者进行债券交易的渠道主要有以下几种。

1. 国债

国债是财政部为筹措资金而发行的债券，是目前债券市场上流动性最佳、风险最低的债券。从债券形式看，我国发行的国债又可分为无记名（实物）国债、凭证式国债和记账式国债三种。无记名（实物）国债是一种实物债券，以实物券的形式记录债权，面值不等，不记名，不挂失，可上市流通。凭证式国债是一种国家储蓄债，通过银行发行，可挂失，以"凭证式国债收款凭证"记录债权，不能上市流通。记账式国债以记账形式记录债权，通过采用无纸化形式发行和交易，可以记名、挂失。2000年5月，最后一期无记名国债到期兑付，标志着该类国债在中国国债市场上全面退出，此后国债发行全部采取凭证式和记账式。目前，记账式国债在银行间债券市场、交易所债券市场和商业银行柜台市场均可流通。

2. 企业债券

企业债券的特点与国债极其类似，最大的不同就是企业债券的利息收入需要缴纳20%的利息税。不过扣除该方面的因素，其收益率仍然要高于类似的国债，是小资金投资者理想的选择。

3. 可转换债券

可转换公司债券是一种特殊的企业债券。之所以说它特殊，是因为发行公司事先规定债权人可以选择有利时机，在一个特定时期（转股期）内，按照特定的价格（当期转股价）转换为发债企业的等值股票（普通股票），是一种被赋予了股票转换权的公司债券。可转债既有普通债券的一些基本特征（如票面利率、到期还本付息等），又具有一定的股票特征，是一种混合型的债券形式。我国上市公司发行可转债由于审批严格，债券信用等级均超过AA级，不输于上市的企业债，加上可转债具有"下跌风险有界，上涨幅度无界"的特性，因而较受机构投资者和专业投资者的青睐。

在进行债券投资时，一些投资的策略可以让投资者们获取良好的收益。

（1）可以利用时间差提高资金利用率。一般债券发行都有一个发行期，如半个月。如果在这段时期内都可买进，则最好在最后一天购买。同样，在到期兑付时也有一个兑付期，投资者最好在兑付的第一天就去兑现。这样，可减少资金占用的时间，相对提高债券投资的收益率。

（2）可以选择高收益的债券。债券的收益是介于储蓄和股票、基金之间的一种投资工具，安全性相对较高。所以，在债券投资的选择上，不妨大胆地选购一些收益较高的债券,如企业债券、可转换债券等。特别是风险承受能力比较高的家庭,不要只盯着国债。

(3)利用市场差和地域差赚取差价。通过上海证券交易所和深圳证券交易所进行交易的同品种国债,它们之间是有价差的。利用两个市场之间的市场差,有可能赚取差价。同时,投资者可利用各地区之间的地域差,进行贩买贩卖,也可能赚取差价。

(4)可采用卖旧换新技巧。在新国债发行时,提前卖出旧国债,再连本带利买入新国债,所得收益可能比旧国债到期兑付的收益高。这种方式有个条件:必须比较卖出前后的利率高低,估算是否合算。

(5)注意国债投资讲究组合。个人投资国债,应根据每个家庭和每个人的具体情况,以及资金的长、短期限来计划安排。

如有短期的闲置资金,可购买记账式国债或无记名国债。因为记账式国债和无记名国债均为可上市流通的券种,其交易价格随行就市,在持有期间可随时通过交易场所变现。

如有3年以上或更长时间的闲置资金,可购买中、长期国债。一般来说,国债的期限越长,利率越高。

对收益的稳定性要求较高的投资者,在资金允许的条件下进行组合投资能保证收益的稳定性。例如,将资金分作3等份,分别投资于期限为1年、2年、3年的三种不同类别的债券。这样每年都有1/3到期,收益相当稳定。或者为了保证流动性而投资于短期国债,或为确保债券收益持有长期债券。

债券基金肯定不会赔钱吗

债券基金不一定稳赚。债券基金主要投资于国债、企业债和可转债。目前在交易所上市的国债、企业债、可转债的市场价格,除受债券本身的债券票面利息、债券偿还期限的影响以外,还受利率、市场供需、投机因素的影响。在债券市场价格波动较大的时候，一旦出现投资的债券市场价格低于买入价时，债券基金的净值出现下跌，短期内投资债券基金就可能会出现赔钱。但在较长的时间段内，由于债券的票面利息是固定的，债券每年能取得稳定的债券付息，在债券付息积累到一定程度完全可以抵消债券二级市场价格波动的损失时，投资债券就不会赔钱。

一般来说，债券基金的证券组合主要以各类债券（甚至包括国际债券）为对象，但也不排除有一定数量（如20%以下）的非债券证券。债券型基金的资金主要投资于可流通的国债、地方债券和公司债券，所以债券型基金显现出低风险、低收益的特征。而由于股票基金主要投资上市股票，而股票的波动性远远大于债券，因此相对债券基金，股票基金表现出较大的风险性和收益性。而且债券投资管理不如股票投资管理复杂，因此，债券基金的管理费也相对较低。

投资债券基金可获得稳定的债券利息收入。从长期来看，收益水平高于银行存款，同时，保持较低风险，比较适合谨慎但又希望有较高收益的投资者的需要，如退休人士。而且开放式基金可以随时通过基金管理公司、代销银行或券商的网点买卖，变现比较方便。

五步全面防御债券投资风险

债券投资的最大特点就是收益稳定、安全系数较高，又具有较强的流动性。稳健的投资者往往放弃股票投资的高收益，摒弃银行储蓄的低利息，所图之处就在于此。因此，继收益性之后，安全性便成为债券投资者普遍关注的最重要问题。

债券作为债权债务关系的凭证，它与债权人和债务人同时相关。作为债务人的企业或公司与作为债权人的债券投资者，就债权与债务关系是否稳定来说，债券起着相同的作用，任何一方都无法独立防范风险。企业或公司作

第13章 债券投资：风险较小，回报稳定

为债券的发行者所采用的确保债券安全、维持企业或公司信誉的措施堪称预防措施，是防范风险的第一道防线。而对于投资者来说，正确选择债券、掌握好买卖时机将是风险防范的主要步骤。

1. 对债券的发行做出种种有利于投资者的规定是重要的一步

在发达国家如日本，法律规定公司债券发行额都有一定的限额，不能超过资本金与准备金的总和或纯资产额的2倍。

金融债的限额一般规定为发行额不能超过其资本金和准备金的5倍。债券发行一般是由认购公司承担发行，安全系数高的债券当然容易被认购，这对企业或公司本身也是一种约束。

同时，企业或公司都有义务公开本公司财务、经营、管理等方面的状况。这种制度对企业或公司无疑起到监督和促进作用，对投资者是一种保护。

2. 选择多品种分散投资

这是降低债券投资风险的最简单办法。不同企业发行的不同债券，其风险性与收益性也各有差异。如果将全部资金都投在某一种债券上，万一该企业出现问题，投资者就会遭受损失。因此，有选择性地或随机购买不同企业的各种不同名称的债券，可以使风险与收益多次排列组合，能够最大限度地减少风险或分散风险。这种防范措施对中小户特别是散户投资者尤为重要。因为这类投资者没有可靠的信息来源，摸不准市场的脉搏，很难选择最佳投资对象。此时购买多种债券，犹如撒开大网，这样，任何债券的涨跌都有可能获益，除非发生导致整个债券市场下跌的系统性风险，一般情况下不会全亏。

采用这种投资策略必须注意以下问题：

第一，不要购买过分冷门、流动性太差且难于出手的债券，以防资金的套牢。

第二，不去盲目跟风，抱定不赚不卖的信心，最终才有好收益。

第三，特别值得注意的是，必须严密注视非经济性特殊因素的变化，如政治形势、军事动态、人们心理状态等，以防整个债券行市下跌，造成全线亏损。

第四，要保持债券期限多样化。债券的期限本身就孕育着风险，期限越长，风险越大，而收益也相对较高；反之，债券期限短，风险小，收益也少。如果把全部资金都投在期限长的债券上，一旦发生风险，就会猝不及防，损失难以避免。因此，在购买债券时，有必要多选择一些期限不同的债券，以防不测。

3. 注意做顺势投资

对于小额投资者来说，谈不上操纵市场，只能跟随市场价格走势做买卖交易，即当价格上涨、人们纷纷购买时买入；当价格下跌、人们纷纷抛出时抛出。这样可以获得大多数人所能够获得的平均市场收益。这种防范措施虽然简单，但也能收到一定效益。

4. 以不变应万变

这也是防范风险的措施之一。在债券市场价格走势不明显，投资者买入卖出纷乱时，投资者无法做顺势投资选择，最好的做法便是以静制动，以不变应万变。因为在无法判断的情况下，做顺势投资，很容易盲目跟风，很可能买到停顿或回头的债券，结果疲于奔命，一无所获。此时以静制动，选择一些涨幅较小、尚未调整价位的债券买进并耐心持有，等待其价格上扬，是比较明智的做法。当然，这要求投资者必须具备很深的修养和良好的投资知识与技巧。

5. 必须注意不健康的投资心理

要防范风险还必须注意一些不健康的投资心理，如盲目跟风往往容易上当，贪多往往容易错过有利的买卖时机，赌博心理、孤注一掷的结果往往会导致血本无归，嫌贵贪低、过分贪图便宜，容易持有一堆蚀本货，最终不得不抛弃而一无所获。

第14章
外汇投资：眼疾手快，用钱赚钱

外汇：新的理财捷径

外汇的概念具有双重含义，即有动态和静态之分。

外汇的动态概念，是指把一个国家的货币兑换成另外一个国家的货币，借以清偿国际债权、债务关系的一种专门性的经营活动，是国际汇兑的简称。

外汇的静态概念，是指以外国货币表示的可用于国际结算的支付手段。国际货币基金组织的解释为："外汇是货币行政当局（中央银行、货币管理机构、外汇平准基金组织和财政部）以银行存款、财政部国库券、长短期政府债券等形式保有的、在国际收支逆差时可以使用的债权。"按照我国1997年1月修正颁布的《外汇管理条例》规定，外汇是指下列以外币表示的可以用作国际清偿的支付手段和资产：外国货币，包括纸币、铸币；外币支付凭证，包括票据、银行存款凭证、公司债券、股票等；外币有价证券，包括政府债券、公司债券、股票等；其他外汇资产。

人们通常所说的外汇，一般是就其静态意义而言。

外汇有多种分类法，按其能否自由兑换，可分为自由和记账外汇；按其来源和用途，可分为贸易外汇和非贸易外汇；按其买卖的交割期，可分为即期外汇和远期外汇。在我国外汇银行业务中，还经常要区分外币现汇和外币现钞。

外币现钞是指外国钞票、铸币。外币现钞主要由境外携入。

外币现汇是指其实体在货币发行国本土银行的存款账户中的自由外汇。所谓自由外汇，是指在国际金融市场上可以自由买卖，在国际结算中广泛使用，在国际上可以得到承认，并可以自由兑换其他国家货币的外汇。外币现汇主要由境外汇入，或由境外携入、寄入的外币票据，经银行托收，收妥后存入。

各种外汇的标的物，一般只有转化为货币发行国本土的银行的存款账户中的存款货币，即现汇后，才能进行实际上的对外国际结算。

外国钞票不一定都是外汇。外国钞票是否称为外汇，首先要看它能否自由兑换，或者说这种钞票能否重新回流到其本国，能否不受限制地存入该国的一家商业银行的普通账户上去，在需要时能否任意转账。只有这些条件都符合，才能称之为外汇。

外汇交易知多少

外汇交易是指同时买入一对货币组合中的一种货币而卖出另外一种货币。外汇交易不仅是国际贸易的一种工具，而且已成为国际上最重要的金融商品之一。外汇交易的种类也随着外汇交易的性质变化而日趋多样化。

外汇交易主要可分为现钞外汇交易、现货外汇交易（实盘交易）、个人外汇交易、合约现货外汇交易（按金交易）、外汇期货交易、外汇期权交易和远期外汇交易等。

1. 现钞外汇交易

现钞交易是旅游者以及由于其他各种目的需要外汇现钞者之间进行的买卖，包括现金、外汇旅行支票等。

2. 现货外汇交易（实盘交易）

客户通过国内的商业银行，将自己持有的某种可自由兑换的外汇（或外币）兑换成另外一种可自由兑换的外汇（或外币）的交易，称为"外汇实盘

第14章 外汇投资：眼疾手快，用钱赚钱

交易"。所谓"实盘"，是指在这种交易中，客户不能使用类似于期货交易中的融资方式，即在缴纳保证金之后从银行融资，从而将交易金额放大若干倍。

3. 个人外汇交易

个人外汇交易又称外汇宝，是指个人委托银行，参照国际外汇市场实时汇率，把一种外币买卖成另一种外币的交易行为。由于投资者必须持有足额的要卖出外币，才能进行交易，较国际上流行的外汇保证金交易缺少保证金交易的卖空机制和融资杠杆机制，因此也被称为实盘交易。

自从1993年12月中国工商银行上海分行开始代理个人外汇买卖业务以来，随着我国居民个人外汇存款的大幅增长，新交易方式的引进和投资环境的变化，个人外汇买卖业务发展迅速，目前已成为我国重要的投资市场。

4. 合约现货外汇交易（按金交易）

合约现货外汇交易是指投资者委托从事外汇买卖的金融公司，与金融公司签订买卖外汇的合同，缴付小额的开户保证金，便可买卖十万、几十万甚至上百万美元的外汇。因此，这种合约形式的买卖只是对某种外汇的某个价格做出书面或口头的承诺，然后等待价格出现上升或下跌时，再做买卖的结算，从变化的价差中获取利润，当然也承担着亏损的风险。

外汇投资以合约形式出现，主要的优点在于节省投资金额。以合约形式买卖外汇，投资额一般不高于合约金额的5%，而得到的利润或付出的亏损却是按整个合约的金额计算的。外汇合约的金额是根据外币的种类来确定的。具体来说，每一个合约的金额分别是12 500 000日元、62 500英镑、125 000欧元、125 000瑞士法郎，每张合约的价值约为10万美元。每种货币的每个合约的金额是不能根据投资者的要求改变的，投资者可以根据自己定金或保证金的多少，买卖几个或几十个合约。一般情况下，投资者利用1 000美元的保证金就可以买卖一个合约，当外币上升或下降时，投资者的盈利与亏损是按合约的金额即10万美元来计算的。

5. 外汇期货交易

外汇期货交易是指买卖双方在期货交易所以公开喊价方式成交后，承诺在将来某一特定日期，以当前所约定的价格交付某种特定标准数量的外币，即买卖双方以约定的数量、价格和交割日签订的一种合约。

外汇期货买卖与合约现货买卖有共同点，也有不同点。合约现货外汇的买卖是通过银行或外汇交易公司来进行的，外汇期货的买卖是在专门的期货市场进行的。目前，全世界的期货交易所主要有：芝加哥期货交易所、纽约商品交易所、悉尼期货交易所、新加坡期货交易所、伦敦期货交易所。期货市场至少要包括两个部分：一是交易市场；二是清算中心。期货的买方或卖方在交易所成交后，清算中心就成为其交易对方，直至期货合同实际交割为止。外汇期货和合约现汇交易既有一定的联系，在具体运作方式上也有一定的区别。

获得合法外汇的12种渠道

2001年2月19日，中国证监会决定，允许境内居民以合法持有的外汇开立B股账户，交易B股股票。A、B股的价格存在着巨大的差异，B股以其较低的市盈率和价格受到了广大投资者的青睐。国内投资者想要加入B股投资的队伍，首先须合法持有外汇。国内居民合法取得外汇，有如下渠道：

（1）专利、版权：居民将属于个人的专利、版权许可或转让给非居民而取得的外汇。

（2）稿酬：居民个人在境外发表文章、出版书籍获得的外汇稿酬。

（3）咨询费：居民个人为境外提供法律、会计、管理等咨询服务而取得的外汇。

（4）保险金：居民个人从境外保险公司获得的赔偿性外汇。

（5）利润、红利：居民个人对外直接投资的收益及持有外币有价证券而取得的红利。

（6）利息：居民个人境外存款利息及因持有境外外币或有价证券而取得的利息收入。

（7）年金、退休金：居民个人从境外获得的外汇年金、退休金。

（8）雇员报酬：居民个人为非居民提供劳务所取得的外汇。

（9）遗产：居民个人继承非居民的遗产所取得的外汇。

（10）赡家款：居民个人接受境外亲属提供的用以赡养亲属的外汇。

（11）捐赠：居民个人接受境外无偿提供的捐赠、礼赠。

（12）居民个人从境外调回的、经国内境外投资有关主管部门批准的各类直接投资或间接投资的本金。

值得注意的是，国内居民如果投资B股，必须将外汇汇到证券公司指定的银行保证金账户内。投资者切不可太过心急，而到黑市非法换汇。那里有很多陷阱，投资者很容易上当受骗。

外汇买卖操作技巧

在任何投资市场上，基本的投资策略是一致的。对于复杂多变的外汇市场而言，掌握一般的投资策略是必需的。但在此基础上，投资者更要学习和掌握一定的实战技巧，因为一些经过大量实践检验的投资技巧不仅充满哲理，而且在实战中有很强的指导意义。我们在这里总结了许多汇市高手归纳提倡的7条外汇买卖投资技巧，供读者参考，希望投资者能从中获益。

1. 关注盘局中的机会

盘局是指市价波动幅度狭窄，买卖力量势均力敌，暂时处于交锋拉锯状态的情况。无论上升行情中的盘局还是下跌行情中的盘局，一旦盘局结束，突破阻力位或支撑位，市价就会破关且出现突破式前进。

对于有经验的投资者，这是入市建立头寸的良好时机。如果盘局属于长期关口，突破盘局时建立的头寸所获必然丰厚。

2. 买涨不买跌

炒汇最重要的是在把握汇市趋势的前提下买涨不买跌，踩准汇市的上涨或下跌趋势，顺势而为。与买卖股票的原理一样，外汇也是宁买升，不买跌。因为价格上升的过程中只有一点是买错了的，即价格上升到顶点的时候。除了这一点，其他任意一点买入都是对的。在汇价下跌时买入，只有一点是买对的，即汇价已经落到最低点。因此，在价格上升时买入盈利的机会比在价格下跌时买入的几率大得多。

3. "金字塔"加码

"金字塔"加码的意思是：在第一次买入某种货币之后，该货币汇率上升，眼看投资正确，若想加码增加投资，应当遵循"每次加码的数量比上次少"的原则。这样逐次加买数会越来越少，就如"金字塔"一样。因为价格越高，接近上涨顶峰的可能性越大，危险也越大。

4. 不要在赔钱时加码

在买入或卖出一种外汇后，遇到市场突然以相反的方向急进时，有些人会想加码再做，这是很危险的。例如，当某种外汇连续上涨一段时间后，交易者追高买进了该种货币。突然行情扭转，猛跌向下，交易员眼看赔钱，便想在低价位加码买一单，企图拉低头一单的汇价，并在汇率反弹时，两单一起平仓，避免亏损。这种加码做法要特别小心。如果汇价已经上升了一段时间，你买的可能是一个"顶"。如果越跌越买，连续加码，但汇价总不回头，那么结果无疑是恶性亏损。

5. 延续利润

缺乏经验的投资者，在开盘买入或卖出某种货之后，一见有盈利，就立刻想到平盘收钱。获利平仓做起来似乎很容易，但是捕捉获利的时机却是一门学问。有经验的投资者，会根据自己对汇率走势的判断，决定平盘的时间。如果认为趋势会进一步朝着对他有利的方向发展，他会耐着性子，明知有利而不赚，任由汇率尽量向着自己更有利的方向发展，从而使利润延续。一见小利就平盘不等于见好即收，到头来，搞不好会盈少亏多。

6. 严格执行止损点

许多投资者认为外汇买卖没有什么风险，汇率涨上去就抛，赚取差价；

第14章 外汇投资：眼疾手快，用钱赚钱

汇率跌了，就把钱存定期储蓄，赚取利息。只要有利息，就总能弥补损失，大不了时间长一些。

但有时候，利息的弥补相对于投资的损失只是杯水车薪，没什么意义。就像欧元刚面世的时候，许多人都看好它的前景，纷纷在价格为1.13元时买入欧元。然而，欧元却步入了慢慢下跌之路，最低跌到0.82元左右，而且一跌就是两年多。

如果这样的损失要用利息来弥补的话，可能需要七八年的时间。所以，在外汇投资时也要设立一个止损点，并且要严格执行这个止损点。

订立一个止损点，一旦市场逆转，汇价跌到止损点时，要勇于操刀割肉。这是一项非常重要的投资技巧。由于外汇市场风险颇高，为了避免因投资失误而带来的损失，在每一次入市买卖时，我们都应该订下止损点，即当汇率跌至某个预定的价位，还可能下跌时，立即结清交易。这样操作，即使发生损失也有限，不至于使损失进一步扩大，乃至血本无归。即使一时割肉，但投资本钱还在，留得青山在，不怕没柴烧。

7. 不要盲目追求整数点

外汇买卖中，获利时不要盲目追求整数。在实际操作时，有的人在建立头寸后，给自己定下一个盈利目标，如要赚够200美元再离开，他们总在等待这一时刻的到来。

盈利后，有时价格已接近目标，此时获利平盘的机会很好，但还差几个点没到位，本来可以平盘收钱，却碍于原来的目标，在等待中错过了最好的价位，坐失良机。请记住，为了强争几个点而误事是不值得的。

个人外汇买卖指南

除了掌握一定的外汇买卖技巧外，个人在从事外汇买卖时，还需要熟知一些常识。

1. 保值

个人外汇买卖的基本目的首先应该是保值。

（1）存在外币资产的保值问题。如果你的外币资产如美元比重较大，为了防止美元下跌带来的损失，你可以卖出一部分美元，买入日元、澳元等其他外币，避免外汇风险。如果你想出国留学，你现在就可以着手调整你所持有的外汇，避免所需外汇贬值的风险。例如，你要去英国念书，但手中持有的是美元，那么你可以在英镑下跌之际买入英镑，以防因英镑上涨而给换汇带来的损失。

（2）存在外币兑人民币的保值问题。例如，如果你手头有一大笔日元，当国际外汇市场日元兑美元汇率下跌时，中国银行挂牌价日元兑人民币汇率也将下调，那你持有的日元所折合的人民币就会减少，财产就会受到亏损。因此，这时应当将日元兑换成美元。这是因为，美元兑人民币相对稳定，以人民币计价的美元存款也将保持稳定，从而达到保值的目的。

2. 套利

如果你持有一大笔日元，在日元存款利率较低的时候，可以通过个人外汇买卖业务把日元兑换成存款利率较高的英镑或美元等其他货币，然后存入银行，从中获得较多的利息。例如，2000年，老赵持有1 000 000日元，本想在银行存1年，但在当时，日元1年期存款利率仅为0.0215%，也就是说，1年之后，他仅能获得215日元的利息，依当时的汇率，还不到20元人民币。因此，老赵寻找机会，在美元兑日元的汇率为108时，果断地将1 000 000日元换成9 260美元。当时美元1年期存款利率为4.4375%，所以1年之后，老赵得到了410.9125美元的利息，按当时的汇率，多赚了3 000多元人民币。

3. 套汇

套汇的基本原则是低买高卖。假如你持有10 000美元，在美元兑马克升至1.90时买入19 000马克，在美元兑马克跌至1.82时卖出所得马克，买回10 440美元，这样一来，可以赚取440美元的汇差收益。外汇市场起起落落，涨跌频繁，这给套汇赚取汇差提供了非常有利的机会。例如，在日元以从1美元

第14章 外汇投资：眼疾手快，用钱赚钱

兑124日元涨至105日元时，你持有10 000美元，当时以124日元的价格买入1 240 000日元，然后再以105日元的价格卖出，将得到11 810美元，净赚1 810美元。

4. 套汇和套利，哪个划算

如果你在交通银行进行外汇买卖的话，一段时间内，没有用账户内的资金进行交易，此时银行按定期存款付利息。在上面的例子中，你从5月份买了日元以后，到9月份卖出日元，按日元3个月定期存款利率0.0188%计算，应得日元利息为1 240 000×0.0188%÷4=58.28（日元）（不到1美元，忽略不计）。这时你要想一想，如果你放着这笔美元不做买卖，按美元3个月定期存款利率4.1250%计算，可得美元利息10 000×4.1250%÷4=103.125（美元）。如果汇率变动过小，比如，日元汇价仅涨至120日元，你卖出1 240 000日元，仅可得10 333美元。

如果做日元买卖，在利息方面（比起不做日元买卖的情况）会损失约103美元，在汇差方面会赚取333美元；而不做日元买卖，在利息方面可赚取103.125美元。因此从两者对比来看，做日元买卖虽然有盈利，但收益率很低。所以，汇率波动过小而利率差别又很大的情况下，套汇的收益相对较低。

如何打理外汇资产

目前，我国投资者主要通过银行定期存款、外汇理财产品、个人外汇买卖和投资B股市场四个渠道来投资外汇。

1. 银行定期存款

对于定期外币存款，首先要考虑的最直观、最直接反映投资收益的因素就是利率。一般来说，利率有一个周期性的波动，在利率水平高的情况下，投资者的存款期限应尽量放长；在利率水平低的情况下，投资者的存款期限应尽量以短期为主。以2009年为例，美元的1年期利率仅为1.25%，明显处于低利率水平，因此，投资者应该以短期1个月或者3个月的存款期限为主，尽量不要超过6个月。

不同的币种之间，由于存在汇率波动的因素，因此在选择存款币种时，要充分考虑到汇率的情况。例如，美元兑日元在105~135，那么，如果汇率接近下轨，则长期选择日元存款，风险相对较大。在这种情况下，投资者可以适当减少日元的比重，增加美元比重，以此来降低存款的汇率风险。

2. 外汇理财产品

为了帮助投资者规避由于人民币升值所带来的外汇贬值风险，理财市场上出现了许多针对不同投资风险偏好银行外汇理财产品。对大多数人来说，把手中外币交给银行打理是个不错的选择，特点是收益稳健、风险适中。就美元产品而言，3~6个月到期的短线产品的收益率多在3%~5%，即使人民币继续升值，几个月内也不可能超过5%的收益，投资者仍然有利可图。

3. 个人外汇买卖

在利率水平较低的情况下，炒汇可以规避一定的个人风险，带来不错的收益。当然，风险也随之增加。国与国之间的政治、经济政策各异，导致汇率变化频繁，加上难以预测的突发事件，更兼投机买卖盛行，汇率更难驾驭。所以，炒汇并非适合每一位投资者，而需要相应的政治、经济和金融专业知识，相当的人力、时间和资金投入，比较适合有较大资金规模、有一定抗风险能力的投资者。

4. 投资B股市场

国内居民外汇理财也可以选择B股市场进行投资。投资B股必须关注汇率的变动，尤其应注意政府部门是否有运用汇率工具调节经济的意向。当人民币有贬值可能时，宜卖出B股，持有外汇；当人民币有升值可能时，可以考虑买入B股，通过股市的收益弥补汇兑损失。全球处于经济危机和低息时期，正是扩展资产市场，低价买进B股的有利时机。

但需要提醒的是：B股市场高风险、高收益，投资者可能获得非常高的收益，也有可能在市场变化不利的情况下，出现较大损失。它比较适合具有较高金融知识能力和敏锐判断力的理性投资者。另外，对于风险偏好程度高，希望追求更高收益，有一定能力和渠道的成熟投资者，也可以投资香港股市或者美国股市。

初学"外汇宝"须掌握三要点

外汇宝是个人外汇买卖的一种方式，是指将持有的一种外币转成另一种外币，借以规避汇率风险，获得较高收益，或满足对不同外币的实际支付需求的业务。

越来越多的投资者试图通过外汇宝的操作来为自己的外汇增值，如何做外汇宝呢，这里有三个基本的要点，是初学者必须掌握的。

1. 经济指标

外汇市场分析人士通过对各国经济情况以及经济政策的分析和预期，确定合理的汇率水平，并判断当前的汇价是低估还是高估，据此对汇率水平的中长期变化趋势做出预测。

西方主要发达国家几乎每天都会公布新的经济数据。这些经济数据是反映各国经济状况的晴雨表，受到市场的普遍关注。其中美国公布的经济数据尤为全面详尽，通常有准确的时间预告。在数据公布之前，经济分析专家往往已经对数据做出预测。一项重要经济数据的公布结果可能会使外汇市场出现较大的波动，特别是当数据结果与市场预期差异较大时，市场往往会迅速做出反应，令汇价大幅度震荡。

因此，与经济分析专家相比，交易员往往更关心每天公布的经济数据，把握入市时机，决定操作的策略。

2. 突发事件

投资者要从容搏击汇市，不仅要了解各个国家的经济面情况，还要关注一些突发事件。通常汇率对于突发因素反应敏感，大到武装冲突、军事政变,小到政坛丑闻、官员言论,都会在汇率走势上留下痕迹。

比如,市场经常围绕中东局势的变化产生波动:中东冲突紧张的时候,资金流向欧洲货币避险,美元汇率就下跌;局势缓和的时候,避险货币欧元下跌,投资者重新买回美元。

例如,1991年苏联的"八一九"事件发生后,由于德国与苏联在政治、经济以及地理位置上有着密切的联系,短短几天内,美元兑马克汇率上下震荡了1 000点。投资者纷纷把资金转向美元,把美元看作避险货币。大量的美元买盘使美元兑马克以及其他货币的汇率骤然上升。

突发事件给外汇宝投资者的操作带来难度。在这种情况下,投资者不妨坚持两条原则:一是"宁可信其有,不可信其无";二是"顺势而为"。

3. 央行干预

随着外汇市场上投机力量日益壮大,各种投资基金、金融机构组成的投机力量经常使汇率走势大幅升降,给有关国家的经济带来冲击。

在这种情况下,政府会通过中央银行出面,直接对外汇市场的汇率走势进行必要的干预。据统计,目前外汇市场的日交易量已经达到了1.2万亿美元,相当于全球所有国家外汇储备的总和。一家中央银行即使倾其所有外汇储备来干预市场,也不过是杯水车薪。1992年,英国中央银行英格兰银行为维持英镑汇率而干预市场,竟然不敌索罗斯的量子基金(全球著名的大规模对冲基金),损失达十多亿美元。因此在某些情况下,几家中央银行会采取联合行动,以壮声势。1994年至1995年,美、德、日等国的中央银行多次联手干预市场,动用数十亿美元资金试图拉抬美元汇价,其中规模大的一次干预行动由17国中央银行参加。令人印象深刻的一次是日本为了推动日元贬值,连续9次干预市场,共动用250亿美元的资金买入美元,将美元兑日元汇率由116附近推到120上方。之后美元兑日元一路走高。

第14章 外汇投资：眼疾手快，用钱赚钱

外汇投资要规避的五大误区

近两年，由于外汇存款的利息收入越来越少，许多人都将原来的储蓄存款转移到外汇买卖的投资上，希望能借此获得不错的收益。但是，在实际操作中，部分投资者由于缺少必要的外汇投资知识与投资意识，步入了外汇投资的误区。

1. 缺少充分准备，盲目投资

在外汇市场上要牢记"不打无准备之仗"。不管是出于什么目的去做外汇投资，投资者都应该事先做一些准备，了解外汇专业知识，了解各种货币的走势及趋势，分析何时是相对安全的投资点位，进行合理投资，才能获得投资收益，同时也才能对自己的投资真正负责。

许多投资者发现不同外汇的存款利率不同，就想把低息货币换成高息货币做存款，收取较高的存款利息，因此也就不管各种外汇的走势如何，现在所处的汇率水平是高还是低，盲目地进行兑换。这种想法很实际，反正我还是要做存款，那又何必在意一点点的点差呢？

其实，只要换个角度看，他们就会意识到自己这种想法的片面性。打个比方，如果某客户完成兑换后，半年内，汇率下跌3%，而他仅仅得到了2%的税后存款利息，那么其实他还是有1%的损失。

2. 过分贪婪

投资人想获取投资收益是理所当然的，但不可太贪心。有时候，投资者的失败就是过分贪婪造成的。

货币市场上这种贪心的投机人，并不少见，他们看到一点点利就眼红，甚至寸步不让。这是贪欲在作祟。每当某种货币价格上涨时，他们总不肯果断地抛出自己手中所持有的某种货币，总是在心里勉励自己：一定要坚持到胜利的最后一刻，不要放弃，有更多的盈利机会。这样往往就放弃了一次抛售某种货币的机会。每当某种货币价格下跌的时候，又都迟迟不肯买进，他们总是盼望货币价格跌了再跌。这些投资人虽然与追涨、追跌的投资人相比，表现形式不同，但有一个共同之处，就是自己不能把握自己。这种无止境的欲望，反而会使本来已经到手的获利事实一下子落空。他们只想到高风险中有高收益，而很少想到高收益中有高风险。

3. 人云亦云，盲目跟风

汇市被动受诸多复杂因素的影响，其中汇民的跟风心理对汇市影响甚大。有这种心理的投资人，看见他人纷纷购进某种货币时，也深恐落后，在不了解的情况下，也买入自己并不了解的某种货币。有时他们看到别人抛售某家货币，也不问他人抛售的理由，就糊里糊涂地抛售自己手中后市潜力很好的货币。有时谣言四起，由于羊群心理（跟风心理）在作怪，汇市掀起波澜。一旦群体跟风抛售，市场供求失衡，供大于求，汇市一泻千丈。这样往往会上那些在汇市上兴风作浪的人的当，会被这些人所吞没而后悔莫及。因此，投资者要树立自己买卖某种货币的意识，不能跟着别人的意志走，一旦主意既定，就不应该轻率改变。如果经充分考虑和分析，投资者预先定下了当日入市的价位和计划，就不要因眼前价格涨落影响而轻易改变决定，基于当日价位的变化以及市场消息而临时做出的决定，除非是投资圣手灵机一闪，否则一般而言都是十分危险的。

4. 急功近利，频繁操作

许多投资者在投资时，总觉得手中持有的货币涨得慢，涨得少，因此，频繁地买进卖出，但结果却事与愿违，收益不高。

其实，频繁操作需要时刻注意行情的走势，而大多数投资者是上班族，没有过多的精力来时刻关注汇市的波动，因而投资的效果也就是事倍功半。而且，如果发生屡买屡套的糟糕情况，会使投资者的心态失衡，陷入一个恶性循环。

投资市场有一句格言："忍耐是一种投资。"从事投资的人，必须培养自己良好的忍性和耐力。忍耐，往往是投资成功的一个"乘数"，关系到最终的结果是正是负。不少投资者，并不是他们的分析能力不行，也不是他们缺乏投资经验，而仅仅是缺了一份忍耐力，从而招致不必要的损失。

5. 心态失常，孤注一掷

由于投资涉及个人利益的得失，因此，投资者精神长期处于极度紧张状态。如果盈利，还能得到一点满足感；如果身处逆境，亏损不断，甚至连连发生不必要的失误，这时要千万注意，不要头脑发胀，失去清醒和冷静。此时，最佳的选择是抛开一切，离市休息。等休息结束，暂时盈亏已成过去，发胀的头脑已冷静下来，思想包袱也已卸下，相信投资的效率会得到提高。

从事外汇交易，要量力而为，千万不可孤注一掷，把一生的积蓄或全部家底如下大赌注一样全部投入。因为在这种情况下，一旦市势本身预测不准，就有发生大亏损甚至不能自拔的可能。记住，用来投资的钱一定是"闲钱"，也就是短期内没有迫切、准确用途的资金。这是因为，如果投资者以家庭生活的必需费用来投资，万一亏蚀，就会直接影响家庭生活。或者，用一笔不该用来投资的钱来生财，心理上已处于下风，因此，投资者在决策时难以保持客观、冷静的心态，在投资市场中失败的概率就会增加。

第15章

黄金投资：天然货币，永不贬值

黄金投资：最安全的投资

黄金是一种带有黄色光泽的金属。黄金具有良好的物理属性、稳定的化学性质、高度的延展性及数量稀少等特点，不仅是用于储备和投资的特殊通货，同时又是首饰业、电子业、现代通信、航天航空业等部门的重要材料。黄金在20世纪70年代前一度成为世界货币，目前依然在各国的国际储备中占有一席之地，是一种同时具有货币属性、商品属性和金融属性的特殊商品。

金是一种没有地域及语言限制的国际公认货币。黄金代表着最真实的价值——购买力。即使最坚挺的货币也会因通货膨胀而贬值，但黄金却具有相对永恒的价值。所以，黄金投资是财产保值增值的方式之一。

黄金长久以来是一种投资工具。黄金价值高，并且是一种独立的资源，不受限于任何国家或贸易市场，它与公司或政府也没有牵连。因此，投资黄金通常可以帮助投资者避免经济环境中可能会发生的问题，而且，黄金投资是世界上税务负担最轻的投资项目。黄金投资意味着投资于金条、金币，甚至金饰品，投资市场中存在着众多不同种类的黄金账户。

黄金投资是一种永久、及时的投资。几千年以来，黄金永远散发着它的光芒、魅力，并以其独有的特性——不变质、易流通、保值、投资、储值的功能，成为人们资产保值的首选。无论历史如何变迁，抑或是货币币种的更换,黄金的价值永存。

在当今不确定的经济、政治环境下,许多投资者纷纷转向投资黄金,将它称为"没有国界的货币"。因此,黄金成为在任何时候、任何环境下最重要、最安全的资产之一。

七种典型的黄金投资方式

当前,市场上黄金投资的种类日渐多样化,理性投资方可保收益。国际上主要的黄金投资方式有以下几种。

1. 实物黄金业务

实物黄金是指实物黄金的买卖,其投资保值的特性较强,是追求黄金保值人士的首选,适合有长期投资、收藏和馈赠需求的投资者。

2. 纸黄金

纸黄金其实就是黄金的纸上交易。投资者的买卖交易记录只在个人预先开立的"黄金存折账户"上体现,而不必进行实物金的提取,这样就省去了黄金的运输、保管、检验、鉴定等步骤,其买入价与卖出价之间的差额要小于实金买卖的差价。由于不涉及实金的交收,交易成本可以更低。

当然,不管是投资纸黄金还是实物金,最终能否盈利还是要依赖于国际金价的走势。理财专家提醒,投资纸黄金应综合考虑影响价格的诸多因素,尤其要关注美元的"风向标"。

3. 黄金保证金

黄金保证金交易是指在黄金买卖业务中,市场参与者无需对所交易的黄金进行全额资金划拨,只需按照黄金交易总额支付一定比例的价款,作为黄金实物交收时的履约保证。

举例来说,如果经纪商设定的每手交易结算金额是100 000美元,要求的保证金是1 000美元,那么,只需要1 000多美元的本金,就可以进行100 000美元的外汇买卖。目前世界黄金交易中,既有黄金期货保证金交易,也有黄金现货保证金交易。

4. 黄金期货

黄金期货也是按一定成交价,在指定时间交割的合约。合约有一定的标准。期货的特征之一是,投资者为能购买一定数量的黄金而先存入期货经纪机构一笔保证金。一般而言,黄金期货购买者和销售者都在合同到期日前,出售和购回与先前合同相同数量的合约而平仓,而无需真正交割实金。每笔交易所得利润或亏损,等于两笔相反方向合约买卖差额,这种买卖方式也是人们通常所称的"炒金"。

黄金期货合约交易只需10%左右交易额的定金作为投资成本,具有较大的杠杆性,少量资金能推动大额交易。所以,黄金期货买卖又称为"定金交易"。

世界上大部分黄金期货市场交易内容基本相似,主要包括保证金、合同单位、交割月份、最低波动、期货交割、佣金、日交易量、委托指令。

5. 黄金股票

所谓黄金股票,就是金矿公司向社会公开发行的上市或不上市的股票。所以,黄金股票又被称为金矿公司股票。由于买卖黄金股票不仅是投资金矿公司,而且还间接投资黄金,因此这种投资行为比单纯的黄金买卖或股票买卖更为复杂。投资者不仅要关注金矿公司的经营状况,还要对黄金市场价格走势进行分析。

6. 黄金期权

期权是买卖双方在未来约定的价位,具有购买一定数量标的的权利而非义务。如果价格走势对期权买卖者有利,会因行使其权利而获利。如果价格走势对其不利,则放弃购买的权利,损失只有当时购买期权时的费用。由于黄金期权买卖投资战术比较多并且复杂,不易掌握,因此目前世界上黄金期权市场不太多。

7. 黄金基金

黄金基金是黄金投资共同基金的简称。所谓黄金投资共同基金,就是由基金发起人组织成立，由投资人出资认购，基金管理公司负责具体的投资操作，专门以黄金或黄金类衍生交易品种作为投资媒体的一种共同基金，由专家组成的投资委员会管理。黄金基金的投资风险较小、收益比较稳定，与我们熟知的证券投资基金有相同的特点。

如何预测黄金价格的走势

黄金投资和外汇投资、股票投资一样，要时时关注行情的变化和走势。影响黄金价格波动的因素主要有以下几个方面。

1. 供求关系

金价波动是建立在供求关系基础之上的。如果黄金的产量大幅增加，金价会回落。此外，新采金技术的应用、新矿的发现、央行售金等，均会令金价承压。如果进入印度等黄金消费大国用金高峰期，或出现矿工长时间罢工等原因，总体出现供少于求的局面，金价就会受益上扬。近年来，黄金投资需求在市场中的比重越来越大，对黄金的影响更具弹性，更敏感。所以，金融衍生品市场上的一举一动，都对金价走势产生重要影响。

2. 美元汇率影响

由于国际金价用美元计价，黄金价格与美元走势的互动关系非常密切，通常呈现美元涨、黄金跌和美元跌、黄金涨的逆向互动关系。但在某些特殊时段尤其是黄金走势非常强或非常弱的时期，金价也会摆脱美元走势的影响。例如，2005年第四季度，国际对冲基金普遍看好石油、贵金属等商品类投资品种，大资金纷纷介入，导致黄金价格与美元的互动关系一度失效，金价出现了独立的走势。投资者今后在分析黄金与美元走势时必须充分考虑这一因素。不过，在基本面、资金面和供求关系等因素均正常的情况下，黄金与美元的逆向互动关系仍是投资者判断金价走势的重要依据。

3. 各国的货币政策与国际黄金价格密切相关

当某国采取宽松的货币政策时，由于利率下降，该国的货币供给增加，加大了通货膨胀的可能，会造成黄金价格的上升。如20世纪60年代美国的低利率政策促使国内资金外流，大量美元流入欧洲和日本。各国由于持有的美元净头寸增加，出现对美元币值的担心，于是开始在国际市场上抛售美元，抢购黄金，并最终导致了布雷顿森林体系的瓦解。但在1979年以后，利率因素对黄金价格的影响日益减弱。

4. 通货膨胀对金价的影响

通货膨胀对金价的影响，要分长期和短期来分析，并要结合通货膨胀在短期内的程度而定。从长期来看，每年的通胀率若是在正常范围内变化，那么它对金价的波动影响并不大；只有在短期内，物价大幅上升，引起人们恐慌，货币的单位购买力下降，金价才会明显上升。进入20世纪90年代后，世界进入低通货膨胀时代，作为货币稳定标志的黄金用武之地日益缩小。而且作为长期投资工具，黄金收益率日益低于债券和股票等有价证券。但是，从长期看，黄金仍不失为对付通货膨胀的重要手段。

5. 原油价格的影响

石油需求出现一边倒的时候，有时会出现投机资金顺势对石油价格推波助澜，从而达到投机获利的目的。

石油作为工业的血液，其价格的定位对世界经济的发展至关重要。影响石油价格的主要因素是，经济发展的程度对石油的需求和石油供应的对比关系。当然，在石油需求出现一边倒的时候，有时会出现投机资金顺势对石油价格推波助澜，从而达到投机获利的目的。黄金与石油存在一定的关联，主要体现为相对的正相关关联，但其关联又呈现复杂多变的态势。

在国际原油价格呈现持续大幅上涨的时候，经济患上"高血压"。而黄金则充当避险资金良药的角色，短期避险资金选择大量地吞服黄金，以增强对经济高血压的免疫能力，从而推动国际金价不断盘升。此刻原油与黄金存在较高的正相关关系，但该正相关关系是以原油价格的运行为前提，金价的关联上扬是后反映。另外，影响金价的因素是很多的，原油价格的运行只在某一特定的时候形成相对较大的关联。

6．国际政局动荡、战争等的影响

国际上重大的政治、战争事件都将影响金价。政府或为战争或为维持国内经济的平稳而支付费用，大量投资者转向投资黄金，这些都会扩大对黄金的需求，刺激金价上扬。如第二次世界大战、美越战争、1976年泰国政变、1986年"伊朗门"事件等，都使金价有不同程度的上升。比如，2001年9月份的"9·11事件"曾使黄金价格飙升至当年的最高点——近300美元。

7．股市行情对金价的影响

一般来说，股市下挫，金价上升，这主要体现了投资者对经济发展前景的预期。如果大家普遍对经济前景看好，则资金大量流向股市。股市投资火热，金价下降。

除了上述影响金价的因素外，国际金融组织的干预活动，本国和地区的中央金融机构的政策法规，也将对世界黄金价格的变动产生重大的影响。

在哪里购买实物黄金更安全可靠

实物黄金目前的购买渠道主要有以下几种。

1．银行购买

各大银行均可购买，收取的加工费不定。

（1）中国建设银行买入的时候需要收取每克12~16元的加工费，回购的时候收取每克16元的手续费。一来一回需要30多元的加工费。对于购买多的朋友来说，里面的火耗是非常大的。

（2）中国工商银行每克收取12元的加工费，不提供回购。投资者需要自己去寻找回购的公司和机构。

（3）中国银行主要提供纪念币的购买，都是限量发行的种类。虽然购买纪念币的时候比较贵，但是时间很长。品种的稀少性也会带来不错的升值空间，但是需要较长时间，适合留给下一代。

（4）中国农业银行推出的黄金，它的手续费和中国工商银行差不多，并且提供回购，购买比较方便。还有高赛尔黄金，它也是比较理想的投资选择。

（5）其他商业银行购买的实物黄金普遍收取的加工费都会比上述银行偏高，在20元左右。当然，这需要根据不同的品种而定。

2. 其他购买途径

内地的黄金公司，收取的加工费是10元左右。回购基本需要回到原来公司。国内银行的报价，采用一天一报或者一天两报的形式报价。

香港地区也可购买实物黄金，唯一的不足就是不太方便。而香港地区的黄金在价钱和加工费上都具有绝对优势。

在香港地区购买实物金条也是比较便宜的，例如，香港万兆丰的投资金条，加工费收取8港币，提供回购，并且出售的金条在全香港的金店都能够回购，且回购不收取手续费。

新手"炒金"注意事项

伴随着黄金市场的再次走俏，"金市"里又多了一批满怀致富热情的新手。而新手投资黄金，该注意哪些事项呢？

1. 制订详细计划

"凡事预则立，不预则废"，这是千百年来被验证的真理。而在黄金投资中，投资者理应在开始投资前，制订出一份切实可行的投资计划。这份计划书应当包括投资者个人的财产情况、家庭情况、投资目标（期望能获得多大回报），选择什么投资产品，按照什么步骤来执行，如何完善投资者的计划，等等。投资者要充分结合自己的理财特点和风格来拟订这份计划，以使它更加符合自身的情况。

2. 选择好的金商

在制订好的投资计划之后，投资者应该选择好的金商。在市面上，有琳琅满目的黄金投资产品，它们都是由不同的珠宝机构或者银行提供的服务项目。黄金产品种类繁多，你该如何选择呢？

你可以采取以下"三比"策略：

（1）比实力。实力大小是评估金商的一个重要标准。实力雄厚、知名度高的商业银行和黄金珠宝公司的产品和服务都很受大众青睐，而由于其有足够的资金做后盾，也相对值得信赖。

（2）比信誉。信誉好不好，在商场上几乎决定了一个生意人的成败。诚信是每个经营者都应当提倡的，而这也是一条普通的商业规则。如果金商的信誉度不高，还是淘汰掉比较好，以免有后患。

（3）比服务。在很多情况下，投资者不会太在意金商的服务。他们往往只要质量好，金商的态度或者售后服务不好也可以迁就一下。可是，在购买后真出现了问题，你能得到应有的对待吗？所以，你最好心里有个底，留意一下金商的服务机构、所做出的售后承诺以及服务的执行情况。

3. 学习相关知识

"磨刀不误砍柴工"，投资者不妨在正式开始黄金投资之前，努力学习一下黄金投资方面的知识。仔细阅读一些专业文章，会让你在投资的时候更加得心应手。

学习这些知识的途径主要有：从书本和有关文章中学习；从网站搜索各种资源学习；向先入行的投资者学习；在实践中学习。

4. 做好心理准备

一个投资者如果没有做好心理准备，不可能投资成功。因此，炒金人也要有所准备。黄金市场也有一定风险，投资者一定要正确面对。为了能让你更有底气，你可以常常浏览国内和国外的时政，也可以多了解一些影响金价的政治因素、经济因素、市场因素等，进而相对准确地分析金价走势，从而做到在面对风险时能镇定自若。

5. 选购黄金藏品

黄金藏品大都珍贵而精致，所以除了其本身具有价值外，还兼具文化、纪念和收藏价值。倘若你能在众多黄金制品中挑到成色好、样式新颖，并且极具纪念和收藏价值的金品，你就能投资成功。所以，选购好的黄金藏品，也是投资的重中之重。

黄金投资忌快进快出

黄金被比喻为家庭理财的"稳压器"。黄金与其他信用投资产品不同，它的价值是天然的，而股票、期货、债券等信用投资产品的价值是由信用赋予的，具有贬值甚至灭失的风险。在通货膨胀和灾难面前，黄金就成为一种重要的避险工具。黄金价格通常与多数投资品种呈反向运行，在资产组合中加入适当比例的黄金，可以最大限度地分散风险，有效抵御资产大幅缩水，甚至可使资产增值。

不过，风险小同时意味着收益率相对也小，但即使回购价格仅仅比买入价每克高1元人民币，仍然比将钱存在银行里要划算。据测算，如果每克价差在5~7元人民币，那么投资收益就可达到3%~4%。

100年前，1盎司黄金在伦敦可以定做一套上等西装；100年后，在伦敦，1盎司黄金仍然能够定做一套上等西装。据悉，在发达国家理财专家推荐的投资组合中，黄金占家庭理财产品的比重通常在5%~15%。这充分说明了黄金的保值作用。

此外，投资者所居住的国家的政治、经济、社会安全性等都是投资者投资黄金比例高低要考虑的主要因素。在我国，对于普通家庭而言，通常情况下黄金占整个家庭资产的比例最好不要超过20%。只有在黄金预期会大涨的前提下，投资者才可以适当提高这个比例。

民间向来有"闲钱买黄金"的说法。影响黄金价格走势的因素有很多，

第15章 黄金投资：天然货币，永不贬值

如国际政治、经济、国际汇市、欧美主要国家的利率和货币政策、各国中央银行对黄金储备的增减、黄金开采成本的升降等。个人炒金者对黄金价格的短期走势是较难判断的。如果以股市里短线投机的心态和手法来炒作黄金，很可能难如人愿。

因此，投资黄金最好是考虑中长期投资，只要知道当前黄金正处于一个大的上升周期中，即使在相对高位买进，甚至被套，也不是什么严重的问题。不过，多数专家认为，介入黄金市场的时机要把握好，最好选择一个相对低点介入。

把握大方向，踩准买卖节拍

如果你现在想要投资黄金，有什么方法？目前市面上的黄金投资工具，不外乎黄金条块、金币、黄金存折、黄金账户、黄金期货和黄金基金等。

1. 把握大方向

基本上，黄金存折适合对于对黄金市场较不熟悉或者投资属于稳健型的人；积极型和风险承受度较高者，则可以考虑黄金存折加上黄金基金；专业又喜欢冒险者，可以黄金存折为基本避险部位，再增加黄金基金、期货、选择权等投资。

2. 踩准买卖节拍

正确分析只是成功投资的第一步。而在分析方面，投资者往往把注意力放在如何判断进场点上，而不知道判断出场点比判断进场点更重要，也是更难的一个操作技巧。

把握大方向与踩准买卖节拍同等重要。在分析方面，对整个市场的趋势判断正确，但如果买卖时间不科学、不理性，同样可能是高点进低点出，而如果买卖时间是科学的，那么整个盈利状况将大为改观。市场分析是操作的前提。从正确的市场分析出发，才能建立起科学的交易系统。理性的买卖时间是把正确的分析发挥最大效果的一个过程,而心理控制则是两者的基础和纽带。一个人如果心理素质不好,即便有了正确的分析,也可能因为心理因素问题,从而直接影响买卖时间的科学性,这样就使最后的赢利结果不是自己应得的那部分。投资市场不同于社会生活的任何其他方面。当人们从事任何其他社会职业时,人性的弱点往往还可以用某种方法掩饰起来,但是在投资市场上,每个人都必然把自己的人性弱点充分地表现出来。这是根本无法遮掩的。所谓公开竞价,其实就是公开展示人性。人性弱点在投资黄金时表现在四个方面:懒、愿、贪、怕。

所说的"懒、愿、贪、怕",投资者要完全克服是不可能的,因为它们是人性的表现,是与生俱来的。但是它们的表现程度是可以控制的。成功的投资者能够成功地把它们控制在一个适度的范围内,不使其影响理智的思维。道理虽然简单,但做起来却非常之难,因为它要求一个人能脱胎换骨地改造自己。

所以,要想战胜对手,就要先战胜自己。不能战胜自我的人,是很难在投资市场最后成功的。投资者应该明白一句话:"投资黄金三分靠分析,掌握大方向,七分靠操作,准确把握买卖时点"。

投资实物黄金的三项重要提示

随着我国的经济发展,越来越多的投资者开始进行实物黄金投资。实金投资包括金条、金币和金饰等。投资者进行实物黄金投资有以下三项重要提示。

(1)金饰实物不适合投资。首先,黄金首饰市场都是"只卖不收",而即使有珠宝加工点愿意收购旧黄金首饰,但是给出的回购价都与当天的千足金价格相差近百元,大大低于消费者的预期。一般消费者只能选择将手里的金饰换购。购买金饰品与黄金投资并不是一回事。金店的黄金首饰主要功能在于装饰,收藏功能差,佩戴时还会有磨损,如果购买不久的黄金首饰要变现,肯定多多少少要吃点亏。相对于银行来说,金店对黄金回购丢失发票的

第15章 黄金投资：天然货币，永不贬值

问题上有一定的变通，那就是可以选择在柜台兑换黄金首饰。同时，黄金饰品变现出售时，即使是全新的饰品，也只能按照二手饰品来对待，价格最高不超过新品的2/3。

（2）纪念金币和礼品金条，价值可能会超过本身的铸金价值。比如，2005年"北京奥运金"本色金第一组发行时最低零售价格是135元/克，同年12月发行的第二组最低零售价格升为156元/克，2006年12月发行的第三组的最低零售价格已涨到188元/克。一般而言，纪念意义越重大，收藏价值越高。另外，金银币章的收藏最好整套收藏，还有很重要的一点，收藏要有权威性。只有同时具备上述条件的纪念金币和礼品金条，才具备投资价值。

（3）投资者在进行黄金实物投资时应选择受法律保护、有明确政策规范的合法投资渠道，以避免不必要的投资损失。

黄金实物投资是一项长期投资，通过长期投资可以分享金价持续上涨所带来的收益，从而达到资产保值和增值的目的。

第16章
收藏投资：爱好赚钱，两不相误

收藏：高雅的投资

收藏自古以来就是一种重要的投资途径。在古代，由于收藏品（包括字画、珠宝、邮币卡等收藏品）的价值高、体积小，甚至成为比货币更加容易携带流动的"浓缩货币"。"金银细软"中的"细软"便主要是指古玩珠宝之类的收藏品。

改革开放以后，尤其是进入20世纪90年代，国家经济平稳发展，人们生活水平逐步提高，我国民间收藏呈现出蓬勃发展之势，形成了一支浩浩荡荡的民间收藏队伍。从收藏爱好者的构成看，不再局限于知识层，已扩展到社会的各个阶层、各个年龄层，可以说中国民间收藏活动呈现出前所未有的繁荣景象。

收藏活动之所以能吸引越来越多的人，与收藏的价值分不开。收藏是资产保值和投资的重要手段。有的收藏爱好者说："炒股赚的钱只是枯燥的数字，购藏艺术品却是既能升值保值，又能怡情养性，陶冶情操。""觉得艺术品投资的回报率与股票相差无几，甚至只要选择正确，它更具有稳定性。"这种考虑很能代表一些人的想法。

市场经济赋予了收藏更大的价值。在众多的投资品种中，有人预测，继房地产、股票之后，那些极具经济价值的艺术藏品（如古玩、书画、观赏石)是又一大投资项目。而与前两者相比,这类藏品由于具有极高的艺术性和不可再生性,因此本身的价值、价格相对稳定,并随时间的推移、经济的增长而呈不断上升之势,具有更高的稳定性和回报率。在世界各国,都有庞大的艺术品市场和收藏队伍,并且在不断成长壮大,即使在经济危机的形势下,顶级古玩艺术品仍在市场的风风雨雨中胜似闲庭信步,屡创佳绩。

总之,藏品投资大有前途,而且藏品经营的前景也将更为广阔。

新手要知道的收藏品投资程序

收藏品投资者如果能将其投资行为建立在有条不紊的基础上,就有利于抓住机会,减少差错。为此,收藏品投资必须遵循一定的程序,否则,任一阶段的疏忽都可能造成巨大的损失。收藏品投资的基本程序如下。

1. 要具有收藏条件

(1)要具有一定的鉴别能力。投资者想在收藏的过程中从一窍不通学起,要付出的代价太大,切不可尝试。在决定收藏某种品种前,投资者一定要先学习一定的相关知识。

(2)要有一定的资金储备。投资者培养收藏爱成后,发现自己资金不足,使自己陷于遇到好东西买不起,放弃又不忍的痛心情况。所以,收藏要量力而行。

(3)要有坚强的后方支持。进行收藏活动前一定要得先到家人的支持,这样才能无后顾之忧,不仅会得到众人拾柴火焰高的好结果,还能与家人一起分享收藏的乐趣。

2. 确定收藏方向

(1)了解自己的爱好。

(2)了解哪种收藏品适合自己。投资者要考虑自身情况,比如家里的收藏空间、收藏条件、经济条件、收藏渠道,等等。

（3）不与国家的政策相违背。比如，飞机、武器、弹药等，在我国是禁止民间收藏的。

（4）不影响自己正常的生活工作，不涉及别人的隐私。比如，照片等可以作为藏品，但能不能公开展示，就要考虑多方面的因素。

（5）了解想要收藏品的升值趋向，当然非保值升值收藏品除外。

3. 选定艺术顾问

艺术顾问主要来自以下几种途径：

（1）艺术院校里的专家、教授。

（2）艺术研究机构及博物馆、美术馆等收藏机构的学者、专家。

（3）美术出版社或美术出版物的编辑。

（4）经常在艺术刊物上发表文章或出版艺术方面著作的作者。

（5）艺术公司专门研究艺术与市场发展规律的专家与学者。

（6）画廊、文物商店、珠宝商店、集邮用品商店等收藏品经营机构有经验的经营专家。

（7）熟悉艺术市场行情的艺术家及收藏品鉴定家。

4. 收藏品投资策划

收藏者根据自身各方面的情况及对艺术的了解，再结合艺术顾问的建议，在了解艺术市场行情的基础上制定收藏品投资决策。

珠宝投资：收益新宠

"宝石"也叫"宝玉石"，有狭义和广义之分。

我国传统上将宝石与珍珠、琥珀、珊瑚等小件翡翠合称为珠宝。由于珠宝的存量稀少、体积小、价格高，并能长期保值，甚至增值较快，同时又便于携带和永久保存，因此古今中外都视珠宝投资为一种极有利润的投资工具。

在投资过程中，影响珠宝价值的因素主要有：漂亮、耐用性、稀少、市场需求、传统文化心理、便于携带等。

珠宝的投资经营主要有如下特点：

（1）珠宝具有"硬通货"性质。许多国家都将宝石资源划归国有，并将其作为国民经济发展的重点投资项目和国库储备的对象之一。

（2）全球珠宝贸易市场比较集中。珠宝交易形式多种多样，贸易的对象也有原石、半成品和成品等。

（3）珠宝交易比较保守和稳妥。珠宝交易与其他商品贸易一样，但是珠宝交易的一个显著的特点是趋于保守和稳妥。

（4）珠宝市场竞争激烈。由于珠宝贸易市场中的高额利润，珠宝市场的竞争十分激烈，欺诈、走私和黑市这些现象也就很难得到根本性控制。

邮票投资：方寸之间天地宽

邮票俗称"小市民的股票"。早在20世纪40年代，邮票便成为欧美等国家普遍欢迎的投资对象。自20世纪80年代以来，邮票在股票之前就已成为我国个人投资的热门货。

邮票的种类主要有以下几种。

1. 新票、盖销票、信销票

在我国邮票市场上，新票价格最高，盖销票次之，信销票最低。在国外的邮票市场中，人们比较重视信销票，最看不上盖销票。人们传统的邮票投资观念认为，只有收集信销票是真正集邮，认为购买新邮票不算集邮。信销票的特点是难以收集，但是它作为邮资凭证使用过，有一定的邮政史料价值。

2. 成套票和散票

成套邮票价格都高于散票，但是散票同样具有一定的市场价值。人们可以利用散票价格比成套票低的这一特点，收集和购买散票，以便凑成套票，从而使其升值。

3. 单票、方连票、整版票（即全张票）

一些人在邮票投资中持有一种错误的观点，即收集方连票，甚至整版票，认为它们相对市场价格会高一些。从邮票投资上来讲，收集方连票、整版票实无必要，因为投资它们要比收集单枚票贵几倍甚至几十倍。如果是中、低档邮票，方连票、整版票很多，比起单票来说，也就没有更高的价值了。

4. 单枚套票、多枚套票、大套票

单枚套票是指1枚1套的邮票。多枚套票是指2～6枚1套的邮票。大套票是指7枚以上1套的邮票。

5. 早发行的邮票和晚发行的邮票

邮票发行年代的早晚，在较短的时间内对邮票价格影响较大，往往发行得早的邮票价格高，发行晚的邮票价格低。但是经过5年、10年，特别是过了20年以后，邮票发行年代的早晚对价格的影响已经微乎其微，甚至完全不起作用。

6. 纪念邮票与特种邮票

在众多的邮票当中，有些邮票因设计上的错误或发行量很少等原因，被人们视为极珍贵的邮票。这些邮票在历次拍卖和市场中价格一再上涨，成为集邮家争相搜集的对象。如1990年5月26日，香港旭力集邮公司在第26次通信拍卖上，1枚蓝色的"军人贴用"新票上有约1厘米的撕裂，底价高达15万港元。

钱币投资：成为"有钱人家"

钱币有很多种类。按形态来分，钱币可分为纸币和金属币两大类。金属币又可分为贵金属币和普通金属币。按国别来分，钱币可分为中国钱币和外国钱币。按时间来分，钱币可分为古代钱币、近代钱币和现代钱币。

古今中外发行过的钱币有数百万种，钱币收藏者只能量力而行，分类收藏。收藏专家认为，钱币收藏要注意看以下几个方面：

（1）钱币是否有面值。没有面值的只能称为"章"，而不能称为"币"。币必须是可以或者曾经可以作为货币流通。

（2）钱币涉及的题材。钱币所涉及的题材多为历史人物、历史事件、文化艺术、体育、动物、植物、自然景物等。由于每个人的学识情趣、文化品位不同，对题材的偏好各异，因此，收藏者可以选择自己所喜爱的题材进行系列收藏。

（3）钱币的纪年版别。钱币上的纪年是指铸造在钱币上的年份。相同图案、面值的钱币，纪年不同，其价值差异颇大。

（4）钱币的出处。比如说，银圆分为云南龙版、北洋龙版、江南龙版、贵州竹版等。

（5）钱币齿边形状。钱币的齿边形状大致可以分为平光边、丝齿边、装饰边、铭文边和安全边五大类，这是区分铸币不同版别的一个重要依据。

（6）钱币的制作工艺、钱币上的字迹是否自然流畅，以及整个钱币是否和谐。做工精美的品种，容易引起市场好感，具有较大的增值潜力。

（7）钱币的成色。钱币的品相是按"成"来划分的。其实，只要是有七八成新的，就可以收藏。如果是珍稀品种，成色差一点也行。当然，十成新的最好，这就表明钱币没有任何脏污斑点，没有任何破损、裂缝，而且重要的是没有经过人工处理。

总之，钱币鉴别时需要在"看"上下工夫，钱币收藏者往往需要随身携带放大镜。

古玩投资：在玩赏中获取财富

古玩，又称文物、古董等。"古玩"这两个字，是从清代才开始流传下来的，因为古董可以作为一种玩物，所以才有这样的说法。古董是指古人所留下来的珍奇物品。以前古董的"古"字，是用骨头的"骨"字，现在用古今的"古"，是因为音同而得以应用。

古玩是古代遗存下来的文化遗存物质，包括传世品和地下出土品，被视做人类文明和历史的缩影，融合了历史学、方志学、金石学、博物学、鉴定学及科技史学等知识内涵。经历无数朝代起伏变迁，藏玩之风依然不衰，甚至更热，其中自有无穷魅力与独到乐趣。

有的人曾经很形象地把投资古玩形容为"玩并赚着的投资方式"。确实如此，古玩投资不仅满足了投资者的个人爱好，又能给其带来丰厚的利润回报，岂不是一举两得的事情，何乐而不为呢？

1. 玉石翡翠的收藏

在我国历史上遗留下来的玉石翡翠珍品数量非常有限，但普通的古玉石翡翠种类繁多，差价很大，加上作伪者多，识别和辨伪的难度相当大，所以玉石翡翠自古以来，非普通人所能及，都是作为皇亲国戚、富商大贾的掌中玩物被收藏的。现代社会随着人们生活水平的不断提高，老百姓手里有了闲余资金，玉石翡翠这些收藏品也逐渐为普通百姓所拥有，并作为投资对象。因此，对于想涉足玉石翡翠收藏的投资者来说，掌握一点玉石翡翠的鉴别与辨别真伪的基本知识是非常必要的。

由于玉石翡翠具有十分繁多的种类和形式，且有大量的伪作，因此，投资者一定要多读有关资料，掌握相关的知识。

2. 青铜器的收藏

青铜是红铜与锡和铅的合金，因是青灰色，所以叫青铜。青铜器主要是指先秦时期用青铜铸造的器物。

鉴于中国青铜器历史悠久，品种纷繁，人们对其进行了详细的分类，其目的在于更清楚地区别青铜器的性质和用途，以便于研究、鉴赏和收藏。

3. 古董家具

现在所说的古董家具，一般是指我国明代至民国时期生产制作的家具，其精华部分在明、清两代，尤其以明代家具更为出类拔萃。1996年，纽约举办的一场中国明清家具拍卖会，创下了百分之百的成交记录，轰动世界收藏界。但是，能纳入古玩市场的古董家具，应主要指那些珍贵硬质木材的家具，如黄花梨、紫檀、铁力木、红木等。

另外，制作于明代至清代的一些高品位及书卷气较浓的白木家具，也是行情看好的古董家具，如楠木、柞针木、核桃木、梓木等。此外，制作精美、保存完好的漆器家具，也具有较高的市场价值。

古董家具市场亦是鱼龙混杂、泥沙俱下，投资者应事先多阅读一些相关知识，掌握古董家具的鉴别技巧，以便于识别赝品家具，收藏到真正的古董家具。

4. 艺术瓷器

近几年，由于景德镇的陶瓷艺人和艺术家们的努力，现代艺术瓷开始被海外收藏家关注。收藏家和陶瓷爱好者开始注意到，现代艺术瓷也是个不容忽视的新的收藏热点。

多少年来，中国艺术瓷器在国际市场上价格一直居高不下，致使许多趋利之徒从清代起就大肆制做古瓷器赝品。目前，在全国旧货古玩市场上遇到的所谓明清瓷器绝大部分都是这类伪作。因此，古瓷器收藏者如果想在拍卖场以外寻求投资的机会，不但要了解各时期中国瓷器的风格特点，还要尽量掌握一些甄别瓷器新旧真伪的知识。

字画投资：高品质的艺术享受

投资古字画历来是收藏投资界所热衷的宠儿，因为它具有以下优点：

（1）在各类投资市场中，字画投资风险较小。与投资字画相比，购买股票或期货的风险较大。

（2）字画投资收益率极高。一般投资收益率与投资风险成正比，即投资风险愈大，投资回报率则愈大；反之，投资风险愈小，可能获得的投资回报率则愈小。但是由于字画具有不可再生性的特质，因而其具有极强的升值空间。字画本身的特征决定了字画投资风险小、回报率高的优势。

艺术品都是集精神价值与商业价值于一体的。由于其中的精神含量和文化含量难以量化，因此，投资者在为艺术品定价时，往往会走入一种误区。

字画投资需要一定的金钱，但更需要的是独到的眼光。特别是收藏古字画，收藏着更要通晓这方面的知识和行情。古字画按类而分，价值不等。

（1）从绘画与书法的价值来说，绘画一般高于书法。道理很简单，绘画的难度大于书法。

（2）从质地来说，比较完整没有破损，清洁如新，透光看没有粘贴、托衬者为上品；表面上看完好无损，仔细看有托衬，但作品的神韵犹存者为中品；作品系零头片纸拼成，背后衬贴处，色彩也经过补描，即使是名家之作，也只能算是下品。

（3）从内容来说，书法以正书为贵。比如，王羲之的草书百字的价值只值行书一行的价值，行书三行值正书一行，其余则以篇论，不计字数。绘画以山水为上品，人物次之，花鸟竹石又次之，走兽虫鱼为下品。

（4）从式样来说，立幅高于横幅，纸本优于绢本，绫本为最小。立幅以高四尺、宽二尺为宜，太大或太小一般价值都不是很高；横幅要在五尺以内，横批要在五尺以外；手卷以长一丈为合格，越长价值越高；册页、屏条应为双数，出现单数则称失群；册页以八开算足数，越多越好；屏条以四面为起码数，十六面为最终数，太多则难以悬挂。

对于有心在古字画收藏中一展身手的投资者来说，应该注意以下几个方面：

1. 必须具备一定的书画收藏和欣赏知识

中国历代的书法和绘画在其发展过程中都具有较大的统一性，因此，画家也常常就是书法家。由此可见，欣赏字画的道理也是相同的，主要包括欣赏字画作品的笔法、墨法（色彩）、结构（构图）和字画所反映的历史知识以及作者的身世等方面的知识。

2. 详细了解字画作者的身份

中国历朝历代的名画家非常多，有史料记载的就有数万人。对投资者来

第16章 收藏投资：爱好赚钱，两不相误

说，详细了解每个画家的身份显然是不太容易的，但可以对每个时期最有代表性的人物的身份做详细地了解，真正做到"观其画，知其人"。

3. 掌握一定的字画鉴别方法

对于一般的古字画收藏投资者来说，古字画鉴别的难度是极大的。由于中国古代的书画家极多，留下了许多优秀的书画作品，再加上各种临摹，各种假画伪画，以及后落款，假御题、跋、序等，是任何专业类图书都无法一一详细记载的，因此，即使国家级的鉴别大师在鉴别古字画时也不敢保证每次都是千真万确。古字画的鉴别虽说难度很大，但其中还是有一些基本规律供投资者参考的。古字画的鉴别除了要注意字画的笔法、墨法、结构和画面内容等基本方面外，还须注意字画中作者本人的名款、题记、印章和他人的观款、题跋、收藏印鉴，以及字画的纸绢等相关细节方面，这样才能减少鉴别失误。

4. 了解字画伪造的种种方法

古代字画作伪之风源于唐代的摹拓和临摹。所谓的"摹"是将较透明的纸绢盖在原件上，然后按照透过来的轮廓勾线，再在线内填墨完成。"临"是指将原件放在一旁，边比照边写画。尽管摹写出的作品表面上更接近原件，但往往无神，也容易将原件弄脏，而临写则比勾摹自由，可在一定程度上脱离原件，因此是更高级的作伪方法。

由于古字画市场上鱼龙混杂，因此，对古字画收藏者来说是有一定风险的。古代没有专门的鉴定机构和专家，因此，收藏者自己必须是鉴定行家，不然就会吃大亏。现在的情况已经发生了很大的改变，国家有专门的鉴定机构，拍卖行也必须在取得一定的鉴定证书后方能拍卖，所有这些，都给古字画收藏者提供了一定的投资保证。

字画投资要掌握如下技巧：

1. 选择准确是关键

字画投资不像其他投资，可以从繁乱的报表中得到参考数据，要想掌握字画投资市场状况，只有靠多看、多问、多听，逐渐积累经验。投资者

平时要常逛画廊，多与画廊的工作人员交谈，从中会发现哪些画廊的制度较健全，哪些画家的创作力较旺盛，从而积累一定的信息，但切莫"听话买画"。字画的优劣往往是比较出来的，投资者只有多听、多看、多问，才能有判断的标准。

2. 注意国际行情

字画在国际上大体可分为两大系统：代表西方系统的以油画为主；代表东方系统的则是中国字画。

投资者选择字画投资，必须要有国际公认的行情，并非在某个画展上，随便买几幅字画就认为是字画投资了。

字画作品需经过国际四大艺术公司拍卖认定，才会有更高价值，才会具有国际行情。这四大公司分别为苏富比、克里斯蒂、建德和巴黎APT。这四大国际艺术公司每年在全球各地拍卖高档字画，设定国际行情。

时代、作者名气、作品繁简、保存状况一般来说对古字画没有影响。按行情，宋代或宋代以上的作品，出自最著名几位大家的手笔，每件最低价为10万元。若作品完整、干净、内容又好，则可随交易双方自行议价，没有具体定价。元代以下作品价格稍低，但大名家的手笔最普通的也值几万元。

现在在市场上流通的字画，大多数是近现代名家的作品。由于这部分作品中的精品市场价较高，且作者多已去世，因此收藏这些精品的机会比较少，所需资金与精力也比较大。

虽然市场上有赝品充斥其中，但赝品与真品始终有距离，只要多请教专家、多看、多比较、多学习，就不难分辨其真伪。这些精品的投资虽大，但风险相对较小，是资金丰富投资者的首选。

收藏投资误区及应对策略

收藏投资不仅仅是兴趣爱好，应全面看待，在此讲述一下收藏投资的误

第16章 收藏投资：爱好赚钱，两不相误

区与应对策略。

1. 收藏不能光靠砸钱

是不是贵的就是真的，就是好的？藏品市场活跃，出现了大量浑水摸鱼的产品，忽悠并不精通收藏品市场的消费者，把粗制滥造、随意拼凑、制造概念的所谓"收藏品"的升值投资潜力吹得天花乱坠，有的还经常"搭车"一些大型活动或重大事件来虚抬身价。某市场一地摊上摆满了批发零售的器皿、字画、票证，最引人注目的是成堆的各式钱币，历朝历代的"通宝"几乎都有，每枚都红斑绿锈，颇似真品。问及"价格为什么那么低"，小贩坦言"都是仿制品"。

2. 合理调整资金比例，理性收藏投资

邮票收藏业内专家周凤迟告诉记者一个真实的故事：有一位多年未见面的老友，被戏称为"日落西山的老赵"。为何有此称呼？老赵从1982年开始涉足邮票的收藏与投资，他先后在广州、太原、郑州、石家庄等城市收购与投放庚申猴票，最多的时候拥有17个整版，从而得了一个"辽西猴王"的绰号。接着，在1988年和1991年，老赵因成功以24 000元的价格购得"孙中山像"三款四方连邮票和13 100元拍得"全国山河一片红"邮票，一时间名声大噪。

老赵自此认为自己"独具慧眼"，于是坚决地成为邮资卡投资的实践者。他不仅花光了自己的积蓄购买"香港中银大厦落成纪念"邮资卡（俗称"片蓝"），甚至还贷款收购"片蓝"，使自己变得一贫如洗。在收藏市场上折腾了20余年，手中为数不多的"片蓝"邮资卡早已用来抵了债务，现在他再也不敢涉足邮币市场了。

3. 收藏品不是越久越值钱

是真品也并不是不会贬值的，20世纪90年代前后是日本泡沫经济的顶峰，日本艺术拍卖史上也经常出现从未有过的"天价"现象，一波接一波的浪潮冲昏了投资者的头脑。但随着日本经济泡沫的破灭，"价值连城"的收藏品也开始"打折"，银行里用于抵债的书画作品堆积如山，其价格只相当

于原价格的1/5左右。

投资收藏品注意"三戒""五有"。

三戒：

（1）戒冲动。

（2）戒侥幸。

（3）戒轻信。

五有：

（1）有识。

（2）有闲。

（3）有胆。

（4）有缘。

（5）有钱。

实战演习篇
长袖善舞赚大钱,我的财富我做主

第17章
职场小白理财经：上班赚钱下班理财

投资工作=投资财富=投资人生

看到这个标题，也许有人会比较纳闷，这有关系吗？实话告诉你，有关系，而且密切相关，紧紧相扣，是美好人生的一个规划蓝图。

生活在社会大家庭里，如果想要生活，那就离不开工作，因为只有工作，才能让你得到薪酬，让你能够"生存"。

生在"职场"，每个人对工作的努力与否，直接关系着每个人的"薪酬"多少，职位高低。为什么有人会在公司一直都是默默无闻的"薪酬"低的小职员，而有人却会在公司由"薪酬"低的"小职员"，一步步向"薪酬"高的公司"领导"职位靠拢。也许有人会说，这是个人的能力所限，当然，这句话无可非议。但能力一部分是先天生成的，而另一部分是靠自己后天的努力所获得的。

王超毕业于一所中专学校，学的是制造专业。当时他去上海打拼，不管是学历，还是资历，甚至是专业技能，都不被一些需要这方面人才的企业看好。几次求职都屡屡碰壁，最后，他勉强被一家小企业"收留"。尽管这家小企业当时给他开的薪酬很低，每月不到1000元，但他觉得找这份工作不容易，所以很珍惜。当时，也有几个和他学历、资历、专业技能差不多的应聘者，同时进入这家小公司。刚进入小公司，都是干操作，那些应聘者在干了

第17章 职场小白理财经：上班赚钱下班理财

一段时间后，看到即使辛苦，也没有多大前途，所以多数人都放弃了。而王超却一直坚持着自己的工作，并经常花钱为自己购买相关的专业书籍给自己充电，与此同时，他还非常刻苦地去钻研技能。在他所工作的企业逐渐壮大的同时，他所掌握的专业技能也变得更加高超。

有几次，公司在生产过程中出现问题，请来专家都无法解决，但王超却凭着自己的"本事"一下子便解决了。当他的这一才华展露后，公司老板才发现，身边竟然有这样的技术"能手"。于是，老板便开始对王超委以重任，而王超没有骄傲自大，仍是踏踏实实工作，兢兢业业做事，并且由于自己技术上多次"攻关"成功，更得到公司老板的器重。最后，公司老板怕他这个人才流失，不仅把他提拔为公司副总，还把他的年薪涨到了50万元。

王超的成功事例说明，如果你能够以满腔的热情投入到工作中去，用心去做，有目标有理想，一定会成功，最终让自己的价值得到真正的体现。投资了工作，也就相当于投资了"财富"，而这种"财富"取之不尽，用之不竭。

如果把这句话这样来理解，也是非常正确的，就是那些奋斗拼搏的日子正是追求幸福，获取"财富"的过程。如果在人生中，自己的价值得到更大的体现，是不是觉得自己如果活着就会更加有意义。有了努力工作，带给了自己更大的"财富"，有了更大的"财富"，生活就会觉得充实，日子就会更加美好。

从这种意义上来说，投资工作就是投资财富，也是在投资人生。

掌握职场赢得高薪的技巧

在今天这个职场竞争异常激烈的社会，很多女性感叹工作难找，取得高薪就更难了。其实只要你掌握了职场赢得高薪的技巧，取得高薪也不难。

1. 选择业绩佳、前景好的公司

高薪来自公司的高绩效，所以你要先留意公司的体制，如组织决策流程、员工素质、核心技术等。但是，你也不应只关心公司现在的业绩，更应关心影响整个公司乃至整个行业发展的因素。

2. 观察企业管理者是否具备前瞻性眼光

好的管理者就像动力十足的引擎，为公司输入新的想法，创造和谐的工作环境。如果管理者具有开拓进取精神，必定能为员工提供一个广阔的发展空间，薪金增长也自然水到渠成。

3. 让自己成为难以替代的人

物以稀为贵，职业也是一样。如果你做的工作人人都能做，你受重视的程度和薪金自然高不到哪儿去；如果你做的工作别人不能做或能做的人很少，拿高薪是顺理成章的。所以，职业女性应该时时注意企业的整体环境正在发生哪些转变，并且思考在这样的转变中，公司急需具备什么技术或才能的员工，以便及早准备，提升自我价值。

4. 丰富自己的阅历

阅历丰富的通才，可以有效地整合公司内高度分工的各项资源，形成综合效应。因此，女性要把握住各种机会丰富自己的阅历，如参加项目规划、参加在职培训等，在学习的过程中尽心尽力，在潜移默化中提升自己的价值。

5. 具备团队协作精神

这几乎成为招聘方对求职者共同的、最基本的要求。可见，合作协调在一个组织中的重要性。一个有序的组织应该是强调专业分工，但绝不能各自为政。在这种环境下，能够组合、协调本部门或部门之间的工作，发挥团队力量的佼佼者，高薪自然不在话下。

6. 目光长远

这一招不是什么实际的办法，而是提醒你追求高薪是你的目标，但目光远大的人不能将视线只停留在追逐高薪上。这是因为，只有不断增加你的个人价值，才是你取得高薪的源源不断的动力。如果一味追求高薪，而忽略了薪金仅是个人价值的反映，难免会舍本逐末。

第17章 职场小白理财经：上班赚钱下班理财

职场小白理财五部曲

在如今这种物价、房价快速上涨，工资涨得慢的情况下，特别是对于刚刚步入社会的职场小白来说，由于工作经验少，工资少，挣的钱还不够养家糊口。

很多职场小白只有一个愿望，就是工作、工作、再工作，赚钱、赚钱、再赚钱！其实，收入较低的职场小白光靠死工资是不行的，还得学会投资理财。

那么，如何进行投资理财呢？

1. 制定不同时期的理财目标

俗话说的好，山高有攀头，路远有奔头。对于职场小白来说，制定理财目标是理财的第一步。有了理财目标，才能更加努力地理财！同时，理财目标的制定一定要根据自己的实际情况，可以将理财目标进行分解，一个月、三个月、半年、一年……努力实现目标，积累财富！

2. 学会管理自己的金钱

很多职场小白认为现在没什么钱，哪里谈得上管理钱？其实，正是因为金钱不充裕，我们才要清楚地了解我们的钱怎么花出去的。整理过去几个月的花销清单，看看自己都在哪些地方花了钱，又在哪些地方过度花了钱。我们要学会管理好自己的金钱，在适当的场合花适当的钱，把钱用在刀刃上。

3. 培养好的消费习惯

好的习惯决定成败。在生活中，我们要养成好的习惯，清楚自己的消费，哪些是该花的钱，哪些是不该花的钱，更不能为了便宜或者面子，买自己不需要的东西。我们不能盲目去理财，别人建议的，要去核实是不是真的，然后去投，不然只会让自己越亏越多。

4. 要有存钱计划，从现在开始

对于工薪族来说，不管工资高低，首先要学会攒钱。要想攒下钱，先从记账出发。记账虽然看似很麻烦，但在控制支出方面，有很大作用。假如你每月能挣两三千元，就需要在工资发下来时，从中拿出几百元钱存起来，剩下来的钱用来消费。每笔消费都需要记录下来，从而做总结，看哪些是没有必要花，下个月再将这笔钱省下来。时间一长，你会发现惊人的收入。

5. 不让一分钱闲着

人们可以将存下来的资金，用来投资理财。目前理财产品种类较多，最适合低收入较低的职场小白的要数银行理财、余额宝以及其他理财等风险低的理财方式。不过在投资时，我们需将资金进行分散投，分别投到这几种理财产品中。投资P2P网贷平台，也存在一定风险。投资人最好选择资金走向公开的安全平台。

6. 留一部分钱投资自己

想让资金不断增长，除了理财，还要提升自己的能力。把一些钱花在提升自身能力上，不断去学习，提升学历、多考证、多学些技能，这样才有机会让我们升职加薪。

总之，对于职场小白，想要实现财富增值，无论有没有理财经验，都需要不断去学习理财知识，掌握理财技巧。这样才有利于自己的理财之路走得更远更顺利。

适合上班族的理财法则

一个平凡的上班族，若想在有限的收入中存下更多的钱，就必须培养正确而良好的消费行为，仔细地规划每个月的收入与支出，否则，赚再多的钱恐怕也不够用。

以下是提供给现代上班族家庭的理财法则。

1. 准备3~6个月的急用金

就一般理财规划来说，最好以相当于1个月生活所需费用的3~6倍金额，作为失业、事故等意外或突发状况的应急资金。

第17章 职场小白理财经：上班赚钱下班理财

2. 减少负债，提升净值

小两口的家庭财务应变的实力尤其重要，也就是净值（等于资产减负债）必须进一步提升。而提升净值最直接的方法就是减少负债，国内负债形态包括房屋贷款、汽车贷款、信用卡与消费性贷款等。基本上，个人或家庭可承担的负债水准，应该是先扣除每月固定支出及储蓄所需后，剩下的可支配所得部分。至于偿债的原则，则应优先偿还利息较高的贷款。

3. 把钱花得更聪明

如果"开源"的工作有困难，那么应有计划的消费、从"节流"做起。选对时节购物、货比三家不吃亏、克制购物欲望，以及避免滥刷信用卡、举债度日等，都是可以掌握的原则。在方法上，我们可针对每月、每季、每年可能的花费编列预算，据此再决定收入分配在各项支出的比例，避免将手边现金漫无目的地消费。我们最好养成记账的习惯，定期检查自己的收支情况，并适时调整。

4. 养成强迫储蓄的习惯

"万丈高楼平地起"，所有人理财的第一步就是储蓄。要先存下一笔钱，作为投资的本钱，接下来再谈加速资产累积。若想要强迫自己储蓄，最好是一领到薪水，就先抽出20%存起来。无论是选择保守的零存整付银行定存，或是积极的定期定额共同基金，长期下来，都可以起到积少成多的复利效果。

5. 加强保值性投资

股市、汇市表现不佳，银行定存利率也频频下调，现阶段理财除谨守只用闲钱投资的原则以外，资产保值相当重要。投资者可通过增加固定收益工具如银行定存、债券和债券基金的投资比重来达到目的。其中，债券基金因为具有投资金额较低、专业经理人管理操作及节税等好处，较于直接从事债券投资，门槛降低许多，加上目前实质收益率也可维持在银行定存之上，所以成为目前最热门的投资工具之一。不过由于国内外债券基金种类繁多，投资者应先了解其投资范围、特性与适合的用途，配合自己的期望报酬与承担风险来选择。至于银行定存,在利率持续调降的趋势下,投资者最好选择固定利率进行存款。

另外还有一种工薪理财法可以学习。

工薪理财法是一种有机组合投资,将个人余钱的35%存于银行,30%买国债,20%投资基金,5%买保险,还有10%用于艺术品及邮票、钱币等其他方面的投资。

第一,35%存于银行。虽然央行一再降低存款利率,但作为一种保本的保值手段,储蓄仍是普通百姓的首选目标。储蓄有不同的种类,我们可以按照不同的比例进行储蓄的分配。50%存1年期,35%存3年期,15%存活期,这样储蓄就可以实现滚动发展,既灵活方便,又便于随时调整最佳投资方向。

第二,30%买国债。投资国债,不仅利率高于同期储蓄,而且还有提前支取按实际持有天数的利率计息的好处。

第三,20%投资基金。1997年年底,国家已正式出台了《证券投资基金管理暂行办法》。这标志着投资基金这一世界性的投资工具在我国进入一个迅速发展的新时期。它具有专家理财、组合投资、风险分散、回报丰厚等优点,一般年收益可在20%左右。

第四,5%购买保险。保险的基本职能是分担风险、补偿风险,在目前银行利率较低的情况下,购买保险更有防范风险和投资增值的双重意义。如今,花钱买平安、买保障已成为一种时尚。购买保险也是一种对"风险"的投资。比如,养老性质的保险,不仅对人生意外有保障作用,而且也是长期投资增值的过程。投资者可以买一些。

第五,10%投资于艺术品及邮票、钱币等其他方面。艺术品投资属安全性投资,风险最小,而且由于艺术品有极强的升值功能,因此长期投入,回报率极高。但投资者要懂行,否则买了赝品,悔之晚矣。至于其他投资,其中一个是收藏类,主要包括邮票、磁卡、钱币等。它不仅有投资性质,还融入了个人的兴趣和爱好,做好了可谓是一举两得的事。

第17章 职场小白理财经：上班赚钱下班理财

"月光族"的理财计划

"月光族"成为许多年轻人的代名词。不能很好地规划财务的薪水族，很容易成为月光一族。为了让生活有一定的保障，"月光族"必须摆脱月光。

以下为"月光族"提供薪水节流八大妙招：

1. 计划开支

对每月的薪水应该好好计划，哪些地方需要支出，哪些地方需要节省，每月做到把工资的1/3或1/4固定纳入个人储蓄计划，最好办理零存整取。储额虽占工资的小部分，但从长远来算，一年下来就有不小的一笔资金。储金不但可以用来添置一些大件物品如电脑等，也可作为个人"充电"学习及旅游等支出。另外，每月可给自己做一份"个人财务明细表"，对于大额支出，超支的部分看看是否合理，如不合理，在下月的支出中可做调整。

2. 尝试投资

在消费的同时，你也要形成良好的投资意识，因为投资才是增值的最佳途径。不妨根据个人的特点和具体情况拟订相应的投资计划，如股票、基金、收藏等。这样的资金"分流"可以帮助你克制大手大脚的消费习惯。当然要提醒的是，不妨在开始经验不足时进行小额投资，以降低投资风险。

3. 择友而交

你的交际圈在很大程度上影响着你的消费。多交些平时不乱花钱、有良好消费习惯的朋友，不要只交那些以消费为时尚、以追逐名牌为面子的朋友。不顾自己的实际消费能力而盲目攀比只会导致"财政赤字"，应根据自己的收入和实际需要进行合理消费。

与朋友交往时，不要为面子在朋友中一味树立"大方"的形象，如在请客吃饭、娱乐活动中争着买单，这样往往会使自己陷入窘迫之中。最好的方式还是大家轮流坐庄，或者实行"AA"制。

4. 自我克制

年轻人大都喜欢逛街购物，往往一逛街便很难控制自己的消费欲望。因此，在逛街前你要先想好这次主要购买什么和大概的花费，现金不要多带，也不要随意用卡消费。你要做到心中有数，不要盲目购物，买些不实用或暂时用不上的东西，造成闲置。

5. 提高购物艺术

购物时，要学会讨价还价，货比三家，做到尽量以最低的价格买到所需物品。这并非"小气"，而是一种成熟的消费经验。商家换季打折时是不错的购物良机，但要注意一点，应选购些大方、易搭配的服装，千万别造成虚置。

6. 少参与抽奖活动

有奖促销、彩票、抽奖等活动容易刺激人的侥幸心理，使人产生"赌博"心态，从而难以控制自己的花钱欲望。

7. 务实恋爱

在青春期中，恋爱是很大的一笔开支。处于热恋中的男女总想以鲜花、礼物或出入酒店、咖啡厅等场所来进一步稳固情感，尤其是男性，在女友面前特别在意"面子"，即使囊中羞涩也不惜"打肿脸充胖子"。但不要认为钱花得越多，越能代表对恋人的感情，把恋情建立在金钱基础上，长远下去会令自己经济紧张，同时也会令对方无形中感到压力，影响对爱情的判断。倘若一旦分手，即便没产生经济方面的纠葛，也会使"投资"多的一方蒙受较大经济损失。送恋人的礼物不求名贵，应考虑对方的喜好、需要和自己的经济承受能力。

8. 不贪玩乐

年轻的朋友大都爱玩，爱交际。适当的玩和交际是必要的，但一定要有度。工作之余不要在麻将桌上、电影院、歌舞厅里虚度时光。玩乐不但丧志，而且易耗金钱。年轻人应该培养和发掘自己多方面的特长、情趣，努力创业，在消费的同时更多地积累赚钱的能力与资本。

第17章 职场小白理财经:上班赚钱下班理财

女人,发现你的理财优势

有人说,男人决定一个家庭的生活水准,女人则决定这个家庭的生活品质。我们平时经常可以看到,两个收入水平和负担都差不多的家庭,生活品质有时却相差很大,这在很大程度上就跟女主人的投资理财能力有关系。

在理财工具多样化的今天,一位称职的母亲和妻子,其善于持家的基本内涵已不是节衣缩食,而是懂得支出有序、积累有度,在不断提高生活品质的基础上保证资产稳定增值,这就需要女人们掌握一些必要的投资理财技巧。

女性朋友们掌握理财技巧,对家庭的收入做出合理的规划,不仅仅是因为女性朋友们需要有自己掌握经济的能力,更是因为相比男性,女性朋友们在理财上有一些特殊的优势。"男人赚钱,女人理财",是现代社会家庭财产支配的最佳组合。

首先,女性理财多为全职太太,她们有时间;即使不是全职太太,能够经常理财的女性的工作相比丈夫要轻松些。而理财其实并不需要占用多少时间,关键是需要一些精力,需要时常关注行情。比如,投资房产就需要经常了解哪个楼盘涨了,哪个区域又推了新盘等信息。而这些信息,如果不是专门理财的男性,很少有耐心成天研究,尤其是当他们工作压力大的时候,更不愿意去关心这些琐碎的信息。但女人就不一样了,女人的耐心本来相对就好一些,一旦理财,她们就更会热衷于搜集这些信息。

温女士就是一个典型的会理财的家庭主妇。温女士为了让孩子读到更好的学校,买了一套名校附近的二手房,时价每平方米只有2 000多元。此后房价不断上涨,特别是名校旁的房子。虽说是1983年的老房子,现在每平方米却已增值到5 000元以上。而且,心细的温女士在经历了理财的磨炼之后,慢慢发现现在买房子也要渠道,不是所有的人都可以买得到自己想要的房子,特别是一手房。自认为没有什么关系的她就把眼光锁定在了二手房上,有的是年初买了,年底就卖掉,并不在手上放太久,只要有赚就好。

后来,温女士又分别在她所在城市的三个区先后买了几套二手房,都是买没多久，就卖掉了。现在温女士手上还有一套单身公寓出租，每个月租金1200元左右，用来还按揭。温女士的不动产投资效果越来越明显。

像这些烦琐的房子信息，就需要不少的精力和不凡的耐心来慢慢搜集，很多男人就做不到这一点了，这正是女人的理财优势。

其次，女人细心，更适合理财。与男人在事业上的大刀阔斧相比，女人的心会更细。她们清楚地记着哪天该收房租了，哪个合同到期了；记着哪天该存定期了，哪天存款到期了；记着哪天该发行国债了等信息。女人较男人心细还表现在对合同的研究、对风险的规避上，她们往往不求赚大钱，只求稳健收益。这一点，是女性理财的一个最明显的优势。很多男士即使通过后天的培养，也难以具备这种优势。

最后，理财需要借鉴经验，吸取教训。女人天生爱交流，爱打探，所以，她们总能得到最敏感、最有用的理财信息。哪里新开了一家超市，哪里的店面租金最高，哪些人做哪些投资赚钱了，做哪样投资亏本了，她们了如指掌。

所以说，家庭主妇理财的优势还是很明显的，想要理财的女性朋友们可不要将上天赋予的优势给荒废了。这些优势可以带给她们宝贵的财富呢！

"全职妈妈"的生财之道

现在，生活压力越来越大，很多职场女性都想在家当全职妈妈，可以暂时远离工作。但做了全职妈妈就表示，你没有了经济来源，需要靠老公养。作为现代新兴女性对此是无法忍受的，她们既要选择轻松的生活，又要拥有独立的经济能力，看看下面这几个全职妈妈是怎么做的吧！

佳佳，今年28岁，宝宝2岁，佳佳的收入来源主要是网上开店，加入了现代人流行的赚钱行列。她月收入为3 000~5 000元。

怀孕后，佳佳辞掉了原来的工作，开始了全职妈妈的生涯。随着女儿

第17章 职场小白理财经：上班赚钱下班理财

一天天地长大，佳佳的经验也一天天丰富了起来。到宝宝一岁的时候，佳佳就能把家中的大小事宜料理得井井有条了。不久，闲暇的时间也多了起来。佳佳是个精力很充沛的人，为了体现自己的价值，佳佳决定自己在家做些小"买卖"。

因为平时她喜欢在网络商店里买衣服、玩具给女儿，渐渐地，她萌生了投资开一家网络店铺的想法。于是，她联络了几位有网络销售经验的朋友，向他们讨教。她发现，这是个投资小、风险低，又不用花很多精力的生财之道。填写了申请表、选择好店址后，就可以选择销售的物品了。由于刚做妈妈不久，因此，她对孩子的吃、穿、用都很关注，出售婴儿及儿童用品当然是首选。半个月后，当她在网上卖出自己的第一件商品时，她简直兴奋极了。当天晚上她便携夫带女，到外面庆祝了一番。

佳佳的店铺运营得不错，在一年多的时间里，已经在网上成功地进行了1 000多笔交易。

她感触最深的是，网络为每个全职妈妈都开辟了一个自由、广阔的空间，凭借网上日渐完善的系统，独自一人就可以完成网下店铺十几个人甚至几十个人的工作。

女儿是她一手带大的，家里没有请保姆，上午陪女儿，下午女儿睡了，她就在家上网回留言、装包裹、叫快递来运送。这让佳佳很有成就感！

我们一起来看第二个例子。

倩倩今年27岁，宝宝2岁，当了妈妈后靠业余投资作为收入来源。几年前，倩倩决定做全职妈妈时，当年一起读MBA的同学惊呼她"浪费"了自己。从收入不错的证券公司辞职，连老公也觉得她太草率。可她早就打算实践一下自己从课堂上学来的知识。有多年的工作经验做后盾，她相信自己不会比工作时的收入差。

经过半年的"演练"，家人正式认可了她在金融投资方面的特长，他们认为她的确能够"稳操胜券"，老公也鼓励她"胆子可以再大一点"。

股票、基金、理财类型的保险，这些都是她的投资对象。这些投资中掺杂着风险，但正是这种风险和挑战练就了她敏锐的目光，激励她做生活中的强者，永远不会被社会淘汰。尽管在业余投资中，有赔有赚，但都不会对她的生活环境带来太大的影响，这就是全职投资与业余爱好的区别。除此之外，有了这个让她接触外界的平台，即使在家中，也能得到在职场中接受挑战的乐趣。现在倩倩的月收入在5 000~7 000元。

谁说只有职业女性才能获得收入，而今全职妈妈也可以做到，甚至做全职妈妈利用自身的时间优势还会有更多的收入。现在的世界，只有想不到，没有做不到。年轻的我们应该用自己的智慧和胆识去创造财富，让自己的钱包鼓起来。这样，一方面可以为家庭减轻负担，另一方面也可以增强我们的自信心。

不同年龄女性的理财方案

理财是每个女人的必修课，但是，这堂必修课因人而异，不同的女人，应该有不同的理财方案。你的年龄，直接决定了你应该制定怎样的理财方案。

对于20多岁的女孩来说，如果你仅仅知道追求吃穿玩、追求享受、爱慕虚荣，不知道进取，不知道奋斗为何物，不愿意受苦受累……那么你就大错特错了。

20多岁，应该是好好学习最基本的理财知识的年龄，应该是学会如何把自己打理好的年龄。错过了在这个年龄阶段的理财规划，你的余生都可能会在稀里糊涂的用钱习惯中度过。

20多岁的女性，大多还是单身，刚刚离开学校踏入社会，很容易沦为"月光族""卡卡族"，此时关键是要养成良好的理财习惯。

你要学会记账，通过记账，发现自己消费中存在的问题，养成储蓄和计划的良好习惯。

你要积少成多，哪怕每月只存几百元，也可以通过基金的定额定投来进

第17章 职场小白理财经：上班赚钱下班理财

行投资。相对来说，投资组合可以配置多些股票、股票型基金或配置型基金等风险稍高的品种。

你要提升自己，积累无形财富。俗话说，投资脖子以上部位永远没错。新进入社会和职场，开拓视野、充实自我、提升自己的综合素质和工作能力，都对自我价值的提升大有裨益。

当二字头的年龄划下句号，以往无忧无虑的都市女性会突然发现生活里多了些不浓不淡的阴霾：房贷又涨了，老公需要添一部车子，爸爸妈妈看病的花销逐年递增，公司的职位突然多了好多年轻的女孩来竞争……还有，生育宝宝和抚养他到18岁的开支居然要49万元！于是，30多岁的女人担忧开始多了起来，她们需要关注自己，也需要关注家人。

30多岁，是家庭开支最大、经济负担最重的阶段。这个时候的女人，需要改变20多岁的理财策略，将关注重点逐渐由个人转移到家庭上。消费要有计划，投资需降低风险。

这个年龄段的女性，要根据自己的年龄、收入、身份和工作需要等配置一些必不可少的护肤品、服装，或是有一些娱乐活动、人际应酬的花销，甚至是完成婚姻大事等，一般开销较大。在投资方面，她们可适当增加一些稳健型品种，以逐渐降低高风险投资品种，配置部分流动性稍高的品种以应对可能出现的短期大笔支出。

而家庭中一旦有新成员加入，就要重新审视家庭财务构成了。除了原有的支出之外，小宝贝的养育、教育费用更是一笔庞大的支出。在小宝贝一两岁时，便可开始购买教育险或定期定投的基金来筹措子女的教育经费，子女教育基金的投资期一般在15年以上。

另外，越是经济压力的时期，保险的配置越是重要。或许你在20多岁的时候还没有理财的想法，你就只能在这个阶段从零开始，好好地理理财了。

相对于二三十岁的女人来说，40岁的女人更容易迷失。本以为自己属于家庭，所有的生活也仅仅是围绕丈夫与子女团团转，却突然发现，曾经充实忙碌的自己落了空。这个时候，她们需要重新找回自我。女人不要把自己当做花，花儿总有凋谢的时候；女人要把自己当成树，能经受风雨，也能开花结果。

所以，如果你40岁了，不要再抱怨时光匆匆把你这么快就变老，你应该为你退休后的生活准备"养老金"了。这个时候，聪明的女人会根据家庭成员的状况分别安排资金。此时家庭资金刚性支出压力较小，你可以给自己或家庭成员再购买保险，资金充裕的话还可以考虑再购买一套房等，但仍不宜进行炒股等高风险的投资，宜改投国债或者货币市场基金这类低风险的产品。

你要相信，不管你是20多岁的美丽少女，还是30多岁的美丽少妇，或是40多岁的美丽母亲，你都是一棵坚韧的树，而合适的理财方案则是让这棵树保持茂盛的肥料。你应该找到合适你的化肥，让它为你的茂盛发挥作用。

新婚夫妇的七个理财方略

新婚夫妇在婚后要合理分配自己的财产，合理投资，给自己以后的生活有一个好的开端。在理财过程中夫妻双方要多交流，找到夫妻双方都能认可的理财方略。

晶晶准备跨出人生重要一步，结婚。然而，二人世界和单身贵族的生活是完全不同的，婚后该怎么处理有关财务的种种问题呢？

晶晶是位标准的办公室白领，在一家外贸公司做行政助理，收入还算不错，每月6 000元左右。晶晶的男朋友大华也在同一家公司工作，任职部门经理，月薪1万元左右。晶晶是女孩子，花钱比较注意节省，目前有10万元左右的存款；而男朋友虽然收入要多一些，但从不算计，所以目前只有一辆车，存款不到5万元。两人都没有买房子，准备婚后再买。

两人相恋5年，准备在今年结婚。一方面，两人都当了长时间的"单身贵族"，对婚后生活或多或少都感到有些心里没底；另一方面，两人都没什么理财经验。那么，婚后晶晶该如何打理小家庭的财产，怎样根据双方经济收

第17章 职场小白理财经：上班赚钱下班理财

入的实际情况，建立起合理的家庭理财制度呢？

精于理财的老爸为她们提供了几招，以供借鉴。

1. 婚前个人财产公证

这种方式在西方早已盛行。在我国，随着市场经济的深入，婚前个人财产公证正逐步被一些人接受。实行婚前个人财产公证者，通常有固定的职业和稳定的收入，操作办法是先建立个人收支账目表，对个人拥有的金银首饰、房产、字画、古玩、债券、股票等较大的自有财产进行登记，记录购买时的价格。到结婚时，把这些个人财产进行公证，同时约定，婚后谁出钱购买（带有固定资产性质）的财物归谁。有人指责婚前财产公证"冷酷"，实际上，现代社会崇尚法制化、规范化，作为具有独立意识的现代人，此举很可能是相互尊重、予人予己两方便的好办法。

2. 量入为出，掌握资金状况

作为家庭主妇的晶晶首先应建立理财档案，对一个月的家庭收入和支出情况进行记录，然后对开销情况进行分析，哪些是必不可少的开支，哪些是可有可无的开支，哪些是不该有的开支，特别要注意减少盲目购物、下馆子等消费。另外，晶晶也可以用两人的工资存折开通网上银行，随时查询余额，对家庭资金了如指掌，并根据存折余额随时调整自己的消费行为。

3. 强制储蓄，逐渐积累

老爸建议晶晶先到银行开立一个零存整取账户，每月发了工资，首先要考虑去银行存钱。如果存储金额较大，也可以每月存入一张一年期的定期存单，这样既便于资金的使用，又能确保相对较好的利息收益。另外，现在许多银行开办了"一本通"业务，可以授权给银行，只要工资存折的金额达到一定数额，银行便可自动将一定数额转为定期存款。这种"强制储蓄"的办法，可以使晶晶及大华改掉乱花钱的不良习惯，从而不断积累个人资产。

4. 尽快买房，主动投资

老爸计划到，经过一段时间的储蓄，晶晶夫妻应该可以达到购房的首付目标，这时就应尽快办理按揭购房。作为一个白领，居者有其屋是一个起码的生活标准。同时,近年来房产呈现了稳定增值的趋势,晶晶夫妻可以买一套30万元以上的商品房。这样每月发了薪水首先要偿还贷款本息,减少了可支配资金,从源头上扼制了过度消费,同时还能享受房产升值带来的收益,可谓一举三得。

5. 建立投资资金

为保证家庭应急和发展所需,家庭财力往往需要滚动增值。老爸又建议,结婚后,晶晶夫妻可共同出资建立一笔投资基金,然后由一方掌管,进行债券、基金、股票、储蓄组合投资,期间,最好把稳健投资和风险投资相结合、长线投资与短线投资相结合,收益目标可定在10%~20%。为使投资基金运作透明化、合理化、直观化,他们不妨在季度、年度编制投资收益一览表,列明债券投资多少、收益多少,股票投资多少、收益多少,依此类推,以便让双方心中有数,随时纠正投资中的失误,计算已取得的收益,规划以后的投资目标。

6. 育儿多渠道

小夫妻组建家庭,即将面临生育孩子的大事。一旦有了孩子,整个家庭的生活花费倍增,如奶粉、玩具、衣服、保姆、教育等,各项开支都需要不少资金。老爸建议晶晶夫妻投资与储蓄并行,由于抚养与教育子女是属于长期性的事业,因此非常适合利用定期定额储蓄来累积教育与抚养基金,投资最好以稳健为主。

7. 养老早计划

对于复合式家庭(即父母与新婚夫妇同住)的新婚夫妻而言,财务上的一个比较重要的压力是所得收入需要抚养两至三代的家族成员。若是单薪夫妻,压力就更大。理财规划上就需要以较保守的姿态应对,可考虑以兼顾储蓄与投资的方式,来累积足够资金供养父母与家人。另外,在消费上,新婚夫妻也不要时刻以自我为中心,不可盲目消费,要考虑到自己的责任和义务。

经过老爸的一番指点,晶晶茅塞顿开,做了一顿香喷喷的饭菜,把老爸好好地酬谢了一顿。

第17章 职场小白理财经：上班赚钱下班理财

婚后夫妻的十大理财法则

财务问题成为纠缠许多人婚后生活的一个重大的问题。夫妻双方都有保证对方财务状况的义务。女性朋友要多学习理财的相关知识，科学分配自己的财富，让婚后的生活更惬意。对财务的合理规划是婚姻走向成熟的第一步。

通常来讲，由于价值观和消费习惯上存在着差异，在生活中，每一对夫妻都会发现在"我的就是你的"和保持个人的私人空间之间会存在一些矛盾和摩擦。如果夫妻中的一个非常节约，而另一个却大手大脚、挥金如土，那么，要做到"我的就是你的"就非常困难，相互间的矛盾也就可想而知了。

虽然有很多的新婚夫妻因为财务问题处理不善，闹得吵吵嚷嚷、麻烦不断；但也有的小两口在面对这个问题时保持了必要的冷静，经过磨合，掌握了一些很好的法则，从而使自己的婚后生活达到了一种完美的和谐。这些法则包括下面几个方面：

1. 建立一个家庭基金

任何夫妻都应该意识到建立家庭就会有一些日常支出，例如，每月的房租、水电、煤气、保险单、食品杂货账单和任何与孩子或宠物有关的开销等，这些应该由公共的存款账号支付。根据夫妻俩收入的多少，每个人都应该拿出一定份额存入这个公共的账户。为了使这个公共基金良好运行，还必须有一些固定的安排，这样夫妻俩就可能有规律地充实基金并合理使用它。你对这个共同的账户的敬意反映出你对自己婚姻关系的敬意。

2. 监控家庭财政支出

利用财务管理软件，将使你们很容易地就可以了解钱的去向。通常，夫妻中的一人将作为家中的财务主管，掌管家里的开销，因为她或他相对有更多的空余时间或更愿意承担这项工作。但是，这并不意味着，另一个人对家里的财务状况一无所知，也不能过问。理财专家黛博拉博士建议，可以由一个人付账单，而另一个人每月一次核对家庭的账目，平衡家庭的收支。这样做能使两个人有在家里处于平等经济地位的感觉。另外，那些有经验的夫妻往往每月会坐下来谈一谈，进行一次小结，商量一些消费的调整情况，如消减额外开支或者制订省钱购买大件物品的计划等。

3. 保持独立

在21世纪，独立是游戏的规则。许多理财顾问同意所有个人都应该有属于自己的私人账户，由个人独立支配，我们可以把它看作成年人的需要。这种安排可以让人们做自己想做的事，比如，你可以每个星期打高尔夫球，他则可以摆弄他喜欢的工具。这是避免纷争的最好办法，在花你自己可以任意支配的收入时不会有受人牵制的感觉。然而，要注意的是，你仍应如实地记录自己的消费情况，就像对其他的事情一样，相互坦诚布公。你要把你的爱人看作你的朋友，而不是敌人；要看作是想帮你的财政顾问，而不是纪律检查官。

4. 进行人寿保险

每个人都应该进行人寿保险。这样，一旦有一方发生不幸，另一方就可以有一些保障，至少在财政方面是如此。你可以投保一个易于理解的险种，并对保险计划的详细情况进行详细的了解。如果在与你的爱人结婚前，你已经购买了保险，要记着使你的爱人成为你保险的受益人，因为这种指定胜过任何遗嘱的效力。

5. 建立退休基金

你将活很长很长的时间，但是也许你的配偶没有与你同样长的寿命。基于这个原因，你们俩应该有自己的退休计划，可以通过个人退休账户或退休金计划的形式，使你的配偶（或孩子）成为你的退休基金的受益人。

6. 攒私房钱

许多理财专家建议女人尤其应该储存一笔钱，以便用它度过你一生中最糟糕的时期。根据你的承受能力，你可以选择告诉或者不告诉你的配偶这笔资金。如果你告诉你的配偶，你应将它描述为使你感到安全的应急资金，而并不是在"压榨你丈夫"的钱。

第18章
兼职赚钱，鱼与熊掌可兼得

兼职：职场财路的第二来源

工作比较清闲的薪水族为了改善自己的经济状况经常会做一些兼职。可以说，兼职是职场财路的第二来源。

如果你的财商较高，点子比较多，你可以找准好的项目自主创业。你要开动脑筋，时刻留心，四处留心。另外，该下手时就下手，不能犹犹豫豫。

如果你有资金，又不想太费心，或者你没有资金，又愿意多做点事，你可以选择合适的合伙人进行创业。与合作伙伴一起进行创业需要注意的事项是：责、权、利一定要分清楚，最好形成书面文字，有双方签字，有见证人，以免到时空口无凭。

如果你不想冒任何风险而又想尝一尝创业滋味的上班族，那么不妨先尝试一下兼职，既稳定，风险又低。

如果你敢于冒险，风险承受能力较强，你可以充分利用在工作中积累的资源和建立的人脉关系来做生意。但要注意不能将个人生意与单位生意搞混淆，将本末倒置，要区分清楚主业、副业，不能影响单位的工作。如果做不到这一点，你就要考虑放弃其中的一个。

如果你有一定的资金积累，想开店若没有什么好的生意机会，不妨做一个好的产品的代理，在选择产品代理时应遵循以下几条原则。

第一，不要做二手甚至三手的代理商，除非生产厂家有特殊要求。

第二，选择的产品必须是真材实料的，必须是正规企业生产的，最好经相关部门认证的有合法手续的产品。

第三，尽量不做大公司和成熟产品的代理，因为这类产品一般市场稳定，但利润空间小，条件苛刻，非实力雄厚者不能承受，上班族更难以问津。

上班工作下班兼职，鱼与熊掌兼得

兼职作为一种新的特殊工作，在我国，越来越被更多身在职场的上班族所看好。

兼职不仅使自己的价值可以得到更大的体现，更好地展现自我，而且还可以增加收入，并让自己积累工作经验。对身在职场的上班族而言，兼职是一种一举多得的美事。

张先生是广州一家大型公司的广告部策划经理。他每月的工资收入虽不低，但为了能尽早实现自己的百万存款计划，他便主动找了一份兼职工作，利用自己的空余时间，去帮助自己一些同学、朋友的公司做品牌推广与策划。虽说辛苦，但自己也捞到了"外快"，每个月下来，竟然兼职的收入甚至超过自己的正常工资收入。对于这些，他觉得非常欣慰！看着自己的存款一天天看涨，他辛苦着，但快乐着。

身在职场，如果只专注于自己的公司、只懂得给公司"奉献"，无疑是一个好员工。但如果你已经尽了十二分的力，仍不被老板所特别看重，升职、加薪的希望非常渺茫，那何不去尝试兼职赚钱。兼职不与你的本职工作相冲突，兼职需要的只是时间。能力高低，只代表你选择兼职工作工种的不同。

如果真选择了兼职，那就等于选择了一份新的职业，所以你也应该把它当作自己的一个"事业"来重视，尽可能争取去做兼职达人。

不断地学习，掌握更多的技能，丰富自己的知识，提高自身的能力，并

第18章 兼职赚钱，鱼与熊掌可兼得

不断地向那些出类拔萃兼职者学习，无疑会给自己做兼职"增色添彩"。所以，想吃兼职这碗饭，想吃好兼职这碗饭，就需要你在这些方面多去努力。

辛苦的付出背后一定会有'收获'的喜悦。兼职赚钱，鱼与熊掌可兼得。身在职场的上班族，如果想满足自己多赚钱的欲望，就赶快行动起来吧！

22个兼职项目，总有一款适合你

现在社会上提供的兼职工作很多，对于薪水族来说，到底有哪些工作可以用来做兼职呢？下面这些兼职项目是薪水族经常选择的。

1. 导游

经验丰富的导游将成为旅行社的"抢手货"，导游慢慢成为兼职"新贵"，但一定要考取导游证之后才可联系旅行社开始带团。

导游的工作时间弹性大，不与学习时间冲突，报酬较丰厚，可以在工作中广交朋友。同时，导游的工作强度大，休息时间少，精力、体力的消耗很大，建议身体素质不好的人最好不要尝试。

值得提醒的是，做导游需先通过考试取得导游证，持证上岗，每年国家都举行一次统一考试。考试分为笔试和面试两部分，中文导游的面试为普通话解说景点。

2. 家教

家教适合某一门或几门学科功底扎实，善于沟通，讲解能力较好的人。

家教的工作时间固定，工作环境相对安静轻松，收入不低，可以锻炼人的口头表达、思维和应变能力。家教单纯重复以前的知识，对专业学习和动手能力的提高作用不大。

家教的工资薪额没有固定标准，因地区、科目不同差异很大。如数学、英语等基础科目工资较低，而音乐、美术等相对较高。

家教可以通过学校勤工俭学中心介绍，或到学校周边的家教中心寻找工作信息。注意到家教中心一定要注意其是否有管理部门颁发的营业执照和许可证,不可盲目相信一些小广告。

3. 翻译

翻译适合语言类的人员,对外语水平要求高,口译还要求外貌端庄大方。

做翻译可以锻炼自己的外语水平,在赚钱的同时也能学到不少东西,不必坐班,工作时间十分灵活。

翻译也有缺点。有的企业会因翻译的质量不过关为由拒付稿酬。它对个人能力要求较高,有时薪金与付出不成正比。翻译费通常是每千字几十元到几百元不等。

想应聘翻译的兼职可以关注电视、报纸、杂志及专门的人才招聘网站上的招聘广告。兼职翻译要找具有一定规模、可信的翻译公司。每次翻译材料之前要签劳动合约,报酬最好分两次索取,译前拿一部分定金,交稿后拿另外一部分稿酬。

4. 礼仪人员

礼仪对形象气质要求较高,且要有充裕时间,比较适合身高容貌有优势的人。

这些兼职一般薪酬较高、接触高层社会,在一定程度上会激发人的上进心;工作前一般要接受严格的形体训练,对自身形象塑造大有益处。

可是有些骗子公司很有可能以招聘礼仪者为幌子,进行违法活动,因此具有一定的风险,应慎重选择。你可以通过信誉良好,具有一定规模的兼职中心应聘。

5. 视频主播

如果不管什么话题,你都很聊得起来,富于表现力和感染力,那么视频主播是一个不错的选择。现在很多公司在招聘兼职主播,工作时间和地点非常自由。你就对着屏幕跟粉丝一起玩,时不时聊一下公司的产品和品牌,月收入数千元。你可以上网搜索,然后投递简历面试。

第18章 兼职赚钱，鱼与熊掌可兼得

6. 场面主持人

生活中需要主持的活动随处可见，如婚礼、祝寿、开业、商家促销、各种发布会等。只要你普通话过关、思维敏捷、有表现力，都可以去尝试。

7. 做产品代理

现在翻开报纸、杂志，到处是寻找产品代理的广告。有些人对此类广告抱着本能的排斥心理，以为都是骗子，其实并非如此。这里同样隐藏着一座座金山。有几条原则可供参考：其一，尽量不做大公司和成熟产品的代理，因为这类产品一般市场稳定，但利润空间小，条件苛刻，非实力雄厚者不能承受，白领难以问津。其二，选择产品，必须是真材实料的，必须是正规企业生产的，最好经相关部门认证的有合法手续的产品。

8. 兼职推销员

兼职推销员也不难，只要你精通销售技巧，了解推销的产品情况等，就能轻轻松松做个兼职推销员。比如说化妆品促销员、房地产员，这些都是高利润。你要是做好了，拿到的提成也很丰厚。

9. 照护陪诊

现在有的医院设立陪护平台，注册以后会根据你的位置给你派单。要求不高：有1年以上医院临床工作经验并熟悉医院就诊流程即可胜任。

很多子女在外地或工作原因，他们很乐意花钱找人陪护自己的父母，比如看病、体检或住院陪护。

10. 育儿师

这是国家承认的新型职业，我国每年新出生2 000万左右的人口，市场广阔。服务内容可涵盖婴幼儿早期的科学喂养、智力发展和性格培养。

开展模式：线上线下辅导班、个性化私人服务、社区服务，可做全职，亦可做兼职。感兴趣的伙伴可以报名相关培训课程并取得从业资格证。

11. 兼职房产评估

内容可涉及土地使用权出让、租赁、抵押、保险等评估。持证评估师年薪百万很正常。

如果你对投资房产感兴趣，自己也经常关注和学习，那么不妨把它分享出来，相信你的观点可以给很多人启发。买房算是一项很大的支出，所以这是一件功德无量的事情，当然也可以顺便赚点咨询费用或者广告收入。

12. 兼职婚介

你可以做本地化的婚介平台，一个简单的论坛、公众号或者网站都可以操作，也可以组织周末线下相亲交友。

把两个人撮合到一起需要一定的沟通能力，所以你应该要喜欢与人沟通。建议找一个婚恋公司主持人合作，他们一般都有现成的活动流程，主持风格最好是大方、优雅、热情。

13. 兼职化妆师

如果你是化妆师或美甲师，那么可以与美甲店合作，薪资待遇一般是五五分成。

你也可以给拍摄、写真、形象宣传的个人提供个性化服务。如果你技术过硬，那么这样的合作一般都是长期持续存在的，没有人会喜欢换来换去。

14. 兼职会计

兼职会计一般要求是财务、会计专业，持有助理会计师证。

可自行代理工商注册登记，各种类型企业记账报税，一般纳税人申请，出口免抵退税申报，内外资企业年审，企业所得税汇算清缴，企业资产评估等。

建议把自己的信息发布到网上或者打电话给中小企业业主，经常发发自己的名片。

15. 广场舞服务

如果你喜欢跳舞，那么可以组织一帮白领加上你的原创舞蹈，开创一种新型的广场舞。

你能想象一帮白领在一起跳舞的场景吗？他们可以通过跳舞认识很多朋友，甚至相互之间进行一些项目的对接合作。你可以收取会员费，可以提供相应的舞蹈服装，等等。

第18章 兼职赚钱，鱼与熊掌可兼得

16. 健身教练

你可以跟工作室合作，如动感单车教练，也可以针对客户的局部肌肉提升一对一私教服务。当然，这一行并不是吃青春饭的，经验才最重要。

17. 潮人街拍

试衣+摆姿势：为各种网店、微店及商家试穿各新款未上市的服装。

如果你喜欢时尚，表现力强，身材比例良好，女性年轻漂亮，男性阳光帅气，活泼开朗，那么可以轻松胜任，而且这种合作一般都是长期的。

18. 心理咨询师

现代社会没有谁的心理是百分百健康的，所以这个市场很广阔。

关于早恋、厌学、就业、婚姻等等，很多人不知道该怎么办才好，也许你的专业能力不一定很强，但你能够耐心地倾听就是一个很棒的心理咨询师，知心姐姐就是一个典型的存在。当然，若真想从事心理咨询行业，你必须得花钱，花时间和精力去钻研。

19. 新闻线人/编外记者

如果你喜欢八卦，具备新闻敏感性，那么可以做一位新闻线人，好玩又赚钱。

你可以做自媒体，也可以把题材卖给媒体，很多媒体都会重奖新闻线索提供者。

不管是好事、坏事、有趣的事甚至怪诞的事情，都可以成为题材。

如果你能选择你感兴趣的题材，不断搜集第一手资料，比记者都跑得快，或者写文章给媒体，那么你能快速积累你的媒体经验、媒体资源和公益资源。

20. 地推专员

地面推广的方式有很多种，如帮助商户安装开通微信和支付宝。

如果你是商超送货员，那么你完全可以做他们的兼职。这种类型的兼职是顺手牵羊的工作，哪怕碰运气也许都能每天能赚好几百块钱，因为商家想要快速抢占市场，你应该多留意这样的机会。

21. 修图

只要你对PS等修图工具熟悉，并会善用各种修图技巧，加上做事认真细心，上班之余接一些修图的单子。一般影楼、淘宝店主等都需要兼职修图，你对时间的支配比较灵活，要是修图速度快，修的图片多，一个月也能赚个几千块。

22. 设备维修

现在谁家没有几大件家用电器：电视机、录像机、音响、冰箱、微波炉、烤箱、洗碗机等。你只要懂得如何修理这些家用电器，就可以开始你的生意了。这可以和上面所提到的一些维修服务同时进行。

14种适合在家做的网络兼职工作

随着互联网的日益普及，网络在我们的日常生活中扮演着越来越重要的角色。期望在工作之余通过兼职赚钱的上班族，还可充分利用网络为自己帮忙，寻找一份合适的兼职工作。

1. 网站编辑

现在有很多网站都在招编辑。只要你有文采，会用电脑打字，就完全可以胜任这个职位。你不需要有技术，只要你能写好某些方面的文章。

2. 电脑设计

精通平面设计或从事平面设计的专业人员，可以利用自己的专业知识，在网上找一些电脑设计方面的兼职工作。设计包括很多，如平面设计、网站设计等，这些都是非常不错的选择。

3. 网络直播

这是近年比较火的一种方式。最初是一些游戏直播平台上一些游戏主播火起来。而后网络上出了一些直播平台，不少漂亮女孩儿都打扮得漂漂亮亮进行网络直播，一天收入几万元的大有人在，也催生出了不少网络红人。

4. SEO优化

很多人可能对SEO优化感到陌生。在此简单介绍下，SEO优化就是通过搜索引擎做关键词排名，比如，你想通过百度搜索自己的名字找到你的话，你的名字就是关键词，你需要做的就是把名字做SEO优化排名到百度首页。

做SEO优化还是比较赚钱的。很多人做这个每天都有几百元上千元的收入。具体如何实施，需要一定技术基础，可以到百度上查找，了解SEO优化的操作技巧。

5. 手机看文章

现在网上有很多用手机看文章可以赚钱的软件，比如趣头条、惠头条、趣看点等，都是非常不错的。这些软件每看一篇文章可以赚0.01元左右，价格高的也有0.02元。另外，如果你推荐好友下载还能获得1元/人的奖励。

6. 竞价赚钱

竞价赚钱就是花点钱买点广告，卖点产品，实现差价就行了。竞价可以去百度联盟、谷歌联盟、阿里妈妈等。另一种变相的竞价就是买网站的广告位，效果都差不多，关键是看转换率。转换率高，产品存在爆利，那么你就可获得观的收入。

7. 接任务

最好的平台就是上网做威客赚钱。如果你有点特长，那么就去"任务中国"这样的威客赚钱网站接点活做。只要你的特长有特点，一个月赚几千块不成问题。

8. 答题

答题赚钱也叫调查赚钱，很多人可能并不了解这种赚钱方法，其实很简单，就是你到一些调查网站注册一个账号，然后回答调查平台里面的一些调查问卷。当你完成调查平台的问卷之后，官网会发给你一定金额的奖金。奖金从2~10元不等，当然也有高额的超过20元一条的问卷，主要看你的运气了。

目前比较好的调查赚钱平台也有很多家，如第一调查网、集思吧、收奖网都是很不错的。你可以上这几家平台试试。

9. 做自媒体

如果你在家闲的时间足够多，而且有一定的专业技术能力，那么，可以考虑做自媒体，如做企鹅号、头条号、大鱼号、百家号、公众号等。只是这些平台前期收入不大，要时间久了才有收入，要会写文章、做视频、做图片，要会找热点。现在做自媒体的人太多了，想要脱颖而出，除了智慧还需要坚持。自媒体是很好的正规兼职，虽然投入时间精力都会多一些，却能得到少有的满足感。做自媒体，关键是你得坚持，时间长了你才会认识真正的自己。

10. 运营微信公众号

运营微信公众号兼职赚钱方法很简单。首先，设置好自己的微信公众号，然后记得每天去更新自己的微信公众号，更新的内容可以是短视频的形式，也可以是文章形式。你可以发些网络上面没有的内容，内容可以通过一些热门资讯类的手机App去挖掘。

关于吸引流量的方法：大家可以利用一些短视频平台去吸粉，让你短视频平台的粉丝加你的微信公众号。这种方法效果非常好。

11. 转卖域名号和网站

域名是一种罕见的商品。如果你能想到一个引人注目的域名，注册用不了10美元，卖的价格可就高多了，可到Flippa类的网站上卖出。你也可以购买便宜的域名，然后溢价出售。平均来说，你可以按网站月收入12倍的价格卖出。如果你擅长网站建设，可创建新网站，从博客开始白手起家。一旦网站引起反响并赚钱，就立即将其出售。

12. 网上投稿

如果你对写作感兴趣，文笔不错的话，可以选择网上投稿这种方式兼职，不仅省了邮费，还方便、快捷。除了关注一些传统的报刊杂志纸媒的网站外，你还可关注投稿客等新媒体稿件交易平台。另外，你可以多关注几个微信公众号大号，如十点读书、有书、思想聚焦、二更食堂、晚安少年等，特别注重版权与原创的。它们就像杂志和报纸一样，支持大家投稿赚钱，一篇文章的价格从几十、几百到几千都不等。

每个人能力都不一样，有些人刚开始可能赚得少，可是只要坚持下去，一定会越来越多的。成功是会青睐坚持的人的。

13．网上翻译文件

随着全球化迅速发展，一种语言的内容在传输时需要被转换成另一种语言。你可以在线和离线翻译文件赚钱。你可以通过免费的分类广告，以及自由职业者网站找到一些代理或客户。

14．网店客服

如今生意日益红火的网店，随着规模逐渐扩大，许多店主单打独斗已经无法应付大量的客户。于是，一个新的职业——网店客服诞生了。

网店客服就是帮助店主联系上门咨询的客户，为客户提供商品的详细信息，以及订单的处理等相关工作。一般比较大的网店都会聘请2~4名网店客服，规模超大的网店客服队伍甚至可以接近百人。但网店客服还是供不应求，以淘宝网招聘求职论坛为例，开通不过一个月时间，就有近5 000家淘宝网店发出了1万个招聘网上客服的需求。

兼职工作要遵循三要三不要

兼职工作要遵循一定的原则，这对于初涉创业领域的人来说尤为重要。

兼职工作首先要遵循下面三个要点：

1．慎选行业

你要先从那些对时间的要求比较有弹性，无论白天晚上都可完成的行当入手。

2．全身心投入

不能因为是兼职而减少投入，不要把你的兼职看成是业余爱好。如果你希望它能给你带来利润，你就必须舍得时间和本钱，否则等待你的只有失败。

3. 尽快入行

兼职工作的时间投入比较少，为了尽快了解将要进入的行业需要走一些捷径，比如从你的人际网络中寻找一些专业人士，听听他们的意见，平时多结交一些业内人士，建立专业内的人际网络。如果没有好的信息途径，也可以去做一下咨询。

兼职工作过程中还要避免以下三个方面的内容。

1. 不要影响本职工作

兼职就是自己本职工作以外的工作。毋庸置疑，自己的本职工作是主，兼职工作是辅，千万不可本末倒置，将"主"丢了。不要在正常上班时来处理你的兼职事务，这会影响到你的职业形象。如果做不到这一点，就应辞掉你的兼职工作。

2. 不损害本职单位利益

进行兼职更不能损害本职单位的利益，尤其忌讳到有竞争性的同行单位兼职，更不能利用原单位的资源和便利条件甚至商业秘密，为兼职单位谋利益。

3. 不能过度透支健康

工作之余通过做些兼职赚的额外收入，能缓解经济压力，提高个人生活质量。这也是理财师经常在个人理财方面提及的赚钱方式之一。但是需要提醒大家的是，健康的身体是革命的本钱，千万不要为了忙于赚钱而过度透支健康，不珍惜身体，否则就得不偿失了。

第19章
全民消费时代的省钱之道

量入为出,有计划地花钱

俗话说"钱是人的胆",没有钱或挣钱少,各种消费欲望自然就小,手里有了钱,消费欲望立马就会膨胀。所以,月光族要控制消费欲望,最好能对每月收入和支出情况进行记录和"监控",防止不必要的消费。

1. 掌控预算,抵制诱惑

可以采用非常实用的"信封"花钱法,就是把各项必需的开支事先做出预算,如买衣服时只能动用"服装"信封里的钱,外出就餐时只能使用"外食"信封里的钱,专款专用,保证不超过预算,就不会月光。也可以在心理上设道防线,要求自己只能动用每个信封中的80%~90%的专用款,到月底有了节余,会很有成就感。

还有就是要抵制各种优惠促销的诱惑。买100送50、五折优惠、积分贵宾卡等越来越煽情的诱惑,使不少年轻人患上了"狂买症"。对于月光族而言,这种看似优惠的消费一定要克制,告诉自己"想要"和"需要"不是一回事。

2. 强制储蓄,逐渐积累

每月发了工资,先拿出5%~20%存入银行,储蓄或投资基金等都可以。另外,现在许多银行开办了灵活的储蓄业务,比如,你可以授权给银行,只要工资存折的金额达到约定的数额,银行便可自动将超额部分转为定期存款。这种强制储蓄的办法，可以使你改掉乱花钱的习惯，从而不断积累个人资产。

3. 自己动手，丰衣足食

如今，吃快餐、吃饭店是一些单身族的通病，其开支有时占到月收入的三分之一。建议单身族学习烹饪常识，下班时可以顺便买点自己喜欢的菜或半成品食物进行加工，既达到省钱的目的，又练了手艺，享受了"自己动手，丰衣足食"的人生乐趣。

4. 慎用信用卡，避免多开支

"轻轻一刷卡，人生更潇洒"的表象往往掩盖了过度消费的事实，特别是对花钱无度的月光族来说，信用卡更须慎用。

小钱不可小瞧

从前，有一个地方小县的皂吏，掌管县衙的钱库。这个家伙每天从钱库出来的时候，都要拿一枚铜钱，夹在帽檐里，偷偷地带回家。几十年来，都是这么干的，一直没被发现。

这一年，新换了县官。这个县官比较正直。有一天，这个新县官发现那个皂吏偷偷地把铜钱放在帽子里带回家。他就注意上了那个皂吏。后来他发现这个皂吏每天都要偷钱。

有一天，当那个皂吏刚想偷钱的时候，被县官当场逮住了。

县官说："你偷钱，给我关进大牢，按贪污罪问斩！"

皂吏一听，大喊冤枉。说自己只拿了一枚铜钱而已。

县官说："一日一钱，千日千钱！你当了几十年的皂吏，你说你偷了多少钱了！"

皂吏一听，低下头不说话了。

这个故事说明了什么呢？说明任何微小的金钱，长久积累都是一笔巨大

第19章 全民消费时代的省钱之道

的财富。

我们现在大多数人的收入都是很低的，所以坚持长久的积蓄，每个月坚持存上一笔钱，哪怕是100元，都十分重要。

有时候满地都是钱，你要做的只是弯下腰，把它捡起来。这是一件很容易的事情。只要你去从点滴做起，就能积少成多。真的，也许要花一点时间和知识，但是相比早晨六点钟从热乎乎的被窝里爬起来，而外面只有零下二十度，而且漆黑一片，这些都是小事。

家庭开源节流十法则

理财中开源和节流是不可偏颇的，这就像人的腿一样，左右都很重要。每个家庭都要结合自己的实际情况处理好这两方面的关系。

节流的细节很多，大概说上几条。

（1）尽量在家吃饭，干净、实惠。

（2）尽量坐公交，环保、节省。

（3）衣服买品牌，要看时机打折，并且买大方的样子，耐穿、有档次。

（4）少用手机，花费少、辐射小、健康。

（5）护肤品只买对的不买贵的，不要跟风，相信自己。

（6）充分利用网络资源，在网上观看正版电影。

（7）不好面子，坚持自己，不要为自己的虚荣心花钱。

（8）节约用水用电，这不是抠门，这是环保的大事情。假如我们每个人都从自己做起，将为家庭节约一笔不小的开销。

（9）超市购物要有计划，省时间，又不会乱花。有购物卡的朋友不要以为这不是钱就乱买，可以充分利用这些卡买小电器。

（10）包装买小不买大，现在家庭成员都少，大的用不完、吃不完，浪费。

不打车不血拼，不下馆子不剩饭

"我赚钱啦！赚钱啦！我都不知道怎么去花。我左手买个诺基亚右手买个摩托罗拉。我移动联通小灵通一天换一个电话号码呀。我坐完奔驰开宝马，没事洗桑拿吃龙虾。"

这首打油诗曾经在网上风靡一时，还被作为很多手机的彩铃。但现在，流行的是另外一首诗："不打车不'血拼'，不下馆子不剩饭，家务坚持自己干，上班记得爬楼梯。"

这是一首被"酷抠族"奉为行为准则的打油诗，也迅速引起了人们的共鸣，并迅速成为城市里的新时尚。"酷抠族"的典型行为还有：再忙再累在家里宴客；"坐11路"步行上下班不变；美容就是早睡早起外加白开水八杯等。

"酷抠"说的是一种抠门，却是一种褒义的"抠"，因为其崇尚的是"节约光荣，浪费可耻"。"酷抠族"并不是贫困族，也不是守财奴，他们具有较高的学历，有不菲的收入。"酷抠族"精打细算的目的不是吝啬，而是一种节俭的行为方式。

而他们节俭的目的又不是单纯的节俭，而是一种转移重点的消费，不花钱是为了以后把钱花到点子上、更好地花钱、花出质量和效益，用"有数"的金钱，换来更科学、更高质量的生活。这种在不影响生活质量的前提下用最少的钱获取最大的满足，强调花费所获得的价值远远超过花费本身的理性消费和生活方式，无疑是一种科学的时尚和流行。

当富豪榜不断地吸引我们眼球的时候，在攀比的逻辑下每个人都难免会出现挫折感。这个世界，金钱如过眼云烟，欲望如同无底洞。对财富的迫切渴望，让现代人丢失了不少生活的本真，也让现代人充满了浮躁和焦虑。在经历了追逐财富的乏味之后，"酷抠族"渴望让生活变得简单简单再简单，进而用简单生活节约下来的时间和金钱，过一过自己想过的生活，找到一份心灵上的安慰。这才是对幸福本质的理解。享受生活并不等于享受物质。

"酷抠族"强调健康、绿色的生活，强调简约而不简单的生活，这是一种对幸福的生活的追求。让我们一起来加入吧。

第19章 全民消费时代的省钱之道

谨慎购买流行商品

流行的不一定是永恒的。记住这一点，我们就可以理智地对待流行商品。流行商品一般指本年度或本季流行和时髦的商品，多是衣服、鞋类、饰物和一些日用品。盲目追赶潮流，购买大量的流行商品有一些弊端。

流行商品大多是时尚产品，既容易流行，也容易过时。流行商品一旦过时，就会失去其魅力，随之降低或失去其使用价值。

流行商品大多款式新颖、别致，刚推出的时候非常具有诱惑力，价格会很高，而一旦流行风退却后，价格会猛跌。

流行商品之所以流行，是因为它迎合了大众的口味。因为过于大众化，所以穿用起来缺乏个性色彩。如果你十分注意个性风格，这种商品一定要回避。

某种商品一旦流行，就会被大量仿制，其中不乏粗制滥造者，令人真假难辨，消费者购买时稍不注意就会买回劣质假冒货。

所以，对于大规模流行的商品，选购时一定要慎重考虑，尤其是在准备怀孕期间，切忌盲目追赶时髦的心理。因为怀孕和产后，身体会有很多变化，流行衣物买多了，会造成不必要的浪费。

谨慎购买打折商品

季末（夏季货品6~8月，冬季货品12月至次年2月）、周末、店庆、节日……摸清每个牌子的打折习惯，一些常年不打折的品牌具有保值性，只要看好，随时可以买；一减再减的牌子，8折、9折可以再等等；一般太常见的尺码，7折时便要动手了；选择大商场、名牌店，质量有保证，可以在打折时享受名牌设计。

适合自己及家人的风格、体型的款式，应当早就心中有数，在购买时要注意服装吊牌上的成分和价格。有时有些商品即便打三折，但因底价高，依旧不划算。

高档服装如皮装、羊绒大衣、西装等，不会一两季便淘汰，趁打折时选择适合个人风格的基本款式，可以穿好几季；"百搭款"衬衫、毛衣、T恤、牛仔裤等，无太多时装感，可趁打折多买一些；名牌店的围巾、手套、丝巾、皮带、钱包等饰物，只要设计风格适合，可多用两季，不易淘汰，可趁打折买进；套装最好买整套的，同一品牌推荐的一套完整搭配，一般是最精彩的。

季末打折前先注意下季流行趋势，选择颜色、款式时就会有超前眼光；考虑自己缺哪方面的服装，选择时有方向性。

其他如"食""住"等方面同样可以利用好打折时机。"食"的方面，参照"十五的月饼十六买"，"住"的方面，参照"买头买尾"等购物方法，讲究点儿打折艺术，你一定会是赢家。

但是，在购买"打折"商品时，消费者要注意以下几点。

1. 购买打折商品要保持理性购物的心态

在选购商品时，不要单凭价格决定消费，要注意商品的内在品质，精挑细选后再决定购买。另外，也要注意商家出具的打折商品发票的内容，因为如果商家在发票上标明"处理品"字样的，按照我国的法律规定，处理商品是不享受"三包"售后服务的。

2. 购买打折商品务必提高警惕

有的商家把商品的原价提高了几倍，再以打折的名义销售，甚至以所谓的"跳楼价""破产价"之类的极端措辞引诱消费者上钩，从中赚亏心钱，顾客以为捡了便宜，结果还是上当买了高价货物。

3. 购买打折商品要注意提防"最后一天"的诱惑

有的商家以虚假的打折诱导消费者，在打折的后面加上"最后一天"的注脚，以哄骗消费者，其实你第二天、第三天再去，那"最后一天"还是没有过去，"最后一天"成了"天天都是最后"。

4. 在节假消费期间要注意提防"买一送一"等类似的陷阱

这种带有格式条款性质的虚假宣传，真正给予消费者实惠的并不多，有的只是为了诱导消费者购买其所销售的物品。在现实中，具体表现为有的

第19章 全民消费时代的省钱之道

"买一送一"要求消费者购买的物品是大件商品,但是赠送的只是不值钱的小商品,更有甚者赠送的只是塑料袋,称这是为方便消费者提运商品的"赠一",令消费者啼笑皆非。还有的"买100送30"等,送的是购物券,目的是让消费者循环购物,最终受益的还是商家。

5. 在购买反季商品时要注意选择,保证品质后再决定购买

我国法律规定的三包期的起算日期从购买之日算起,而消费者在购买反季商品后,一般当时是不使用的,等使用时出现问题,虽然才使用不长时间,但是从购买时算起已经超出了三包期,致使自身合法权益不能得到有效的保护。

避免冲动性购买

这里要特别提醒消费者注意,要避免冲动性购买。所谓冲动性购买,就是指那些没有经过充分了解、比较,也没有经过慎重考虑,看到别人买自己也去购买,或被一些夸大的宣传所欺骗,一时感情冲动而去购买商品的行为。如何避免冲动性购买呢?这就要了解我国市场的现状。目前,电视机、电冰箱、洗衣机、微波炉等产品,市场需求量大,一些不具备生产条件的企业为了赚钱,生产假冒伪劣商品,坑骗消费者。对这些情况,消费者要充分估计到,提高警觉,注意鉴别,不要被夸大其词的广告宣传所迷惑。否则,凭一时的冲动,购买了质量差的商品,过后维修又不保证,那将会带来许多烦恼。避免冲动性购买的另一个办法,就是要学点商品知识。比如,家用电器的价格一般都是国家统一定价,不是处理品的一般不会以低于国家牌价售出。因此,如碰到什么"优惠""降价"等宣传广告,就要注意鉴别,千万不要为贪图小便宜而匆忙购买。同时,具备一定的商品知识,对消费者鉴别商品的质量也是很有帮助的。

每当面对购物冲动,一般应根据下列思考过程进行决定。

1. 我是否真的需要或是想要这件东西?

是。(跳到问题2)

否。停，什么都不要买。例如，彩票、万圣节的大南瓜垃圾桶、白煮蛋切片器等。

2．能等一会儿再买吗？

否。（跳到问题3）

是。停，等一会儿，然后重复问题1和问题2。例如，等完成任务之后再买奶酪，通常这时我已经忘记了，或者时间已经来不及了。

3．我是否已经拥有类似的东西？

否。（跳到问题4）

是。停，用那件我已经有的东西就可以了。例如，将香蕉面包切片，单独冷藏，拿到办公室去，就不用购买面包圈了。

4．我是否真的很想要这个东西？

是。（跳到问题5）

否。停，不要买。

5．我是否能够买类似但是更便宜的东西来代替？

不。（买吧）

是。买便宜的替代品。例如，用大卷的白色手工纸和彩色缎带来代替包装纸；用明信片来代替信封、信纸和邮票。

通过实践，这种思考过程仅需要几分钟。但是，这真的能让人们经过商店的时候少花很多钱。广告令人难以抗拒。它们不断以新的方式出现，诱惑人们去买那些小玩艺、装饰品和令人喜爱的小东西。再理智的人也会喜欢新颖的小东西，容易受心情的诱导做出不理智的决定。

用手机打电话省钱有窍门

用手机打电话，如果注意利用一些省钱小窍门，日积月累，能够帮你省下一笔不小的钱。

1. 充分利用短消息业务

按中国移动现行收费标准，一条信息无论发往本地还是外地甚至国外，均只需发送方支付0.1元，而接收方不需付费。

2. 用手机拨打网络电话

现在免费通话软件很多，如触宝电话、丁丁电话等，可以下载这类软件，通过服务器转接，免费使用。

3. 选择合适套餐

目前通信公司都有各种优惠套餐活动，不同的最低消费数赠送不同的通话时长和流量，可以根据自身生活和工作特点，选择合适的套餐。很多套餐中包含家人之间通话免费的项目。

4. 设置通话时间提醒

手机通话时间是以分钟为单位，不足一分钟按一分钟收取费用，你可以把手机设置每50秒发出一次提示音，通话时可掌握时间。

5. 尽量使用网络联系方式

目前手机流量价格非常优惠，并且家里和很多公共场所都有免费WiFi，可以充分利用微信和QQ通话，这样能节省大量的通信费。

6. 使用手机储值卡业务

每月通话250分钟的情况下，"神州行"与"全球通"资费持平，而低于250分钟则"神州行"更优惠。

如何降低私车开销

汽车和其他家庭耐用消费品不同，买进时固然要大大花上一笔，买进后汽油费、过路费、维修费等也是一笔接着一笔。如果没有交通意外，每月也要花上一两千元。所以如何科学合理，而且是良性地节约开支，将成为当家人在汽车消费时代的一大难题。

1. 保险费

保险这一块虽说比较固定，但还是有节省余地。在买保险之前，投资者要了解车型当年的市场价格。这是因为，汽车价格每年是不同的，而车损险保费是以当年的价格乘以保费计算的。

所以，你在每年投保时，别忘了查询你的车价降了多少。第三者责任险，因为不同档次的赔偿限额差距较大，而相应的保费差距却很小。所以，车主在选择时，可相应地提高一个档次。一般地，5万元可应付一些小事故，10万元可应付一般的事故，20万元则可高枕无忧。理财师建议你最好选择20万元，不计免赔责任。这样选择的好处一是在事故处理时，你可以避免很多不必要的纠纷和支出，二是保险公司会给一定优惠。如果你的车不太新的话，盗抢险可以不买，但晚间停车不能掉以轻心。

另外，你可以参加汽车俱乐部等团体组织，在交纳汽车保险费时可以享受到极大的优惠，甚至是4~5折优惠。

2. 汽油费

"中国石油"的油价每升便宜0.1~0.5元，但加油站少，所以你平时要多留心，注意其分布位置，以便今后顺路加油。

另外，在出行前，你应选准路线，避免走弯路、逆行路和易堵塞的道路而浪费燃油。你要养成良好的驾驶习惯，保持直线行驶，莫因路面小障碍多左右打方向盘而增加行驶阻力，也不要忽快忽慢，以提高燃油的经济性。如果要去的路段属于车辆拥堵严重的市中心，你可以考虑选择地铁等其他快捷的交通工具。

3. 过路费

过路费是明码标价的，但只要做个有心人，平时多留心也能节约不必要的开支。沪宜公路刚修好时要收费，而现在免费了，所以如果你要去南翔古猗园踏春，那不妨放弃高速公路，走沪宜公路就能省下来回20元的过路费。如要从上海赴江苏昆山，若走京沪高速是要收费的，而走沪宜公路则是免费的。出行时，你可选择后者的路线。

第19章 全民消费时代的省钱之道

4．停车费

停车的相关开支是用车一系列开支中比较容易调控的一项，但也是花销较大的一项，如在上海商城停车，1小时就要30元。有人可能不想交停车费，认为只要随意地停在人行道上或是路边就行了。其实如果你在市中心随意停车，就要小心破财了，除非在晚上12点以后。

有位先生曾在马路上停过3次车，因为他看见别人都在那里泊车也没出问题，可是他偏偏运气不佳，3次中有2次给贴上了罚款单。如果运气再差点，可能被拖车。要想领车，你还要交拖车费，得不偿失。

所以尽量不要乱停乱放，确定几个便宜的停车场作为自己固定的停车处是比较可行的办法。

5．维修保养费

为了减少日后维修方面的大笔开销，花些工夫，投入一点，对汽车进行定期保养还是很有必要的。除了一些内部检查外，你还要经常关心轮胎气压是否正常，按规定里程进行轮胎换位。要知道报废一个轮胎，损失就比较大了。

另外更换下的一些零部件和每次加剩的各种油液要保存好，以便下次急需时用。

修车时如需要更换零配件，最好自己去配件商店买。选购配件时，要货比三家，同时不忘打折。利用季节差备一些易损件，如冬季易损件夏季买，夏季易损件冬季买。

维修点最好相对固定，一是质量有保证，二是可以讨价还价。一些路边维修点价钱虽便宜，但配件可能是假冒伪劣，技术也不到位，尽量不要光顾。

此外，为了减少不必要的开支，开车还要遵守交通规则，以免违章或发生交通意外。

节日消费省钱的小窍门

下面教你几招节日消费省钱的小窍门。

1. 巧妙购物

你可以尽早开始购物的比较，趁价格合适时下手。

2. 不要仓促购物

当你急需某样东西的时候，你很可能用较高的价钱买了并不是很中意的那一种。为了在购物时避免拥挤的现象发生，最好是在每天的早上或是在每周一、周二购物。

3. 设置一个现金购物的限度

当超过这个限度的时候，你就停止购物。

4. 购物结束了，马上回家

越能抵御购物商场的诱惑，你就会越少购买没用的东西。最好的方法是始终按照购物的目录进行购物。

5. 尽早地进行旅行安排

这样，你可以享受便宜的车票和打折的房间。

6. 尽早购物

这样，你将可以避免匆忙购物。如果你在购物之前把要买的商品列一个目录，当运输费用有很大的优惠时，你可以通过订货单来得到较好的价格。

7. 制作你自己的礼物

你可以自己利用废品设计制作工艺品，也可以制作或是购买特别的包装，可以把廉价的礼物做成精美包装。

8. 注意气候的变化

当冬季到来的时候，你可以储藏一些降价的诱人商品。根据季节的不同，储存廉价的食物，比如，在节假日时，烤制食品的价格通常比平时要低15%~30%。

9. 用较少的钱招待客人

在聚会时，你可以选择采用AA制的方式结账；在家招待客人时，你可以

第19章 全民消费时代的省钱之道

用家常便饭、野餐、甜点等来代替昂贵的晚宴聚会。

10. 发送免费"虚拟"的祝贺卡

这种通过网络发送的丰富多彩的信息不会花费你一分钱。

11. 节假日过后再购物

这样做可以使你为明年的节日装饰和贺卡节省大量的钱。

节日花钱无怨无悔

当假日经济火爆的时候,作为构成主体之一的消费者,他们的感受、他们的作用往往为人们所忽略。"国庆""春节"的长假中,消费者扮演了一种什么样的角色呢?

仔细观察,在商场熙熙攘攘的人流里,你会发现一些人与众不同。有的高声嚷道:"这和俺们老家的百货大楼差不多。"有的则嘟囔一句:"我们那儿也有。"显然,这是一些外地游客。据业内有关人士介绍,节日期间,外地游客购物竟成了一支生力军。据北京某商场粗略估计,2017年"五一"期间,外地游客购物比2016年同期增加了20%以上。

上海某管理学院的教授对消费者的这番心理进行了分析。他指出,假日经济火就在于吃透了消费者心理。一为从众,二为心理上的愉悦。消费者往往是通过购物、休闲来满足自己的快感。

据统计,不少城市的节日消费比平常有大幅增长,如广州的娱乐文教类支出增长近10%,交通及通信类支出增长12%,居住类支出增长21%,家庭设备类支出增长44%。

有意思的是,节日期间,鲜花成了许多市民生活中不可或缺的一部分,家居装饰、走亲访友,很多人都不忘买上一束鲜花。

根据黑龙江省民航货运部门的反映,冬季哈尔滨市场上销售的鲜花大部分是由广州、昆明空运来的。每年春节,空运鲜花都有大幅增长,甚至是成倍增长。在一些鲜花店,买花的市民络绎不绝,几位店员忙着为顾客插花篮、打花束。

在全国各地,无论是城镇还是乡村,节日里畅销的何止是鲜花,何止是哈尔滨的鲜花生意?

假日消费让银行卡"唱主角"

自从国务院调整节假日时间后,假日经济成为我国经济的重要亮点,"五一""十一""春节"三个假期成为旅游旺季,人们旅游的热情空前高涨。假日经济的升温,不仅给火车、汽车、旅馆等行业带来无限生机,也给其他行业带来好运。

众所周知,旅游者在旅游的同时,最为担心的是两个字"安全",即"人身安全"和"钱的安全"。"人身安全"只要自己处处留心就行了,可"钱的安全"除了警惕小偷外,如此多的钱应放在什么地方最为安全呢?这就需要银行站出来"唱主角",发挥"银行卡"的作用了。

随着我国加入WTO,市场竞争更加激烈,外资银行进入国内后,将为客户提供科学、便利、安全等消费品种供市场和客户选择。因而假日经济无论在国外还是在国内,都是热门的行业,也是各家商业银行必争之地。对于银行来说,通过创新"银行卡"服务品种,供客户选择,提高服务水准,完善现有网络等,使银行卡成为人们旅游的随身之物。

假日消费银行卡成为好"主角"的理由如下。

(1)持卡人办理手续将越来越方便。

(2)通用性越来越强。国内银行系统研制的"银行卡"通用性越来越强,一般都能考虑与国际接轨,因为出国旅游的人数日益上升。

(3)银行正在创新银行卡以外的旅行支票。旅行支票不仅便于携带,而且消费者可以针对情况变化随时消费。当然,旅游支票要限额,以防银行资

第19章 全民消费时代的省钱之道

金风险。

（4）旅游景点的服务范围正逐步扩大。各旅游景区在增加景点旅游商场、大宾馆服务的同时，还在扩大旅游闹市区、购物区等场地的服务，这些主要以建立自动柜员机进行24小时服务为主。

（5）银行特约商户正随着市场变化而增加。银行不仅把大都市商场、大宾馆作为银行的特约商户，还正在把各类旅行社、旅行团体作为特约商户，以扩大"银行卡"发行范围。

（6）银行正在进一步加强管理，除强调要有一流的服务外，还强调要有过硬的服务设备，使广大客户使用"银行卡"真正享受到快捷、便利、安全，让旅游者微笑而来，满意而归。

出外旅游如何省钱

有关部门的一项调查显示，我国大中城市居民中，约有15%的人有假日旅游意向。

旅游作为一种新的生活方式，正在被越来越多的普通市民所接受。文化旅游成为一种新的假日生活方式。

在旅游中，只要你学会精心计算，完全可以做到既节约又不影响旅游质量。

1. 利用时间差节约

如果你不想花太多的钱，又要旅游好，那么首先要善于利用时间差去节约。一是避开旺季游淡季。一般来说，一个景点有淡季和旺季之分。淡季旅游时，不仅车好坐，而且由于游人少，一些宾馆在住宿上都有优惠，可以打折，有的折扣在50%以上。在吃的问题上，饭店也有不同的优惠。因此说，仅此一项，淡季旅游比旺季在费用上起码要少支出30%以上。二是计划好出游和返回的时间，采取提前购票，或同时购返程票的方法。如今一些航空公司为了揽客已做出提前预订机票可享受优惠的规定，且预定期越长，优惠越大。与此同时,也有购往返票的特殊优惠政策。在预订飞机票上如此,在预订火车、汽车票上也有优惠。如预订火车票,票买得早,可免去临时去售票网点买票的手续费用。三是在旅游时,要精心计划好玩的地方和所需时间,尽量把日期排满,因为你在旅游区多待一天就要多承担一天的费用。

2. 巧选旅馆省费用

出外旅行,住的旅馆好坏将影响旅游质量,也影响到费用的支出。那么如何才能住得好又住得便宜呢?一是可在出游之前打听一下要去的地点,是否有熟人介绍或自己可入住的企事业单位的招待所和驻地办事处。如果有,就首选这些条件较好的招待所和办事处,因为大部分的企事业单位招待所和办事处享有本单位的许多"福利",且一般只限于接待与本单位有关的人。住在这种招待所和办事处里,价格便宜,安全性也好。当然在选择这些招待所和办事处时,也要根据位置决定,如果不便出行,则不可住。二是在企事业单位招待所和办事处不适合自己的情况下,就该把眼光瞄准旅馆。在选择旅馆时,要尽可能避免入住在汽车站、火车站旁边的旅馆,可选择一些交通较方便,处于不太繁华地域的旅馆。这些旅馆在价位上比汽车站、火车站旁边的旅馆要便宜得多,而且这些地段的旅馆还可打折、优惠。如今城市出租车发展快,住远一点没关系。

3. 善玩也可减支出

出门旅游,玩是一个最主要的目的,而且在玩上省钱是大有必要的。那么,如何省钱呢?首先对自己旅游的景区要有大概的了解,从中理出这个景区最具特色的地方在哪里,必须要去的地方又是哪些。这种具有特色的地方一定要去。在去观赏这些地方时,对一些景点也要筛选,重复建造的景观就不必去了,因为这些景点到处都有。其次是在旅游时,更应拿出一点时间,去逛大街,看看景区和城市的风土人情,因为这么闲逛不需要花钱买门票,但这样一玩,却能玩出好心情。它可以长知识,也可以陶冶性情。

4. 购物莫花冤枉钱

传统的旅游观念中,有一个旅游购物的概念,有些人往往在旅游中的

第19章 全民消费时代的省钱之道

"游"花费不大,却为购物花去一大笔。那么如何不花冤枉钱呢?首先是在旅游中尽量少买东西,因为买了东西不便旅行,而旅游区一般物价较高,买了东西也并不合算。同时值得注意的是,勿买贵重东西。一些旅游区针对顾客流动性大的特点,在出售贵重商品时,往往用各种方法出售假冒商品。如果买了这些贵重商品,游客回家后发现上当了也因为路远而无法理论,只得自认倒霉。当然,到一地旅游也有必要购些物品,一是馈赠亲朋,二是做纪念。那么购什么好呢?一般只是购买一些旅游区本地产的且价格优于自己常住地的物品。这些物品价格便宜,又有特色。

旅游的开支多且广,其节约办法也较多。你如果去旅游,可根据自己的实际情况去节约行事。

网购省钱秘籍大搜罗

似乎一夜之间,网购成了风靡办公室的时尚行动。大家都在上网买东西,办公室里的女人们怎么都想不通,机灵鬼李晶总能够花更少的钱买到更多的东西。就连出去吃饭,李晶也能比别人便宜。在大家的"严刑逼供"下,李晶终于招架不住,传授了她的网购省钱秘籍。

秘籍一:比价软件淘实惠。

"精打细算是小女人本色,平时逛街买东西都知道货比三家,网购也是一样的道理啊!"李晶一句话点破天机,并强烈推荐大家下载比价系统软件。

网上比价系统能通过互联网来实时查询所有网上销售商品的信息,特别适用于图书、实体工具等品牌附加值较低的商品。想知道某件东西在各大网站上的价格,只需在搜索栏里打入商品名称,点击"查询"就一目了然了,货比三万家也不难。

秘籍二:上折扣网。

上折扣网购物能省10%的花费,很多人不相信,可经过李晶的介绍和自己的亲身体验，大家才心悦诚服地点头。

其实道理很简单，大部分购物网站，在其他网站上做广告，在该网站有用户购买时，会给该网站一个以销售额计算的佣金（这就是按效果付费的广告）。而折扣网不一样，它把这部分佣金还给用户。

网上购物一族通过折扣网的链接到合作网站购物，可以获得折扣网赠送的积分。购物积分，就是在折扣网合作网站购物，折扣网按购物金额算积分，积分可以兑换礼品及现金（1 000积分=10元人民币），达到6 000积分即60元，即可申请兑换现金。经常使用这种方法，便能得到不少实惠。

李晶还提醒我们每次都要通过折扣网提供的链接访问相关购物网站，如果直接点击购物网站，是没有积分的。

秘籍三：积攒电子消费券。

吃饭怎么也能省钱呢？面对大家的疑问，李晶喜滋滋地从口袋里掏出一大叠打折券，肯德基、巴西烤肉餐厅、老山东牛杂……各式餐厅应有尽有。大家正惊讶李晶从哪里蹭来这么多打折券，她就已经打开肯德基的网站给大家示范了。

首先在肯德基网上注册成会员，然后就能随意下载打印打折券，"凭券消费能够省五六块钱，不要小看哦，一个月下来也许能省几十块钱呢！"李晶说。而电子消费券就更厉害了，像当当网经常会友情赠送电子消费券，面额在20元~50元不等，可以买本好书了。

秘籍四：以物换物。

自从曲别针女孩在网上火了之后，越来越多的人动起了以物换物的脑筋。不过这回慷慨献计的不是李晶，而是我们的化妆品达人小高。

小高购买化妆品的速度让人叹为观止，瓶瓶罐罐的小样也有一大堆，放着浪费，送人又舍不得，恰好上网闲逛时看到有一个换物网，注册成会员后就能发布自己要交换的物品信息。小高尝试之后不久，她桌子上的小样慢慢变少了，多出了音箱、鼠标……

做了一段时间的换客，小高颇有心得："换物时要保持良好的心态，不能以换的东西值多少钱去衡量，而要看那东西你需不需要，或者你有没有这

第19章 全民消费时代的省钱之道

个时间和精力去购买。"不过小高的收获是办公室同仁有目共睹的,以物换物,没准还真能曲别针换栋别墅呢!

秘籍五:充分利用免费资源。

网络资源无奇不有,关键看你怎么用。随着省钱计划的展开,人们纷纷谈起自己的心得体会,得出最重要的一点是:充分利用免费资源。

一是打网络电话。小朱的男友在外地工作,两人每天虽然有绵绵不尽的情话,但小朱的电话费却没有因此而水涨船高,原因在于他们用的是网络电话。

二是看免费电影。汪汪提供的是一个电信、网通都能下载的看电影软件。据她的经验,只要下载安装了此软件,就能进入这个社区看正版的电影和电视剧了,更新速度很快,而且安全无病毒。

三是下载电子杂志。化妆品达人当然不会放过时尚杂志了,但动辄几十块钱,累积起来也是不少的一笔花费。最后算算,还是上网下载免费的时尚杂志合算。

秘籍六:网上申购基金可节省40%的费用。

近来,多家基金公司相继推出了基金大比例分红、优惠申购促销的业务。在优惠活动结束后,投资者是否还有其他渠道或方式优惠申购基金?经过调查,投资者通过网上申购基金,能节省40%的申购费用。

通过基金公司或者部分银行的网上交易系统,投资者在注册开户后,即可足不出户进行基金申购赎回等各种交易,同时申购费率不高于6折。

交易成本和交易便利是基金网上直销受投资人欢迎的重要原因。网上直销的申购费最低可有5折,投资者利润空间就会增大。同时,通过网上直销渠道还可以进行基金转换,同时享受更低的转换费率。另外,通过网上直销可以实现一年365天、一天24小时的全天候、多方位基金交易服务,客户可以随时查询、下单、撤单以及进行基金转换和定期定额申购,非常适合上班族们在8小时之外从容进行投资。

上网省钱妙招

眼下，上网的诱惑令人无法拒绝，但昂贵的网上消费和时间浪费又使网迷们心疼不已。如何节省上网费用和上网时间，是网迷们普遍关心的问题。笔者建议你不妨从以下几个方面做起。

充分利用书签功能，可以节省输入网址的时间。你可以根据自己的需要和爱好，创建若干子书签夹，便于分类探索。以某浏览器为例，具体操作是打开书签编辑窗口——go to Book-marks，建立子书签夹，然后再建深层书签夹。你还可以利用属性对话框，将其名称改为便于记忆的文字。

你在学习和工作中最需要和最感兴趣的内容，都在哪些网站中能够链接到，记下来，下次再用这些内容的时候，你就不至于满世界乱找而浪费时间了。

当你在网上窜来窜去，窜了很多地方，突然又想回到起始或曾经到过的站点时，若一屏一屏地返回，要浪费很多时间，这时你可以点按"地址"的下拉按钮。在下拉菜单中，记录着你本次上网走过的所有站点，只要点开你要去的网址就行了。

由于图形传输总比文字传输慢得多，因此你在打开一个网页时，不必等这个网页的文图内容全部显示在屏幕上，估计文字传输得差不多了，就按下"停止"钮，从中查找你要链接的网页，这样可以省去很多不必要的图形传输时间。

篇幅较长的文章，可先将其存盘，下线后再阅读；发送电子邮件内容较多时，可离线写好，上网后利用"附件"发出。参加离线讨论组，多用离线浏览器，可在离线浏览情况下获得大量的网上信息。

上网时间要躲开高峰期。一般凌晨3点至6点是上网的最佳时间。这段时间速度最快，比白天和晚上要快好几倍。白天由于"堵车"，有些站进不去，这时可以方便地出入。

第20章

理财新玩法，网络世界理财全攻略

网络银行时代已经来临

认真想一想吧：你上一次走进银行是什么时候？

由于ATM（自动柜员机）电脑终端使得客户全天24小时都可以进入其银行账户，许多银行客户很少再去传统的有形银行网点了。随着网络银行的出现，你现在待在家里就可以通过虚拟空间进行银行操作，而且在24小时中的任何时间都可以进行。

1. 应该使用网络银行的理由

（1）ATM机使理财方式发生革命性变化。除了不能从个人电脑上取钱外，网络银行可以提供所有。ATM机的优势服务，甚至更多。

（2）可以使你像银行一样掌握自己的账户信息。你通过电脑登录账户，不仅可以得到你在ATM机上能看到的账户余额，甚至会显示你尚未与银行结清的未偿付账单。

（3）可以复查那些通过ATM进行现金提取、信用卡信用消费和其他未登入账簿记录的交易。最近的一项年度调查显示，美国人使用自动柜员机卡超过70亿次，平均每月6亿次。如此多的交易中出现遗漏重要信息的可能性非常大。

（4）进行网上资金转账。

（5）以任何贷款或银行信用卡账户形式进行网上支付。下载交易信息，并自动将其插入个人理财软件。

（6）紧密监视你的账户，使你回避或降低服务费和透支费用，同时尽可能增加你的利息收入。

你在网络银行上的选择范围，取决于银行的网上部门现时能提供什么服务。你可以选择的服务可能从最基本的功能（如查询账户余额、网上转账），到更加复杂的跟踪投资和在线申请贷款等。

银行提供网上服务已经成为一种趋势。据估计，到2003年，美国有将近60%的成年人使用网上银行服务。这对银行开发和提高其网上技术无疑是一个有力的刺激，因为对银行来说，通过网络为客户提供服务比ATM机要便宜得多。

2. 可以采用哪些方法登录网上银行服务

（1）互联网。使用标准网络浏览器（Internet Explorer），通过银行在互联网上的网址进入账户。

（2）个人理财软件。这些软件能够使你跟踪和管理你的个人金融信息，还能够与你使用的网上银行交流信息，如果该银行支持这样的连接的话。

（3）银行提供的软件。

个人网上银行有哪些业务功能

个人网上银行是指银行通过互联网，为个人客户提供账户查询、转账汇款、投资理财、在线支付等金融服务的网上银行服务。通过个人网上银行，客户可以足不出户就能够安全便捷地管理活期和定期存款、支票、信用卡及个人投资等。目前，个人网上银行业务主要有以下几方面。

1. 账务信息查询

客户可对自己的账务信息，如卡/账号余额、账务历史明细进行查询，并下载账务历史明细。

2. 卡账户转账

客户可以实现自己的人民币卡账户之间的资金互转以及向同城（本地）的他人的灵通卡或信用卡账户划转资金。

3. 银证转账

客户可以实现自己的银行储蓄存款账户或信用卡账户与其在证券公司的资金账户相互划转资金，并可查询自己在证券公司的资金账户实时余额。

4. 外汇买卖

客户可在互联网上根据相关商业银行提供的汇率信息进行买卖外汇、撤单及查询有关外汇交易信息等活动。

5. 在线支付

客户在相关商业银行的特约网站上购物时，可在线实时支付货款并获得银行反馈的有关支付信息。

6. 客户服务

客户可以在线修改登录密码、修改各商业银行卡或存折信息以及修改网上银行客户信息。

7. 账户管理

客户可以对本人在相关商业银行个人网上银行注册的账户权限、状态进行修改，如更换自己的登录卡号、冻结及删除某些卡等。

8. 账户挂失

客户的各商业银行卡或存折等遗失或被偷窃时，可在线对其进行本地挂失（非全国挂失）的操作。

网上支付是怎么实现的

登录卡是指客户，在办理个人网上银行开户手续时指定的网上登录卡，如招商银行的"一网通"、中国建设银行的龙卡、中国工商银行牡丹信用卡或灵通卡等。该卡的卡号用于登录个人网上银行和进行在线支付时输入，是辨别客户的标识符。客户在登录系统后可自行更换登录卡。

支付卡是指客户，申请开通在线支付功能时指定的如"一卡通""龙卡"、牡丹卡等，用于网上购物时支付货款。比如，中国工商银行目前支付卡必须为牡丹信用卡，且只能指定一张卡。客户在办理在线支付时，不需输入支付卡的卡号，系统将自动从该支付卡中扣除货款。

1. 中国工商银行的网上支付

例如，某人在中国工商银行（ICBC）个人网上银行中注册了两张卡，一张为牡丹信用卡并开通了在线支付的功能（即支付卡），另一张为灵通卡。此人设定灵通卡为登录卡，则当他在网上购物被要求输入卡号时，应填入灵通卡卡号。如果此人不久后又将登录卡改换为牡丹信用卡，则当他在网上购物被要求输入卡号时，应填入牡丹信用卡卡号。但是在上述两种情况下，在线支付时被扣款的账户都是牡丹信用卡（即支付卡）。

客户查询B2C在线支付的交易状态时，系统提示"付款成功，未通知商户"是什么意思？

出现上述情况是在于网络或系统故障等不可预计的情况，银行和商户之间没有及时交换客户的付款记录。但客户不用担心资金受到损失，因为银行已保留有客户的付款记录，会在问题排除后或定时向商户发出付款信息。商户也可在和银行对账时获知客户已付款的记录，从而完成交易。

客户对注册账户进行结冻或删除操作时应注意什么？客户如果出于某种考虑（如遗失、被窃等），可对开户注册的信用卡或灵通卡进行冻结或删除的操作。操作时应注意登录卡一旦冻结，就不能登录个人网上银行系统，需到本地提供网上银行开户服务的任何一家网点去解冻其他卡。被冻结则其所对应的全部功能将被冻结，重新开通需到提供网上银行开户服务的任何一家网点办理解冻，但是被冻结的支付卡支付权限可由客户在网上自行解冻。

客户对登录卡进行删除操作一定要慎重，一旦删除登录卡，将使客户资料从网上银行资料库中删除，客户将不能再使用个人网上银行系统。如果需

第20章 理财新玩法，网络世界理财全攻略

要使用个人网上银行系统就必须重新申请。

2. 客户办理网上挂失后应注意什么问题

网上挂失，由于技术原因，各商业银行做法和有效性不一致。如招商银行可以全国有效，而中国工商银行网上挂失只保证在开户行所在地的有效期内有效，要全国挂失还须去营业网点做正式挂失。如果是挂失灵通卡或存折，则到该行当地任何一家储蓄所都可办理，如果是挂失信用卡，则必须到原发卡机构办理。

手机与一卡通结合出新的管钱办法

在日益繁忙的现代社会，为了更好地把握生活的脉搏和时代的节奏，人们在寻找更方便的方式获得各类信息和进行金融理财。招商银行与中国移动集团公司联合推出"手机银行"（Mobile Banking service）服务，助您灵活方便地进行个人财务管理，享受现代通信科技带来的快捷和便利。

1. 银行卡与"手机银行"服务相结合的四大优势

（1）服务全面，覆盖广泛。在"全球通"网络覆盖和"全球通"漫游的区域内均可使用此项服务。

（2）功能强大，操作便利。招商银行"一卡通"、存折或信用卡客户均可使用，并提供"账户查询"、"转账"、"缴费"、"证券服务"、"个人外汇实盘买卖"、"理财秘书"和"账户管理"等多种理财功能。所有功能均为中文菜单提示。滚动选择，无需记忆命令编码。

（3）申请简单，手续方便。客户只需到中国移动集团公司、中国联通等公司的当地分公司指定营业厅申请开通"手机银行"服务后，即可使用。

（4）系统加密，安全可靠。系统采用严格的数据加密技术，既防攻破，又防截获，交易安全、可靠。

2. "手机银行"功能简介

以招商银行为例：

（1）"账务查询"：可查询"一卡通"、存折及信用卡账户余额及最近的历史账务情况。

（2）"多功能转账"：可随时在"一卡通"、存折及信用卡之间进行资金转账；可将"一卡通"中的活期存款转为定期；还可在"一卡通"与券商保证金账户之间进行资金转账，方便您进行股票投资。

（3）"缴费"：可查询和缴纳手机话费、寻呼机费等各类费用。

（4）"证券服务"：可查询深沪两地证券行情并进行交易委托。

（5）"外汇实盘买卖"：可进行国际外汇行情的查询和外汇交易。

（6）"理财秘书"：可以实时地将客户所需的各种账户发生信息、定期储蓄到期和证券成交回报等账户信息以手机短信方式提示客户。

（7）"招行信息"：查询经保存的各种手机银行操作返回信息。

（8）"账号设置"：可将常用的三个个人账户预先设置在手机菜单中，以方便平时使用。

P2P：借贷的网上交易

P2P又叫P2P借贷，是 peer-to-peer 或 person-to-person 的简写，意思是个人对个人。P2P是一种将非常小额度的资金聚集起来借贷给有资金需求人群的一种民间小额借贷模式，是个人通过第三方平台P2P公司在收取一定服务费用的前提下，向其他个人提供小额借贷的金融模式。

P2P是个人与个人间的小额借贷交易，一般需要借助电子商务专业网络平台帮助借贷双方确立借贷关系并完成相关交易手续。借款者可自行发布借款信息，包括金额、利息、还款方式和时间，实现自助式借款，借出者根据借款人发布的信息，自行决定借出金额，实现自助式借贷。

第20章　理财新玩法，网络世界理财全攻略

P2P有以下两种模式：

第一种是纯线上模式，是纯粹的P2P，在这种平台模式上纯粹进行信息匹配，帮助资金借贷双方更好地进行资金匹配，但缺点明显，这种线上模式并不参与担保。

第二种是债权转让模式。平台本身先行放贷，再将债权放到平台进行转让，很明显能让企业提高融资端的工作效率，但容易出现资金池，不能让资金充分发挥效益。

P2P模式撮合的是个人与企业的借贷。专家认为，P2P互联网小微金融模式的优势是面向具有还款能力和还款意愿的优质中小企业。

独具特色的淘宝理财

淘宝理财是小微金融服务集团（筹）搭建的综合开放式理财平台，由小微集团理财事业部运作。

淘宝理财平台搭建在淘宝网上，以服务普通网民群体的理财需求为宗旨。入驻淘宝理财的理财机构包括保险、基金、银行等，提供包括基金产品、保险理财产品以及银行理财等丰富多样的理财品种。

消费者可以在淘宝理财上实现如淘宝购物般的理财选择，从筛选理财产品、购买交易以及后续管理，均可在平台上完成。

同时，淘宝理财也秉承小微集团的开放性，引入如招财宝等别具特色的理财机构进入，在传统理财产品之外，向互联网网民提供定制化、特色化的理财产品。

巧用支付宝理财

支付宝最初作为淘宝网公司为了解决网络交易安全所设的一个功能，

该功能为首先使用的"第三方担保交易模式",由买家将货款打到支付宝账户,由支付宝向卖家通知发货,买家收到商品确认后指令支付宝将货款放于卖家,至此完成一笔网络交易。

2004年,支付宝从淘宝网分拆,独立成为浙江支付宝网络技术有限公司,逐渐向更多的合作方提供支付服务,发展成为中国最大的第三方支付平台。

支付宝是全球领先的第三方支付平台,成立之初即致力于为用户提供简单、安全、快速的支付解决方案。支付宝公司从2004年建立开始,始终以"信任"作为产品和服务的核心。不仅从产品上确保用户在线支付的安全,同时让用户通过支付宝在网络间建立起相互的信任,为建立纯净的互联网环境迈出了非常有意义的一步。

支付宝旗下有"支付宝"与"支付宝钱包"两个独立品牌。支付宝主要提供支付及理财服务,包括网购担保交易、网络支付、转账、信用卡还款、手机充值、水电煤缴费、个人理财等多个领域。在进入移动支付领域后,为零售百货、电影院线、连锁商超和出租车等多个行业提供服务。支付宝也可以在智能手机上使用,手机客户端为支付宝钱包。支付宝钱包具备电脑版支付宝的功能,如"当面付""二维码支付"等。支付宝钱包主要在iOS、Android上使用。

1. 支付宝转账

通过支付宝转账分为两种:(1)转账到支付宝账号,资金瞬间到达对方支付宝账户;转账到支付宝账户的限额。(2)转账到银行卡,用户可以转账到自己或他人的银行卡,支持百余家银行,最快2小时到账。推荐使用支付宝钱包,一定额度内免手续费。

2. 支付宝缴费

目前,支付宝公共事业缴费服务,除了水电煤等基础生活缴费外,它还扩展到交通罚款、物业费、有线电视费等更多与老百姓生活息息相关的缴费领域。常用的在线缴费服务有:水电煤缴费、教育缴费、交通罚款、有线电视费等。

3. 支付宝服务窗

在支付宝钱包的"服务"中添加相关服务账号,就能在钱包内获得更多

第20章 理财新玩法，网络世界理财全攻略

服务。包括银行服务、缴费服务、保险理财、通信服务、交通旅行、零售百货、医疗健康、休闲娱乐、美食吃喝等10余个类目。

余额宝：每天都有收益

余额宝是支付宝打造的余额增值服务。把钱转入余额宝、即购买了由天弘基金提供的余额宝货币基金，可获得收益。余额宝内的资金还能随时用于网购支付，灵活提取。

把钱转入余额宝即购买了由天弘基金提供的余额宝货币基金，可获得收益。余额宝内的资金能随时用于网购支付，灵活提取。余额宝支持支付宝账户余额支付、储蓄卡快捷支付（含卡通）的资金转入。通过余额宝，用户存留在支付宝的资金不仅能拿到"利息"，而且和银行活期存款利息相比收益更高。

余额宝的收益每日结算。用余额宝消费或转出的那部分资金，当天没有收益。

余额宝每天的收益的计算：

当日收益=（余额宝已确认份额的资金÷10 000）× 每万份收益。

假设你已确认份额的资金为9 000元，当天的每万份收益为1.25元，代入计算公式，当日的收益为1.13元。

银行卡中的资金可以通过网银和快捷支付进入支付宝账户。20多家银行网银和170多家银行的快捷支付都能充值到支付宝余额。使用余额支付时基本没有额度限制，用户可以先多次充值再付款。支付宝余额还持随时提现，用户可以将余额提现至自己绑定的银行卡。

财付通：购物让腾讯来支付

财付通是腾讯公司推出的专业在线支付平台，其核心业务是帮助在互

联网上进行交易的双方完成支付和收款，致力于为互联网用户和企业提供安全、便捷、专业的在线支付服务。

个人用户注册财付通后，即可在拍拍网及20多万家购物网站轻松进行购物。财付通支持全国各大银行的网银支付，用户也可以先充值到财付通，享受更加便捷的财付通余额支付体验。

财付通与拍拍网、腾讯QQ有着很好的融合。

使用财付通完成在线交易的流程如下：

（1）网上买家开通自己的网上银行，拥有自己的网上银行账户。

（2）买家和卖家点击QQ钱包，激活自己的财付通账户。

（3）买家向自己的财付通账户充值。资金从自己网上银行账户划拨到自己的财付通账户。

（4）卖家通过中介保护收款功能，选择实体或虚拟物品，如实填写商品名、金额、数量、类型，然后提交。提交后系统将通知买家付款，买家付款以后，系统通知卖家发货。

（5）等待卖家发货。实体物品此时可以点击"交易管理"查看交易状态，虚拟物品请查收邮件，状态以邮件为准。

（6）财付通向卖家发出发货通知。

（7）卖家收到通知后根据买家地址发送货物。

（8）买家收到货物后，登录财付通确认收货，同意财付通拨款给卖家。

（9）财付通将买家财付通账户冻结的应付账款转到卖家财付通账户。

（10）卖家提现，卖家只需要设置上自己姓名的银行卡就可以完成提现，没开通网银的卡也可以进行提现。

微信理财通：安全简单又高效

微信理财通是腾讯财付通与多家金融机构合作，为用户提供多样化理财

第20章 理财新玩法，网络世界理财全攻略

服务的平台。在理财通平台，金融机构作为金融产品的提供方，负责金融产品的结构设计和资产运作，为用户提供账户开立、账户登记、产品买入、收益分配、产品取出、份额查询等服务，同时严格按照相关法律法规，以诚实信用、谨慎勤勉的原则管理和运用资产，保障用户的合法权益。

微信理财通具有如下特点：

（1）安全卡设置：理财通只可"安全卡赎回"。理财通特别设置只能转出到一张银行卡内，且仅可使用安全卡赎回，但是可以使用多张银行卡购买。理财通第一笔购买使用的银行卡将作为理财通安全卡，资金仅可使用此卡进行赎回。

（2）选择多元化：基金公司、理财产品多种选择。理财通与多家基金公司合作，给用户更多元的选择。现有的合作基金有华夏财富宝、汇添富全额宝、易方达易理财、广发天天红，以及招商招利、民生加银、银华双月的月度理财，2015年5月开始陆续推出工银沪深300指数、易方达沪深300ETF联接两款指数基金。

2014年1月22日，经过一周的测试，腾讯理财通正式上线，已经上线的华夏基金旗下财富宝货币基金产品。2015年6月8日，理财通年化收益率5.485%。

微信理财通的开通方法具体操作如下：

（1）打开手机微信，点击下方的"我"，然后点击"钱包"。

（2）进去之后，找到在腾讯服务里面的"理财通"。

（3）在"理财通"的页面，点击下方的"理财"进入。

里面有货币基金、定期产品、保险产品、券商产品等，你可以根据自己的经济状况衡量投资的风险度来选择理财产品。如果你觉得投资风险比较小，可以选择货币基金。如果你觉得投资风险比较高，那么你可以选择保险产品。

（4）接下来，在你选择好的基金产品列表里面选择自己所要购买的基金品种。

（5）然后，点击右上角的"买入"。

（6）接着输入所要买入的金额，然后点击"同意服务协议"及"风险提示"。

（7）然后，点击下方的"买入"，选择买入的银行卡，输入支付密码，输入完成之后点击"确认"。

（8）支付成功之后会收到"支付成功"的提示，点击"完成"即可。

如果需要用钱了，直接在你买入的基金页面选择卖出即可，一般2个小时内就可以到账了。

微信零钱通：将零钱给微信打理

零钱通是微信最近新增的一个功能，功能与余额宝非常类似：用户可以将零钱通里的钱直接用于消费，如转账、发红包、扫码支付、还信用卡等。同时，当资金放在零钱通里不被使用时，可以自动赚取收益。

2017年9月5日，微信正式内测"零钱通"功能，内测用户把微信零钱转入零钱通后，不仅能赚取收益，还可以随时消费支付。

零钱通和理财通有什么区别呢？

首先大家都需要知道，零钱理财和零钱通都属于微信理财的一部分，同时还具有理财功能的产品是微信的理财通。理财通是绑定银行卡的，只能从银行卡中充值，并且赚取的收益只能回到银行卡中。而零钱理财是微信的余额理财，因此赚取的收益是回到微信余额里面的。

零钱理财是微信余额理财的较早的形式，通过与货币资金的结合，只要是充值100元以上，都能获得收益，而且收益是每天一结算。目前1万元每天大约能赚1.1元，算是比较可观的收入了。但是零钱理财只能提取到零钱中，如果需要提现，则再收取手续费。

随着微信支付的普及，越来越多的人不用去银行取款，只需要绑定微信就能付款，所以提现的意义不大了。但是零钱理财的不利因素就是在消费时

第20章 理财新玩法,网络世界理财全攻略

经过两个步骤,第一个步骤是将零钱理财中的资金提取到微信零钱,再通过微信零钱消费。这个过程较麻烦。

于是零钱通应运而生,升级零钱通之后,微信余额随时可以换入,也随时可以取出,最重要的是实现了零钱通可以支付消费资金,也就意味着原来的理财资金先提取到微信再付款的模式,简化为理财资金直接付款的模式,大大节省了付款的时间。

由此可见,零钱通是零钱理财的升级,对我们消费来说极为方便,不消费的时候又可以在里面理财,因此是家庭流动资金理财的首选。

相对于理财通而言,零钱通只能用微信零钱中的钱买入,有3只货币基金可选,赎回的资金也只能返回到零钱中,提现是需要收取千分之一的手续费的。理财通是用银行卡买入,有4只货币基金可选,赎回的资金返还到银行卡中。

微信零钱通的开通方法具体操作如下:

(1)首先在手机主页面上找到"微信"软件,并点击进入。

(2)点击"我",进入个人中心界面。

(3)点击"钱包"。

(4)在钱包里点击"理财通"业务。

(5)然后在弹出来的页面中点击"同意协议并开通"。

(6)正确输入微信的支付密码,即可升级成功,就可看见成功开通零钱通了。

微信"零钱通"的资金规模不大,属于"小额高频"理财场景。资金转入零钱通的方式,只能通过微信零钱转入,而无法通过银行卡等其他渠道转入。而微信零钱主要来自朋友之间收发红包、转账,消费场景则主要是打车、吃饭,都是小额场景。

微信"零钱通"的限额为单日单笔最高10万元,微信零钱支付最高额度20万元/年。

第21章
投资永远在路上，潇潇洒洒做一回老板

创业，你准备好了吗

随着就业竞争的加剧，越来越多的人选择自主创业。当前社会也鼓励创业，并为创业提供了种种便利，提高了创业的成功率。"与其去找工作，不如自己创业"，这样的壮志豪情使许多人投入到创业大军。

可是，创业是一件复杂而又艰辛的事业，对创业者有着各方面的要求。你具备创业者的条件吗？看看创业者们总结的创业必备要素。

1. 自信、自强的创业精神

自信心能赋予人主动积极的人生态度和进取精神。要成为一名成功的创业者，必须坚持信仰如一，拥有使命感和责任感；信念坚定，顽强拼搏，直到成功。信念是生命的力量，是创立事业之本。要相信自己有能力、有条件去开创自己未来的事业，相信自己能够主宰自己的命运，成为创业的成功者。

2. 创业的知识储备

眼高手低、纸上谈兵是很多首次创业者很容易陷入的误区，因为他们只是通过书本、媒体了解创业知识，对社会缺乏了解；特别在市场开拓、企业运营上相当缺乏经验。因此，创业前要有充分的准备。一方面，可以通过在企业打工或者实习，来积累相关的管理和营销经验；另一方面，通过参加创业培训，积累创业知识，接受专业指导，为自己充电，以提高创业成功率。

第21章　投资永远在路上，潇潇洒洒做一回老板

3．基础素质

创业者必须具备一定的基本素质，比如，丰富的工作经验、技术和管理方面的优势、发现和解决问题的能力、领导才能、交际沟通能力、团队合作精神……如果你是刚走出校门，除非你已经拥有相当价值和发展潜力的创意，否则，最好还是去打工磨炼一下再创业。

4．好的创意

创业者要有独到的见解或独家技术。拥有独到的见解或独特的技术是走向成功的关键，但也是最难做到的一点。显然，你独到的见解或技术（当然最好是有专利）是你的优势所在，就好比你掌握苹果公司麦金拖什微机操作系统，那么你就掌握了这个关键一样。企业家舒尔茨对此解释说："如果你能竖起一座屏障挡住许多竞争者冒出来在你立足之前抢走你的市场，你的成功机会就大大提高了。"当今社会如何找到独到的见解或独特的技术呢？专家建议在如下领域寻找市场：生物技术、软件。注意这里可没包括咖啡馆。

5．树立目标

每一个项目、每一个企业都有一个为之努力奋斗的目标。没有目标就会失去方向，没有目标也就没有动力。目标管理是一项基本的管理技能。它通过划分组织目标与个人目标的方法，将许多关键的管理活动结合起来，实现全面、有效的管理方法和过程。目标管理是强调系统和整体管理，强调自主自控的管理，是面向未来的管理，是重绩效、重成果的管理。

6．创业团队

创业者要建立一个比较稳定的团队，包括技术、市场、经营管理等方面的人员。技术是基础，而市场是关键。人都不是万能的，当然，如果你的知识面相当广，综合素质很强，而且有相当丰富的经历和经验，那对你创业来说当然最好不过了。可创业终究不是一个人能完成的，所以需要组建你自己的创业团队。

7．价值评估

选定了一个好的项目，组建好创业团队之后，你需要对自己的项目的价值

进行一个大概的评估。也就是你的项目究竟值多少钱的问题,这样你在和投资者谈判的时候心里才有底。你在自己对整个项目的大概评估的基础上,可以找会计师事务所或其他相关的机构予以评估。但由于风险项目本身的无形资产占有绝对的比例,如新技术、新产品或新的商业模式,一切都是虚的,具有很多的不确定因素,因此,在项目的价值问题上,一般都由创业者和投资者采用合同约定的方式。所以,创业者自己对项目的认识和评估就显得相当重要了。

创业前要解决的七个问题

创业是大多数薪水族不敢迈出的一步。可是这并不意味着创业离工薪族很远。工薪族要想创业首先要弄清楚下面几个问题。

1. 怎样确定创业原则

创业是一个艰辛的过程,在创业的征程上,挫折和打击是难免的。急于获得成果会让自信心受到打击,而且也会让企业员工的士气大减。所以在创立公司的时候,你不应该一直想着什么时候能收到成果。每一次创业都需要用热情、勇气和毅力去支撑,创业者需要给自己、公司确定几条原则,以身作则,严格遵守这几条原则。当你的企业蓬勃发展时,再回过头来看这些创业原则,你会发现,这些原则是你创业的"黄金原则"。

2. 怎样确立创业目标

在创业中,赚钱是非常重要的目标,但不是唯一的目标,因为创业本身应该有理念,应该着眼于怎么满足消费者的需求,怎么开发潜在的消费者。理念能够带动很多新的产品创意和实践。所以,在创业时,创业者不要被金钱蒙蔽了双眼,不要被眼前的蝇头小利所迷惑,从大局出发,从创业目标出发,这样最终才会收到财源滚滚来的效果。

3. 怎样寻找创业模式

创业的基本模式是从概念到产品再到利润,然后开始新一轮的再循环,以此实现企业的不断发展。创业者首先要有一个构想,然后考虑怎么组成一个团队,怎么筹措资金,怎么满足消费者的需求,拥有自己的产品或者服务,把这个公司发展成为一个完整的公司,并预见公司的发展前景,确定公司的发展方向。

4. 怎样创造创业条件

其实,创业并不像人们所想象的那样神奇。只要拥有足够的人力、物力、财力资源,就能创业。创业不一定是高科技或者什么神奇的发明,不是科学家和发明家才可以成功创业。创业成功的关键是看你所做的东西能否在市场上取得成功,能否满足市场的需求,自己的能力如何,你的团队能否应对,有没有足够的资金,最后能否把这些都结合起来。如果这些条件具备了,那么就张开创业的翅膀去翱翔吧。

5. 怎样规划创业步骤

创业首先需要有创意,然后去寻找实现创意的资源,如资金、团队、工具等,最后向客户提供自己的产品或者服务,获得利润。创业规划需要逐一回答以下问题。

(1)创意从哪里来?怎么会有这个创意?

(2)资金怎么找?跟出资人的关系怎样?怎么处理这种关系?怎么组织一个团队?

(3)产品的市场行销怎么做?这个产品做完了,会不会还想做?如此周而复始。

如果已经能够妥善解决这些问题,就可以进行创业了。

6. 怎样确定创业期限

创业具有一定的时间限制。若从开始筹备到创业的时间过短,则很有可能准备不充分,很多事情都没有考虑周到。例如,没有充分考虑产品的市场潜力等,导致产品无法销售出去,到时候就骑虎难下了,从而使得企业陷入困境。相反,如果筹备的时间过长,那就成了做"白日梦",考虑很多,却不行动,那么再好的想法也只是空谈,创造不了实际价值。

根据通常的经验，创业期限以两年为佳，要想办法在两年内完善产品并投产，开始获得销售收入。

7. 怎样处理与投资人关系

初创企业往往由于资金不足需要注入外来资金，为了吸引投资人，创业者需要让出一定的股权，创业者需要让出多大比例的股权呢？一般来说，创业者需要将一半的股权要交给投资人，以后如果需要更多投资，创业者在公司持有的股份会越来越少。但这并不表示你拥有的钱越来越少，因为公司的价值会越来越高，你要做的是怎样在很短的时间内，把公司的价值变高。

创业风险管理四要点

薪水族的失败承受力很低，对薪水族来说，要创业就一定要控制好风险。创业风险的管理要注意以下四个要点：

1. 创业中有一个风险是效益与效率意识淡薄

如果效益和效率意识淡薄，很容易导致对成本控制能力不够，而高成本运营通常带来的是效益风险，所以应坚持低成本战略。

2. 创业理财普遍面临的风险是市场风险意识薄弱

市场虽然具有一定的规律性，但也是多变的。创业者要善于把握市场导向，时刻警惕市场风险。

3. 创业者在创业初期最容易犯的毛病是忽视资金流动性风险

创业者要考虑现金流动，不可掉以轻心，以免在资金流动上出漏子。

4. 创业中还有一个风险是理财能力低

理财能力差，往往会导致资金运用过程遇到操作性风险。因此，创业者在理财时力求做到日常化、程序化，使得整个理财过程无懈可击。

第21章 投资永远在路上，潇潇洒洒做一回老板

成功创业14条军规

成功的创业者都有相同的特点，都遵循着一定的创业"军规"。一般来说，创业成功要掌握下面14条"军规"。

1．一定要取得充裕资金

有充足现金做后盾，碰到再大的意外也不怕。

2．好好照顾你的员工

任何事业的成败，最终仍系于基层人员的表现。要让员工看到你在兑现承诺，尽一切力量努力创造一个快乐的工作环境，员工就会自动提高生产力。

3．随时准备前进

不要只看到暂时的挫败，其实这只是一个章节的结束及另一个全新章节的开始。你应该欣然接受自己总会碰到挫折的事实，不管不如意的事情是大是小。

4．仔细控制成本

切勿铺张浪费，凡事节俭，做任何事合理就好，尽量压低运营成本。

5．吸引更多注意力

运用游击战行销术，利用口碑广为宣传，可迅速扩大交往范围。让自己随时准备对着群众说话，设法让顾客知道你做了哪些与众不同的事。

6．尊敬顾客

永远想着要提供给顾客最好的服务。要确保顾客和公司的每次互动，强化你从他们身上得到的利益。只要有一半以上的生意来自大家的口碑宣传，就表示你做对了。

7．效法产业中最佳的竞争者

要一面学习，一面持续吸收值得学习的对象经验和方法。

8．注意细节

注意所有的小细节。这些小细节可能会影响一般顾客的消费过程，让他们有一次难忘的消费经历。

9. 及早承认自己犯的错误

及早承认自己犯的错误，但不要让错误影响你的进度。在追求完美的过程中，现实世界总是不尽如人意。对于自己会犯错的事实，态度越开放，越有益于成长。

10. 做行业内的优秀者

永远把事情做得比别人好，即使是一些小事，也要认真去做。

11. 充分运用科技手段，尽量做到自动化

蓝天航空让票务人员在其自家接听订位电话，公司就不须另外成立及维持一个客服中心。蓝天航空的每一张机票都是通过电子管道开具的，上面有许多实时管理信息。

12. 坚守核心价值

建立一套核心价值，以后做任何事都以该核心价值为基础。

13. 不断试着跳出框架思考事情

不要照单全收传统的观念，应尝试从新角度思考。

14. 做你最热衷的事

只有如此，你才会不屈不挠、坚持到底。

小本创业投资指南

创业大多是从小本开始。小本创业也要讲究一定的方法，创业者在选择投资领域时，要注意以下这些方面。

1. 大人不如小孩

儿童是中国消费市场中很重要的一个群体。儿童产品的市场大，随机购买性强，容易受广告、情绪、环境的影响，是很有朝气的一个市场。在中国，满足了孩子的需求，在很大程度上就是满足了父母的需求。举一个很简单的例子，某海洋馆顾客稀少、生意清淡，于是决策者做出如下决策：为答谢游客对

第21章 投资永远在路上，潇潇洒洒做一回老板

海洋馆的支持，儿童一律免票。立刻，海洋馆游人如织，门票销售大增。究其原因，海洋馆儿童免费，父母携带孩子前来游玩，门票销售自然陡增。

2. 男人不如女人

无论是在服装市场还是在食品市场，女性顾客往往都是消费的主体。即使有男性，也往往是女性的跟班，不过是拎拎东西罢了，而挑选东西往往是女性的专利。女人掌管家庭财务，不仅会直接消费，还负责整个家庭的消费采购，是最大的购买群体。有市场调查表明，社会购买力70%以上是掌握在女人手里。市场目标对象锁向女人，生产适合女性眼光的产品，你会发现有更多的机会。

3. 用品不如食品

"民以食为天"，食品是人们日常生活的必需品，永远都不会失去消费者。食品市场非常大，需求比较稳定，而且政府除了技术监督、卫生管理外，对食品业的规模、品种、布局、结构等一般不予干涉。食品业投资规模变化范围可大可小，切入容易，选择余地较大。

4. 重工不如轻工

我们往往会有这样的经验，经营重工业的往往都是国有企业，而从事重工业的私人企业则很少。这是因为，重工业投资门槛高，技术要求高，见效慢。小本创业不适合投资重工业，若小本创业把大量的资金投资于重工业，非常容易出现资金短缺的困难，不利于企业的发展。

与重工业相比，轻工业无论是在生产加工上，还是流通贸易上，都具有较大的灵活性，具有周期短、投资规模小、技术要求低、风险小以及可以在短期内见效等优点，比较适合小本创业。

5. 做生不如做熟

俗话说"隔行如隔山"，投资自己一无所知的行业，需要特别慎重。要深入学习，以免付出昂贵的学费，因此，投资新行业要慎重。选择自己熟悉的行业，就能拥有更多的信息，能对商品是否有市场，不同产品的优劣及消费者的要求，市场发展的方向等做出正确的判断与决策。

6. 多元不如专业

多元化有很多优点，如抗风险能力比较强，客户群体更广泛等。但多元化只适合规模较大的企业，因为大企业有足够的资源支撑多元化。小企业资源有限，多元化不仅不能降低风险，由于对其他行业不了解，反而加大了风险。专业化生产及流通容易形成技术优势和批量经营优势，能够充分体现自身的优势，所以，在企业规模不大时最好只专注于一个产品。创业者应专注于一个产品，打出品牌来，等企业发展了，再向多元化发展也不迟。

开间特色小店挣大钱

如果你留意就会发现，很多特色小店现在都开得很火，很赚钱。现在，人们都很注意饮食，已经不只是在家里做着吃了，那么你是否想到要自己开间小店呢？

开间特色小店是很多人的梦想。但是，怎样才能让自己的小店更有特色并能赚更多的钱，这不是每个人都知道的。

1. 富有个性

无论经营哪种商品，都要强调它在同类产品中的个性，不能大众化。所谓个性化，是指你经营的商品以时尚前卫、价格低廉、商品稀奇、"人无我有"、销售新奇等个性突出。只有这样，你的特色店才能日益彰显出自己的个性，在茫茫的"店"海中取胜。

2. 引领时尚

引领时尚几乎成了许多特色店的代名词。毫无疑问，特色小店的潮流嗅觉总是要比大商场快一些。像近年来大卖的茶花花饰、伞裙、宽腰带等，都是从小店开始流行的。因此，在进货上要突出"八字方针"——超前、新颖、品位、独特。同时，这也是小店制胜的法宝。

第21章 投资永远在路上,潇潇洒洒做一回老板

3. 最棒的设计

只要你的店拥有最棒的设计,就一定能吸引众多的顾客前往。

王芳在吉林开了一家服饰店,虽然她显得有几分腼腆和内向,可走进她的服饰小店,绝对会让你大吃一惊。店堂里,一边是仿明清风格的老式烟榻和床,繁复而又持重;另一边却是简单到只剩一幅布帘和一张矮条椅组合的更衣室。新和旧、传统与现代、繁复与简约,在这样的空间里冷静地对视,淋漓尽致地彰显出设计者的性格。王芳的小店凝聚了她所有的梦想和希望。她始终相信,做设计未必要专业出身,只要有自己的想法,随性地把美组合在一起,就是最棒的设计。

4. 悬念性的刺激

特色店还有一个吸引人的地方,就是在价格上制造悬念性的刺激。特色店的价格不像商场和专卖店一样明码标价,而是给顾客留下了讨价还价的余地。不确定的价格当然会带来心理的变化,砍价的过程虽然也会让人心疼,但其中的微妙感受也是刺激无比。

5. 实惠的价位

之所以称"实惠"而不是"便宜",是因为现在特色小店的价格已不再是便宜的代名词。比如,那些经营服饰的店的商品平均价格在七八百元,有些货品甚至以千元计。但与商场、专卖店相比,同样价位的服饰"含金量"却往往省略了这些,也就为消费者省下了不少钱。所以,权衡其中的品位、独特性,其"性价比"往往比大商场中的很多同类品牌都优越得多。

做到以上这几点,你的小店一定会脱颖而出,到那时,必定是财源滚滚。

一铺养三代的商铺投资

不少投资者都希望能够找到一种长期稳定的投资获利模式。从现有的投资理财型产品来看,或多或少,它们都会有一定的风险。如果要选择既安全

稳定、收益又不错的投资渠道，商铺投资是不错的选择。

大多数商铺都有银行做担保，就安全性来说，还是不错的，但收益肯定会高出许多。俗话说："一铺养三代。"

商铺投资既能给投资者带来比较稳定的租金收入，对于要求现金流稳定的投资者而言，也不失为一个很好的选择。

商铺吸引投资者的主要是其诱人的投资回报。要使所投资的商铺长盛不衰，取得丰厚的投资收益，就要从最初的选购开始精心策划。商铺选购要考虑的因素很多，比如，房地产环境、商铺的商业环境、供求关系，等等。投资者在决定投资商铺之前，要关注以下几点。

1. 选择商铺要慎重

投资商铺难免会有风险，但怎样把风险降到最低，能够放心地去投资？收益由谁来保障？找到一个有保障和依靠的目标是非常关键的。综合比较现有的各种商业投资品种，想安全地坐收租金，一定要选择有银行担保的、有收益保障的商铺。商铺在银行担保的时间长度上有3年、5年、10年甚至长达20年的，所以在选择时要根据收益的周期来慎重比较。

2. 因地制宜选行业

位于交通枢纽处的商铺，应以经营日常用品或价格低、便于携带的消费品为主。位于住宅附近的商铺，应以经营综合性消费品为主。位于办公楼附近的商铺，应以经营文化、办公用品为主，且商品的档次应相对较高。位于学校附近的商铺，应以经营文具、饮食、日常用品为主。在投资商铺之前，投资者就应该为它找好"出路"。

3. 投资商铺不妨先租后买

如果投资前对商铺价值"吃不准"，投资者应先对商铺进行评估。投资者可以采用比较的方法，选择几家与评估对象在同一供需圈内的规模相当的商铺，进行日营业额、客流量、经营方向等方面的调查，综合这些数据来确定评估对象的回报率。

不过，最保险的办法还是先租后买，想象与实际之间总是存在一定距离

第21章 投资永远在路上，潇潇洒洒做一回老板

的。在实际操作中会发现新的问题，即便失算了，采取走人的方式，损失也不致太大。

4. 把握投资时机有诀窍

从总体上说，经济形势良好、商业景气、商业利润高于社会平均利润的时期，未必是投资商铺的最佳时机。投资者选择商铺的空间很小，而且获得商铺要付出的成本很高。反之，在有发展潜力的区域，商业气候尚未形成或正在形成中，投资者可以在较大的范围内选择商铺，需要付出的成本也相对较低。

5. 学会傍大款

商铺投资非常讲究"羊群效应"，也就是看主力店。一般来说，经过多年发展、有成熟商业运作经验的商界巨头进驻，都会带来旺盛的人流。同时，还要看商场的整体经营业种。Shopping Mall提供的是"一站购齐"的消费模式，最讲究的是业态覆盖，因为只有提供全面的物品，消费者才会长时间停留。而小店铺的业主则可完全分享这些巨头们的成熟经验，更重要的是可以分享人气。

不管是投资也好，还是经营也好，如果碰到短命商铺，会致使投资失败。俗话说，一铺养三代，确实如此，一间好铺的确可以带来丰厚的投资回报，但它的前提是商铺能够一直"存活"下去。如果因为市政动迁、规划调整等原因，商铺被拆除，不管此前市场氛围多浓厚，也无法实现这样的目的。

另外，投资商铺者主要分为自用和真正意义上的投资者。对前者来说，以银行按揭形式购买一个铺位，每月月供与租金相差不多，与铺租位不同的只是多付一个首期款，而日后商铺归为己有，这使经营成本大为降低，与同行相比，竞争力增强。对后者来说，投资风险前三年由发展商承担，收益与银行储蓄利率相比相差无多，但一两年后租金大涨却是储蓄无法比拟的。

专家认为，在回避投资风险方面，商铺投资必须紧密结合国家、地方政府的城市规划，关注城市规划发展动态、区域行情变动信息，避免短期行为造成的不必要损失。投资参考指标：一是市面和楼层因素。租金往往最能体现商铺的价值，一楼的商铺往往最好租，租金也高，对投资者也最有保障。

二是使用率有多高,有没有自主权。自主权越高,收益越单纯。使用率提高一倍,就等于降低一半租金。三是能否找准产业市场。准确的市场定位可以大大提高投资的回报,如"电脑一条街""服装一条街"等。找准市场定位,可事半功倍。

一点万金——网上开店

"点击鼠标就可以做生意赚钱",网店因其易上手、易操作、低风险、不受传统的营业时间、营业地点的限制等众多优点,而受到越来越多的人的青睐。

网上开店,可能很多人都已经看到了这个机会,但如何上网做生意,怎么做生意,要注意什么,相信许多"有志者"并不了解。对于跃跃欲试的人来说,了解一些网上开店的基本流程很有必要。

1. 在网上卖什么

和传统店铺一样,在网上开店的第一步就是要考虑卖什么,选择的商品要根据自己的兴趣、能力和条件,以及商品属性、消费者的需求等来定。

2. 开店前的准备工作

选择好要卖的商品后,在网上开店之前,你需要选择一个提供个人店铺平台的网站,并注册为用户。为了保证交易的安全性,你还需要进行相应的身份和支付方式的认证。

(1)进货、拍图。网上开店成功的一个关键因素在于进货渠道。同样一件商品,不同的进货渠道,价格是不同的。

通过身份验证后,您就要忙着整理自己已经有的宝贝,为了将销售的宝贝更直观地展示在消费者面前,图片的拍摄至关重要,而且最好使用相应的图形图像处理工具进行图片格式、大小的转换,如Photoshop、ACDSee等。

(2)发布宝贝。要在淘宝上开店铺,除了要符合认证的会员条件之外,还需要发布10件以上宝贝。于是,在整理好商品的资料、图片后,您要开始发布第一个宝贝。

友情提示:如果没有通过个人实名认证和支付宝的认证,可以发布宝贝,但是宝贝只能发布到"仓库里的宝贝"中,买家是看不到的。只有通过认证,商品才可以上架销售。

3. 获取免费店铺

淘宝为通过认证的会员提供了免费开店的机会,只要你发布10个以上的宝贝,就可以拥有一间属于自己的店铺和独立网址。在这个网页上,你可以放上所有的宝贝,并且根据自己的风格来进行布置。

4. 店铺装修很重要

在免费开店之后,买家可以获得一个属于自己的空间。和传统店铺一样,为了能正常营业、吸引顾客,你需要对店铺进行相应的"装修",主要包括店标设计、宝贝分类、推荐宝贝、店铺风格等。

(1) 基本设置。登录淘宝,打开"我的淘宝——我是卖家——管理我的店铺",在左侧"店铺管理"中点击"基本设置"。在打开的页面中,你可以修改店铺名、店铺类目、店铺介绍;主营项目要手动输入;在"店标"区域单击"浏览"按钮选择已经设计好的店标图片。在"公告"区域中输入店铺公告的内容,如"欢迎光临本店!",单击"预览"按钮可以查看到效果。

(2) 宝贝分类。给宝贝进行分类,是为了方便买家查找。在打开的"管理我的店铺"页面中,你可以在左侧点击"宝贝分类";接着,输入新分类的名称,如"文房四宝",并输入排序号(表示排列位置),单击"确定"按钮即可添加。单击对应分类后面的"宝贝列表"按钮,你可以通过搜索关键字来添加发布的宝贝,进行分类管理。

(3) 推荐宝贝。淘宝提供的"推荐宝贝"功能可以将你最好的16件宝贝拿出来推荐,在店铺的明显位置进行展示。只要打开"管理我的店铺"页面,在左侧点击"推荐宝贝",然后你就可以在打开的页面中选择推荐的宝贝,单击"推荐"按钮即可。

（4）店铺风格。不同的店铺风格适合不同的宝贝，给买家的感觉也不一样，一般选择色彩淡雅、看起来舒适的风格即可。选择一种风格模板，右侧会显示预览画面，单击"确定"按钮就可以应用这个风格。在店铺装修之后，一个焕然一新的页面就出现在了眼前。

5. 推广是成功的关键

网上小店开了，宝贝也上架了，特色也有了，可是几周时间过去了还是没有成交，连买家的留言都没有，这是很多新手卖家经常遇到的问题。这个时候，你就要主动出击了。大多数新手都曾遇到这样的苦恼，此时需要你通过论坛宣传、交换链接、橱窗推荐和好友宣传等方式给小店打广告。

6. 宝贝售出后

在宝贝售出之后，除了会收到相应的售出提醒信息，你还需要主动联系买家，要求买家支付货款，然后进行发货以及处理交易完成后的评价或投诉等。